D1686991

Im Krebs liegt der Schlüssel

Frauenbezogene Wege der Erkenntnis

Impressum

Anne Margreth Schoch-Hofmann:

Im Krebs liegt der Schlüssel : Frauenbezogene Wege der Erkenntnis,
Anne Margreth Schoch-Hofmann. Arbon: Pandora, 2001.
ISBN: 3-9520916-1-8

© Anne Margreth Schoch-Hofmann, Zürich 2001
Alle Rechte vorbehalten.

Redaktionelle Bearbeitung/Lektorat: Veronika Merz

Gestaltungskonzept: Etter Grafik, 8047 Zürich, Lisa Etter
Layout, Grafiken: Etter Grafik, 8047 Zürich, Malwin Böhringer

Druck: Meier + Cie AG, Schaffhausen

Pandora Verlag
CH-9320 Arbon
Bestelladresse: projekt potta, Zurlindenstrasse 211,
CH-8003 Zürich, Fax: 0041 (0)1 451 33 75

Für Eva, Ueli, Barbara

Einleitung 9
    «... im Krebs liegt der Schlüssel» 12
    Die Venuszyklen als Leitbild 14
    Die Forschungsreise beginnt – mein persönlicher Zugang ... 16
    Idda, Berta, Anna 23

Erster Teil:
Grundlagen zu meinem Ansatz

Astroarchäologischer Zugang 30
Die Megalithanlagen von Falera 32
Der Venuskalender im astrologischen Tierkreis 34
Der ‹standardisierte› Venuskalender 37
Tore, Schwellen, Übergänge 38
Die Venusbewegungen in Zeit und Raum 42
Das megalithische oder pythagoräische Venusdreieck 44
Die Scheibennadel von Falera 44

Astrologischer Zugang 46
Planeten und Tierkreiszeichen in einem
matrizentrischen Weltbild 46
Kritik und Abgrenzung 47
Eine frauenbezogene Kosmologie 49
Die Zuordnungen der Himmelskörper in einer
frauenbezogenen Kosmologie 51
Der gemeinsame Zyklus von Venus und Mond 55

Inhaltsverzeichnis

Paradigmawechsel –
wie er sich abgespielt haben könnte

Die Wiederkehr des Verdrängten	58
Narzissmus	58
Selbstwert – Selbstbild – Selbstverständnis	60
Labyrinth und Venus	61
Die Abwertung weiblicher Fähigkeiten	61
Etymologische Ableitungen	63
Zerrissenheit und Vision	69

Körper-, Klang- und Vokalmeditation … 77

Zweiter Teil: Venus-Seminare
Selbstbild und Selbstverständnis im Wandel

Das Experiment Venus-Seminare … 81

Die ersten 4 Jahre – Saatzeiten

1993	1. Jahr: Die Vorbereitung	91
1994	2. Jahr: Das Grosse Tor	107
1995	3. Jahr: Haben und Sein	125
1996	4. Jahr: Erkenntnis und Ausgewogenheit	143

Die zweiten 4 Jahre – Erntezeiten

1997	5. Jahr: Die Vorbereitung	167
1998	6. Jahr: Das Grosse Tor	183
1999	7. Jahr: Haben und Sein	199
2000	8. Jahr: Erkenntnis und Weitergehen	217

Literatur … 229

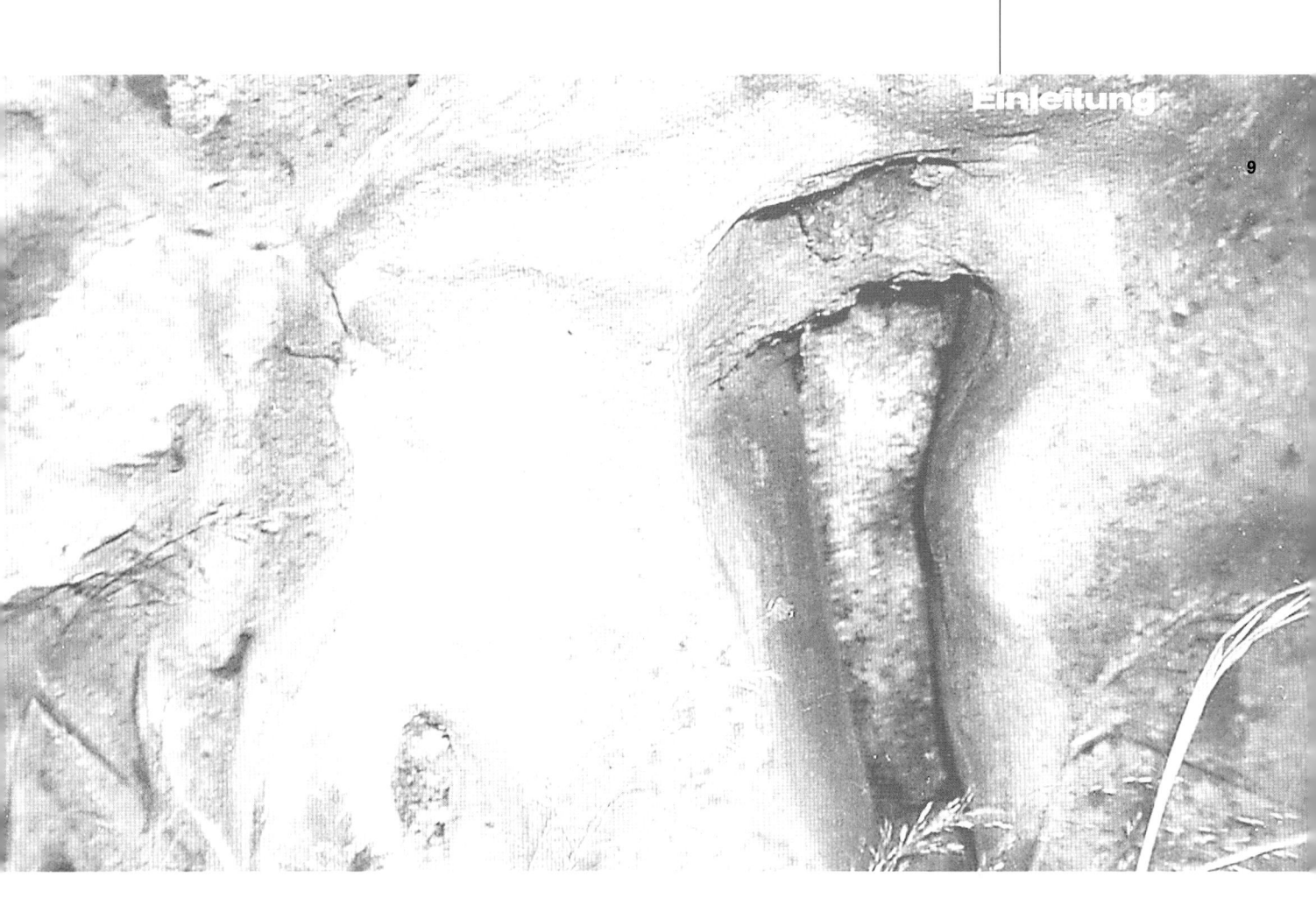

Einleitung

Einleitung

Wenn wir heute der Frage begegnen, woran wir uns orientieren und wie wir die notwendige Auswahl treffen könnten aus der aktuellen Informationsflut, so ist damit vor allem jene aus Wissenschaft, Technik und Informatik gemeint. Informationen allein nützen uns wenig, wenn es uns nicht mehr möglich ist, einen Überblick und daraus Wissen zu gewinnen. Wenn wir nicht mehr wissen, was wir von den erhaltenen Informationen denken sollen, sind wir verwirrt und überfordert, fühlen uns hilflos und ausgeliefert. Information und Wissen sind zwei sehr verschiedene Dinge. Tatsache ist jedoch, dass Informationen die Grundlagen bereitstellen, um zu Wissen zu kommen. Oder andersherum formuliert: Wissen entsteht aus «verdauten» Informationen. Sie müssen kultiviert, differenziert und geordnet werden. Unser Geist verknüpft Informationen dann auf dieser neuen Ebene netzartig, wenn der Vorgang gelingt.

Fragt sich allerdings, welche Informationen wir aufnehmen und warum? Was hat unsere Raster der Wahrnehmung geprägt? Welchen Informationen schenken wir warum Aufmerksamkeit? Worüber möchte ich einen Überblick gewinnen und warum? Was will ich damit erreichen? Was sind meine Denkwerkzeuge, die mir zum gewünschten Überblick verhelfen? Und dann natürlich eine der wichtigsten Fragen. Woran soll sich die neu zu gewinnende Ordnung orientieren und wer erstellt die Richtlinien? Wie sieht der Weg aus, der mich näher zu dieser Art integriertem Wissen bringt?

Der in diesem Buch vorgeschlagene Weg soll dazu beitragen Freiraum zu schaffen und einen Ort, an dem Frauen in ihrem Sein angesprochen und wertgeschätzt sind, ohne Untertöne. Ein Umfeld, in dem sie – ob verheiratet oder nicht, mit Kindern oder ohne – ausprobieren können, wie sie sich selbst verändern können, um in ihrem Leben dahingehend wirken zu können, dass sie vermehrt als Ebenbürtige behandelt werden in Politik, Beruf und Gesellschaft, in der Wirtschaft, in Wissenschaft und Religion. Meine Aufmerksamkeit hat sich insbesondere verborgenen symbolischen Informationen zugewandt, die – auf den ersten Blick harmlos wirkend und deshalb oft belächelt – mitbeteiligt sind an der Entwürdigung von Frauen. Meine Aufmerksamkeit hat sich zu gewissen Zeiten auch der Vergangenheit zugewandt, um die Gegenwart besser zu begreifen. Wie sich neue Denkwerkzeuge und Modelle in Zusammenarbeit mit den Teilnehmerinnen der Seminare entwickelt haben, möchte ich in dieser Arbeit aufzeigen. Ebenso einen möglichen Weg, um dem Ziel der Ebenbürtigkeit und Gleichstellung von Frauen auf dem Boden eines von integrierenden Körpererfahrungen getragenen Selbstvertrauens in unserer Gesellschaft essenziell näher zu kommen.

Es ist mein Anliegen, die Erkenntnisse, die ich in 16-jähriger persönlicher und beruflicher Entwicklung zum Thema weiblicher Sozialisation in Spiritualität und Geistigkeit gewonnen habe, weiterzugeben und nachvollziehbar zu machen. Ich halte es für wichtig, in einer Zeit weltweiter Verunsicherung und zunehmender Gewaltbereitschaft meinen kritischen transpersonalen Ansatz zur Konflikt- und Problemlösung für Frauen und die darin enthaltenen Möglichkeiten der Persönlichkeitsentwicklung aufzuzeigen. Mich bewegte früh die Frage, wie weit Frauen selber dazu beitragen, patriarchale Strukturen aufrecht zu erhalten. Ich weigerte mich, mich und andere Frauen ausschliesslich als Opfer «des Patriarchats» zu sehen. Noch mehr jedoch brannte die Frage in mir, welche Möglichkeiten wohl existierten, während langer Zeit verinnerlichte selbstunterdrückende und selbstzerstörerische Strukturen der Sozialisation grundlegend zu verändern. Mein Ansatz ist das Ergebnis einer intensiven Auseinandersetzung als Frau und Mutter im Spannungsfeld meiner religiösen, kulturellen und sozialen Prägung in der heutigen patriarchal strukturierten Welt. Sie ist auch das Resultat meiner persönlichen und beruflichen Weiterentwicklung als Psychologin und Psychotherapeutin und ist beeinflusst von der feministischen Frauenbewegung und Fragen zur Bedeutung einer frauenbezogenen Spiritualität und Geistigkeit. Dieser Ansatz bezieht symbolhafte, auch astrologisch/astronomische, kollektive und rituelle Bereiche mit ein.

Einleitung

Grundlegende Erfahrungen zu den beschriebenen Themen verdanke ich in wesentlichen Bereichen meinen persönlichen, körperbezogenen Prozessen, durch die ich während meiner Weiterbildung zur Biodynamischen Körpertherapeutin nach Gerda Boyesen mit liebevoller Unterstützung Biodynamischer Therapeutinnen und Therapeuten gegangen bin. Meine persönliche Entwicklung ist deshalb nicht zu trennen von der beruflichen; sie bedingen einander gegenseitig und beeinflussen meine Herangehensweise an die genannten Themen. Astrologie und die entsprechenden symbolhaften oder archetypischen Bilder sind Ausdruck von Geschichte und von Bewegung in Raum und Zeit. Einen ersten Zugang zu meinen Bildern, Träumen und Visionen eröffnete mir die Jungsche Tiefenpsychologie sowie Erfahrungen in Frauengruppen, die vom Wunsch nach frauenbezogener Spiritualität geprägt waren.

« ... im Krebs liegt der Schlüssel»

1984 hörte ich – aus einem Traum erwachend – eine Stimme sagen: «Jupiter ist der umgekehrte Saturn» und «im Krebs liegt der Schlüssel». Ein Einbruch meines Unbewussten? Oder des Überbewussten?

Ich war zu der Zeit 45 Jahre alt. Die astrologischen Zeichen ♃ und ♄ für Jupiter und Saturn sind den Zahlen 4 und 5 sehr ähnlich. Ich begann nach diesem Traum mit den Zahlen zu spielen: Zusammengefügt sind es die Zahlen 45 (Quersumme 9) oder 54 (Quersumme 9), die beiden Zahlen addiert 99. Dreht man eine der Ziffern um, 96 oder 69. 69 könnte auch gelesen werden als Zeichen für Krebs, dem der Mond zugeordnet wird.

Es dauerte 12 Jahre (einen Jupiterumgang), bis ich kurz vor der im Juni 1996 stattfindenden SonneVenuskonjunktion den «Schlüssel im Krebs» fand, ohne ihn allerdings ganz zu begreifen. In den Jahren nach 1984 konstellierte sich die Idee eines «matriarchalen Tierkreises». Der Titel «Im Kebs liegt der Schlüssel» nimmt das vorerwähnte und andere Bilder auf, deren Bedeutung mir manchmal intuitiv zufiel. Öfter jedoch erfolgte das Begreifen durch systematisches Forschen und durch die Wahrnehmung und Integration gefühlsmässiger und intellektueller Prozesse, ausgelöst durch die körpertherapeutische Arbeit.

Jupiter ist der umgekehrte Saturn

Im Krebs liegt der Schlüssel

Seit 1991 vermittle ich meine Erfahrungen und mein Wissen in den «Venusseminaren» mit dem Untertitel «Selbstbild und Selbstverständnis im Wandel». Sie sind ein Ort der Auseinandersetzung für Frauen zu aktuellen persönlichen Lebensthemen. Sie schaffen durch ihre Kontinuität für die Teilnehmerinnen Gelegenheit, sich auf tiefgreifende Prozesse einzulassen, die sich auf ihre kulturelle, soziale und religiöse Prägung beziehen. Die daraus gewonnenen Erkenntnisse führen im allgemeinen zu einer beweglicheren und autonomeren Lebenshaltung; die Beziehungsfähigkeit wird erweitert und vertieft. Selbstbewusstheit, Verankerung und Durchsetzungskraft im Alltag nehmen zu und führen im Verlauf der Jahre zu grösserer Klarheit im Erkennen der individuellen Lebensaufgabe und von Spiritualität und Geistigkeit. Oft kann

Einleitung

der Zugang zu verschütteten Quellen inneren Wissens wiedererlangt werden. Ich bezeichne die Seminare auch als Initiationsweg für Frauen.

Lange habe ich gezögert, meine Forschungen zur weiblichen Sozialisation in Spiritualität und Geistigkeit, die den Anstoss zu den Seminaren bilden, zu veröffentlichen. Einerseits, weil ich befürchtete, auf erste Erfahrungen mit diesen experimentellen Seminaren festgelegt zu werden und andererseits, weil sich die komplexen Erfahrungen selbst einer Aufarbeitung zu widersetzen schienen. Es sollen in diesem Buch jedoch nicht meine Zweifel und die Desorientiertheit zum Thema werden, soweit sie nicht durch die Seminarbriefe zum Ausdruck kommen. Es soll auch nicht Thema sein, wie oft ich bereit war aufzugeben. Hingegen danke ich an dieser Stelle den Seminarteilnehmerinnen, die sich am Experiment «Venusseminare» mit ihrem ganzheitlichen Einbringen beteiligt haben und die mir erlaubten, ihre tiefgreifenden Erfahrungen zu schildern. Ohne sie wäre diese Arbeit nicht möglich geworden. Nur dank ihnen konnte sich mein Ansatz weiterentwickeln und meine Ideen, Überlegungen und Schlussfolgerungen an der Realität gemessen werden. Die Teilnehmerinnen sind mir im Verlauf der Zeit oft zu guten Freundinnen geworden.

Mich den immer wieder neuen Wendungen und unerwarteten Situationen unserer gemeinsamen Arbeit zu stellen, bedeutete für mich eine starke Herausforderung. Die Arbeit zu reflektieren, persönliche, kulturelle und spirituelle Ebenen zu differenzieren, gegenseitige Projektionen zu erkennen und aufzulösen eine weitere. Sie erwies sich als besonders wertvoll. Der gemeinsame Weg hat mich zutiefst in meinem Selbstverständnis verändert und mir Einsichten vermittelt, für die ich dankbar bin.

Die Venuszyklen als Leitbild

Einer zwischen Traum und Wirklichkeit entstandenen Vision folgend, habe ich mir als Leitbild für die Seminare, die den stetigen Wandel zum Thema haben, die astronomischen Zyklen der Venus zum Vorbild genommen. Schon seit jeher bestimmen sie – wie die Astroarchäologie aufzeigt – Kult und Kultur der Völker massgeblich mit. In langjähriger Arbeit habe ich aus frauenbezogener Sicht dazu auch religiöse Mythen, Märchen und Legenden vieler

Völker auf ihre Symbolik und auf verdeckte Inhalte matrilinearer Gesellschaftsordnungen kritisch betrachtet.

Eine der mich tief beeindruckenden Mythen, der ich 1987 erstmals begegnete, ist die Geschichte von «Tiamat und Marduk». Tiamat, die doppelköpfige Schlange wird von ihrem Sohn in zwei Teile gespalten. Wie weitreichend die Bilder solcher Mythen wirken und wie zutreffend sie noch im unbewussten liegende Inhalte vorankünden, zeigte sich an ihrem Beispiel immer wieder von Neuem. Das Thema der doppelköpfigen Schlange, von mir in bestimmten symbolischen Zusammenhängen mit der Venus, beziehungsweise als Morgen- und Abendstern interpretiert, ist Teil dieser Arbeit und begleitete uns auch in den Seminaren.

Aufgrund meiner Schlussfolgerungen habe ich die symbolhafte Zuordnung von Sonne, Mond und den Planeten versuchsweise aus der Sicht einer matrilinear organisierten Gesellschaft neu interpretiert. In der Konsequenz bezeichne ich die Sonne und ihre Attribute als Symbol für weibliche und die des Mondes für männliche Qualitäten. Im Verlauf der letzten zwei Jahre veranlassten mich jedoch die Erfahrungen in den Seminaren die Zuordnung des Mondes zu differenzieren So gehe ich inzwischen davon aus, dass das Mysterium des Leermondes einer Verbindung des Weiblichen und dem noch Ungeborenen entspricht, der zunehmende und der abnehmende, sowie der volle Mond jedoch aus matrilinearer Sicht dem Sohn (allgemeiner «dem Kind»). Damit weiche ich von der heute herrschenden symbolischen Zuordnung ab. Mein Ansatz setzt ein anderes Weltbild voraus als unser heutiges. Frauen haben darin einen Status, der ihnen ökonomische, soziale und spirituelle Autonomie gewährleistet. Die Anschauung matrilinearer symbolischer Zuordnungen bietet Gelegenheit, unser Gesellschaftssystem auf unübliche Weise zu hinterfragen. Fragenden Frauen die Bedeutung und Konsequenzen dieser Sichtweise näherzubringen und gemeinsam kreative Lösungsstrategien auch im Verhältnis der Geschlechter zueinander zu entwickeln, liegt mir am Herzen. Ich bezweifle nicht, dass sich auch Männer gewinnbringend damit auseinandersetzen können.

Ich möchte betonen, dass es in diesem Buch nicht um «die» Wahrheit geht, es sei denn um meine. Vielmehr betrachte ich meinen Ansatz als eine Möglichkeit, individuelle Erfahrungen aus frauenbezogener Sicht in neue sinngebende Zusammenhänge zu bringen, auch wenn sich für mich diese Arbeit als sehr bestimmend in meinem Leben erweist. Doch gehe ich davon aus, dass die von mir vorgeschlagenen Zuordnungen und Interpretationen in Zeiten matrilinearer Kulturen mit hoher Wahrscheinlichkeit in dieser oder ähnlicher Weise zutreffen, worauf die deutsche Schreibweise «die Sonne» und «der Mond» hinweisen.

Einleitung

Die Forschungsreise beginnt – mein persönlicher Zugang

Ich habe meine Sprache verloren

weil ich erkannte,

dass Muttersprache

die Sprache

der Väter ist.

So will ich

eine neue Sprache lernen.

Wort um Wort

Bild um Bild

bis Muttersprache.

die Sprache der Frauen ist.

1984 AM

Meine Methode entwickelte sich in der vorliegenden Form im Verlauf der letzten Jahre im Spannungsfeld meiner Auseinandersetzung als Körperpsychotherapeutin, feministischer Frauenbewegung, weiblicher Spiritualität, Matriarchats- und Symbolgeschichte. Die Auswirkungen von Verlust und Wandel weiblicher Symbolik zeigen sich im politischen Alltag von Frauen sowie in ihrer persönlichen Einstellung zu Spiritualität und Geistigkeit. Wenn ich heute versuche, den Leserinnen zu vermitteln, auf welchen Wegen ich zu den im Buch geschilderten Erfahrungen und zu meinem Wissen kam und was mein Anliegen ist, so vergegenwärtigt sich mir eine Zeit, in der – beinahe unfassbar – sich vor allem innere, aber auch äussere Veränderungen anbahnen. Es ist eine Zeit, in der alles gleichzeitig geschieht.

Fast genau an meinem 40. Geburtstag, im November 1979, begann ich mein Studium in Angewandter Psychologie. Noch war undenkbar, wie sehr es die Grundfesten meines Lebens erschüttern wird. Nach 20 Jahren verheiratet sein, Mutter von zwei Töchtern und einem Sohn, wähnte ich mich gut genug verwurzelt, um auch Neues in mein Leben integrieren zu können. Seit 10 Jahren wieder halbtags berufstätig, schloss ich auch eine Ausbildung in «Aktiver Entspannung» ab. Es handelte sich um eine meditative Form von Gymnastik, abgeleitet vom «Do In», einer östlichen Körpermeditationsform, vor allem der Aktivierung der Selbstheilungskräfte dienend. Sie bewirkte eine Öffnung, die mich Fragen bezüglich meiner Identität als Frau und meiner Sexualität in Richtung Psychologie suchen liessen. Fragen, die in der Suche nach dem Sinn des Lebens wurzeln, wie auch Fragen, in welcher Weise ich als Frau in Religion und Gesellschaft verwurzelt sei. Sie folgten einer Zeit der Leere und Depression. Die Fragen liessen sich mit den mir übermittelten und anerzogenen Inhalten tradierten Verhaltens nicht mehr beantworten. In jener Zeit träumte ich häufig von UFOs, obwohl ich kaum etwas darüber wusste. Die Träume sprachen deutlich davon, dass ich neue Bewusstseinsinhalte zu integrieren hätte und mein Horizont sich erweitern wollte.

Die Begegnung mit neuen Wissensinhalten war faszinierend. Oft auch schokkierend und in Zorn und Wut umschlagend, wenn ich realisierte, wieviel Wissen verschwiegen oder tendenziös moralisierend-pädagogisch zubereitet mir in der Schule vermittelt wurde, nicht zuletzt im Religionsunterricht. In dieser Zeit auch wurde mir erst klar, w i e weit Frauen in dieser Gesellschaft von der Gleichberechtigung entfernt sind. Ich hatte die herrschenden Strukturen für selbstverständlich gehalten und deshalb auch nicht für frag-würdig.

Anfänglich am Rande des Studiums, kam ich erstmals näher in Kontakt mit Esoterik, wie beispielsweise: Astrologie, Tarot, I Ging, Kabbala, Zahlensymbolik, zunehmend dann nach Abschluss meines Studiums 1983. Nochmals eröffnete sich mir eine neue Welt: Ich erfuhr die Wirksamkeit geistiger Welten. Ich interessierte mich deswegen auch für die Mystik christlicher Religionen und anderer Richtungen und deren Querverbindungen zu esoterischen Wissenschaften. Trotz meiner reformierten Erziehung und der sich verstärkenden Kirchenferne, fühlte ich mich bisher eher zum Katholizismus hingezogen. Die auch die Sinne ansprechenden Rituale faszinierten mich als Kind

Einleitung

und Jugendliche. Zunehmend gewann die Repräsentanz des Weiblichen durch die Heiligen Frauen und Madonnen für mich an Bedeutung, nachdem ich mich während längerer Zeit vor allem mit älteren Mythen von Göttinnen wie Inanna und Ereskigal und anderen auseinandergesetzt hatte. Durch den nahen Kontakt zu spirituellen Frauengruppen und von meiner Forschungsarbeit angeregt, versuchte ich immer mehr, selbst durch erstarrte und frauenfeindliche Formen hindurch die Kraft weiblicher Spiritualität wieder zu entdecken. Der Einbruch bisher unbewusster Persönlichkeitsanteile erschütterte mein Weltbild beinahe über das tragbare Mass hinaus und forderte mich heraus, eine neue Lebensphilosophie zu entwickeln, die es ermöglichen sollte, die neuen Erfahrungen zu integrieren. Die Fragen nach dem Sinn dieser Bewusstseinserweiterung führten mich weit über meine persönlichen Belange hinaus und ich nehme seit dieser Zeit kollektive soziale, religiöse und gesellschaftliche Prozesse der Gegenwart neu und bewusster wahr.

Über die Astrologie bekommt meine einstige Vorliebe für Mathematik, Algebra und Geometrie neue Nahrung. Zahlen nicht mehr nur als Ausdruck für Materielles zu erleben, belebte mich, als ich vor Jahren die «Universalgeschichte der Zahlen» (1986) von Georges Ifrah las. Die Zahlen als Ausdruck abstrakter geistiger Ordnung zu begreifen, lehrt mich eine neue Klarheit finden. Und immer noch erweist sich dieses neue Begreifen als hilfreich, um die körperlich-seelisch-geistigen Erfahrungen zu ordnen. Pythagoras und seine SchülerInnen als Verehrerinnen der Sophia kennen zu lernen, bereitet keine Mühe. Denn staunend und doch schon immer gewusst, merke ich, dass Sophia, die Weisheit, identisch ist mit der «anima mundi», der Weltenseele oder der Weltentänzerin des Tarot und auch mit der Schekina der jüdischen Mystik. Weibliche Weisheit und Göttlichkeit hat einen Namen in der Mystik und in den esoterischen Lehren. Ich erfahre, dass der pythagoräische Lehrsatz weit mehr Bedeutung hat als nur ein geometrischer Lehrsatz zu sein. Der ‹Goldene Schnitt› des Pentagramms verbindet sich direkt mit der zyklischen Wiedergeburt der Venus. Ich stellte fest, dass die Heilige Maria mit ‹Morgenstern› angerufen wird und die zu ihren Ehren stattfindenden Feste mit dem Venuszyklus zusammengehen. Ich fand, was ich lange vermisst hatte. Ich fand bisher verborgene Zugänge zu seelischen und geistigen Bereichen des Lebens. Es ist aufregend und gleichzeitig schockierend, denn: wo in aller Welt bin ich als Frau von heute in meiner Vielfältigkeit damit gemeint? Meinem erwachenden

Interesse für Frauenfragen folgend, befasste ich mich auch mit feministischer Theologie, von der ich mich allerdings wieder entfernte. Ein spiritueller Weg als Frau innerhalb der Institution Kirche schien mir nicht möglich. Die sich verstärkende Entfremdung zur patriarchalen spirituellen und geistigen Welt ist beklemmend und immer dringlicher wurde mein Wunsch, dem etwas entgegenzusetzen, was durch Erfahrungen von Frauen geprägt und definiert wird.

Zunächst jedoch zog mich hauptsächlich die Astrologie in ihren Bann. Als ein Spiegel der vorherrschenden Kultur, ist sie für mich durchaus ein Medium, das mit gewissen Vorbehalten sinnvolle Aussagen machen kann über Lebenszusammenhänge. Auch da, wo sie mit den Mitteln der Tiefenpsychologie in den letzten Jahren einen neuen Zugang schaffte. Im Selbststudium befasste ich mich mit verschiedenen Methoden intensiv mit meinem eigenen Horoskop. Ich konnte immer deutlicher ein sinnvolles Muster im Ablauf der Geschehnisse der vergangenen Jahre ablesen. Dies vor allem im zeitlichen Ablauf der Ereignisse, durchaus jedoch auch inhaltlich. Ich überzeugte mich von der Aussagekraft der Astrologie und liess mich von ihr zu meinen eigenen Überlegungen aus frauenbezogener Sicht anregen.

Mein Wunsch, einen von Frauen geprägten Zugang zur geistigen Welt zu finden, liess mit der Zeit eine andere Ebene der Astrologie in den Vordergrund treten. Ich richtete meine Aufmerksamkeit auf die Symbolgeschichte. Ich begann mich für jene zu interessieren, deren Status und Macht es ihnen erlaubt, Symbole und ihre Inhalte zu bestimmen. Stärker noch wuchs allerdings mein Bedürfnis, ein symbolisches Bezugssystem zu beschreiben, in dem Frauen sich widergespiegelt sehen und erkennen. Ursachen und Strukturen der Machtverteilung zu erkennen ist wichtig, noch dringlicher ist es, gemeinsam mit andern Frauen neue Lösungsstrategien zu finden, um der zunehmenden Entfremdung zu begegnen. Astrologische oder allgemeiner esoterische Symbole prägen auch heute noch unsere alltäglichen, psychologischen, philosophischen und religiösen Wertbegriffe. Beispielsweise durch die strikte symbolische Zuordnung der Sonne zu männlich. Symbole aber schaffen Wirklichkeit! Doch daraus ziehen in unserer Gesellschaft vor allem Männer ihren Nutzen. Denn wie die Autorinnen von «Wie weibliche Freiheit entsteht» (Le donne della libreria di Milano) 1989 schrieben, ist eines der Leiden von

Einleitung

Frauen, das keinen Namen hat, ohne symbolisches Bezugssystem in die Welt gesetzt worden zu sein. Diese Aussage bestätigte meine damaligen Eindrücke und Erfahrungen. Daran hat sich bis heute wenig geändert. Sie erwähnen auch eine Bemerkung von Luce Irigaray, der französischen Philosophin und Psychoanalytikerin, dass in unserer Kultur die Repräsentation der Mutter-Tochter-Beziehung fehlt. Zu den wenigen Ausnahmen gehört das Bildnis der «Annaselbdritt».

Mein Wunsch, mehr über Symbolgeschichte zu erfahren, ging einher mit einem zunehmenden Interesse für astroarchäologische Geschichte. Megalithanlagen, Pyramiden, Kirchen, Häuser, Dörfer und Städte sind nach dem Sonnenstand angelegt. Wer waren die Erbauer? Was wussten sie? Wie kamen Architekten dazu, ihre Werke nach Sonne, Mond und Sternen auszurichten, wie beispielsweise das Zürcher Grossmünster? Was haben Sonne und Mond am Zifferblatt des Fraumünsters zu bedeuten? Nach welcher Tradition wurde am Zürcher Rathaus unter dem Dachvorsprung der astrologische Tierkreis angebracht? Wie kommt es, dass im Kloster Einsiedeln der Tierkreis als Mosaik im Boden eingelegt ist? Wussten Steinmetze, Bildhauer und Maler um die symbolische Bedeutung ihrer Werke, die so viele Kirchen, Häuser und Brunnen in den Städten zieren?

Bei meinen Streifzügen in und um Zürich oder auch in Schaffhausen und Chur und andernorts, gelangte ich zur Überzeugung, dass es bewusst eingesetzte Machtdemonstration ist. Sie bestärkt ihre Schöpfer und auch die Besitzer in ihrer Machtposition und ihrem Zugehörigkeitsgefühl. Denn Freimaurer oder Mitglieder anderer Männerbünde kennen sehr wohl die symbolische esoterische Bedeutung von Adler, Pelikan, Biene, Treppe, Zirkel, Hammer und so fort, die Kirchen, Häuser und Brunnen schmücken (Ausstellungskatalog 1983/84 des Schweizerischen Museums für Volkskunde Basel). Es ist einfach zu erkennen, wie viel Bestätigung Männer durch solche oder ähnliche Bezugssysteme ernten, wie beispielsweise auch durch den Monotheismus der patriarchalen Religionen. Diese stetige Bestätigung durch äussere Machtsymbole mangelt Frauen. Ihnen fehlt das symbolische Bezugssystem, von dem sie in aller Öffentlichkeit gestärkt werden. Ich vertrete die Auffassung, dass wirkliche Gleichberechtigung erst entstehen kann, wenn Frauen die Wirkung solcher Symbolik durchschauen und sich bewusst auf ein eigenes symbolisches Wertsystem beziehen können. Wie tief ich selbst dieses patriarchale Wertsystem verinnerlicht und mich damit identifiziert hatte, wurde mir eindrücklich im Verlauf der Jahre bewusst. Ein tiefes Bedürfnis entstand, die wie ein unsichtbares energetisch aufgeladenes Netz wirkenden symbolischen Strukturen zu erkennen und zu verändern. Ich will mich besser abgrenzen können gegen Einflüsse, die mich in meiner spirituellen und geistigen Weiterentwicklung manipulieren, indem sie einseitig Wertschätzung an Männer verteilen, mich in der Wertschätzung meiner selbst als Frau jedoch schwächen. Symbolische Objekte geben innere Bilder und Seelenzustände wieder. Füllen Frauen sie mit Inhalten eigener Erfahrung ganzheitlich, das heisst mit allen ihren Körpersinnen, verlieren die traditionell überlieferten viel von ihrer Macht auf die Vorstellungswelt. Meine Aufmerksamkeit für die hinter oder unter dem Offenkundigen (exoterischen) liegenden verborgenen (esoterischen) Botschaften nahm zu.

Geschichtsforschung, Archäologie, Astronomie und Ethnologie zeigen die Wechselwirkung zwischen Kultur und kosmischem Geschehen auf. Kult und Kultur sind immer aufeinander bezogen. So ist Astrologie aus der Astronomie, das heisst aus der Beobachtung der Himmelskörper hervorgegangen und ursprünglich nicht von ihr getrennt. Angeregt durch die regelmässige Beobachtung der Sterne wird irdisches Leben in Zusammenhang mit dem Kosmos gebracht. Der Wunsch, eingeordnet zu sein in ein Ganzes und in Übereinstimmung zu leben mit Himmel und Erde, lassen den Kosmos zum Vorbild menschlichen Zusammenlebens werden.

Im Gegenzug dazu geschieht andererseits eine Projektion der irdischen Gesellschaft auf die kosmische Ordnung. Astrologische Symbolik ist deshalb im Zusammenhang mit ihrer historischen, gesellschaftlichen und kulturellen Bedingtheit bedeutungsvoll. In ihr ist Geschichte in symbolischer Form überliefert. So fällt beispielsweise die Zeit des kretischen Labyrinths mit dem Minotaurus und den Stierspringerinnen in die astrologische Stierzeit (ca. 4400 bis 2200 v.u.Z.); das Märchen der Frau Holle jedoch, in dem der Brunnen eine wichtige Rolle spielt, in die Zwillingszeit (ca. 6600 bis 4400 v.u.Z.). Das Zeichen Zwillinge wiederum entspricht dem chinesischen Zeichen für Brunnen und schafft eine deutliche Verbindung zum erwähnten Märchen.

Einleitung

Astrologie galt lange Zeit unbestritten als Geisteswissenschaft. Das darin überlieferte esoterische Wissen prägt westliche und östliche Kultur – wenn auch auf verschiedene Weise – noch immer. Die heutige Interpretation der darin vermittelten Gedankenwelt bezieht sich deshalb in beiden Kulturen, ob östlicher oder westlicher Richtung, auf Strukturen patriarchalen Denkens. Die auf diesem Denken beruhenden Auslegungen spiritueller und geistiger Natur, beeinflussen natur- und geisteswissenschaftliche Bereiche vor allem in Religion, Philosophie und Psychologie auch heute noch und festigen damit patriarchale Herrschaftsstrukturen. Seit ungefähr 5000 Jahren – also zu Beginn der Schriftentwicklung – waren es hauptsächlich Männer, Priester, Mitglieder von Geheimbünden, religiöse Orden und Zünfte, die esoterisches, das heisst geheimes spirituelles und geistiges Wissen hüteten. Das mündlich überlieferte Wissen der Frauen wurde unterdrückt und zur Zeit der Hexenverbrennungen beinahe endgültig vernichtet. Nur an wenigen Orten der Welt konnten matrilinear organisierte Gesellschaften überleben, wie etwa in Südchina die Mosuò oder in Mexico die Frauen aus der Stadt Juchitàn. Um der vorher beschriebenen Notwendigkeit, für Frauen ein eigenes symbolisches Bezugssystem aufzubauen, Nachachtung zu verschaffen, ist es wichtig, esoterisches Wissen aus frauenbezogener Sicht zu hinterfragen.

Symbole schaffen gesellschaftliche, kulturelle und soziale Wirklichkeit. Offensichtliche und verborgene patriarchale Inhalte von Symbolen und Strukturen, prägen uns – auch körperlich – und damit unsere aktuelle soziale, religiöse und politische Realität. Den patriarchalen Inhalten dieser Realität sind Frauen und Männer von Kindesbeinen an – auch nach dem Jahr 2000 – noch täglich ausgesetzt und verinnerlichen sie weiterhin. Werden die unterdrückenden Inhalte von Bildern und Symbolen, die unseren Alltag prägen, in ihrer Wirkung erkannt – so meine Erwartung – können Frauen an die Stelle von verzerrten und erstarrten Selbstbildern lebensvolle, auf ihrer Erfahrung und der daraus resultierenden Spiritualität und Geistigkeit beruhende setzen. Zum Nutzen von Allen. Voraussetzung dazu ist eine vertrauensvolle, lebendige Beziehung zum eigenen Körper. Neue Selbstbilder entstehen nur über eine neue Sprache der Frauen, die aufbaut auf einer neuen Körpersprache.

Idda, Berta, Anna – Frauennamen und astroarchäologische Zusammenhänge

Als weiteres Beispiel für verborgen überliefertes, von Mystik, Astronomie und in diesem Fall keltischem Kulturgut geprägtem Wissen mag auch folgende Beobachtung dienen: Mir fiel auf, dass in der Stadt Zürich Berta- und Zurlindenstrasse, die den Idaplatz in südöstlicher und südwestlicher Richtung begrenzen, so angelegt sind, dass um die Zeit des 11.11. und 2.2. die aufgehende und untergehende Sonne ihr Licht geradewegs in die beiden Strassen wirft. Zeiträume die bei Steinkreisen und Megalithanlagen häufig berücksichtigt sind, so auch im bündnerischen Falera. Auch die Strassen vom Idaplatz führen fünfstrahlig weg, wie ein Blick auf den Stadtplan zeigt. Sie bilden somit ein Pentagramm, das wiederum einen engen Zusammenhalt aufweist zum Marienkult und über die Venuszyklen verknüpft ist mit den Mondphasen. Südlich vom Idaplatz liegt die «Herz Jesu Kirche». Verlängern wir hingegen die Berta- und Zurlindenstrasse in südöstlicher und südwestlicher Richtung, finden wir weiter entfernt, ebenfalls im Süden, den Eibenwald am Üetliberg – Eiben sind im keltischen Baumkreis dem Monat November zugeschrieben. Etwas westlich davon liegt die Annaburg. Weiter unten in Richtung Stadt, findet sich die Frauentalstrasse, an deren Ende vor Jahren eine Marienkapelle stand.

Dass im Zürcher Kreis 3 viele Strassen Frauennamen tragen, und dies insbesondere rund um den Idaplatz, verwundert nicht weiter. Auf solche Zusammenhänge zu stossen, wirkt befreiend und es fällt mir schwer, hier an Zufälle zu glauben. Nicht nur die Erbauer von Steinkreisen und Megalithanlagen versuchten ihrer geistigen Welt eine äussere Form zu geben in der Hoffnung, ihre innere mit der äusseren Welt in Übereinstimmung zu bringen, sondern auch moderne Städtebauer. Dagegen ist im Grunde nichts einzuwenden, würde diese unsichtbare geistige Welt von Frauen wieder mitgestaltet, sodass auch ihre innere geistige Welt einen angemessenen Ausdruck finden könnte. Ich gehe davon aus, dass die Symbolik am Idaplatz beabsichtigt war. Sie entspricht durchaus dem Zeitgeist um 1890, in dem die meisten Häuser rund um den Idaplatz erbaut wurden und auch dem damals wieder erwachten Interesse für die Schwarzen Madonnen.

Einleitung

Da meine «Praxis für Frauen» am Idaplatz in Zürich lag, begann ich mich für die Heilige Idda zu interessieren. Ihre Legende ist typisch für Frauengeschichte. Sie spricht von Gewalt, Unterdrückung und Entwurzelung. Damals wurde vermehrt auch das Thema der sexuellen Gewalt an Frauen und Mädchen thematisiert. Wird die Legende psychotherapeutisch vertieft angewendet, enthält sie ein grosses Potenzial zur Wandlung und Heilung. Ich sehe die Heilige Idda als Heilerin, Weise und Wissende. Augenfällig ist auch die Verknüpfung mit der Schwarzen Madonna und dem neu erwachten Interesse an ihr. Auf der Iddaburg in der Nähe des Klosters Fischingen im Thurgau steht eine Nachahmung der Statue der Schwarzen Madonna von Einsiedeln. Der Ursprung der Schwarzen Madonna wird heute in alten Göttinnen wie Ishtar oder Isis vermutet. In meiner frauenzentrierten Kosmologie entsprechen die Schwarzen Madonnen der Morgenvenus und sind Sinnbild für die ‹wiedergeborene› Venus. Es sind Weise und um Schmerz, Verlust und Trauer Wissende wie Inanna, die – aus der Welt der Ereskigal wieder aufsteigend – in neuem Licht aufleuchtet.

1989 begannen Historikerinnen in Zürich darauf aufmerksam zu machen, dass Frauengeschichte noch auffindbar ist. Damals hörte ich beispielsweise erstmals von den Beginen, die um 1350 im Beginenquartier in der Nähe des Predigerplatzes wohnten, wo sich auch das ehemalige Verenakloster befand. Auch die um 850 angesiedelte Geschichte von Hildegard und Berta (Töchter Ludwig des Deutschen) bewegte mich. Als spätere Gründerinnen des Fraumünsterstifts in Zürich begaben sie sich jeden Tag, geleitet von einem Hirsch mit brennenden Kerzen im Geweih, von ihrem Wohnsitz auf der Burg Baldern zu Fuss nach Zürich. Ihre Geschichte beflügelte meine Fantasie. Ihre Namen machen sie erkenntlich als ‹die ältere und die jüngere Tochter›, aus meiner Sicht eine Entsprechung von Morgen- und Abendvenus. Der althochdeutsche Namen Berta (beraht) bedeutet «glänzend»; in der weiterentwickelten Form Berthild ist auch der Name ihrer Schwester Hildegard mit drin. Hilde, althochdeutsch hiltja bedeutet Kampf. Frei übersetzt könnten ihre Namen also bedeuten: die im Kampf Glänzende und die vor dem Kampf Schützende. Die «Schützende» deswegen, weil die zweite Hälfte des Namens -gard in Zusammenhang steht mit Gerte, (Mess)Rute, Zaun, Schutz, hüten, Hof, Garten. Auf diese und ähnliche Weise finden sich immer wieder auch sprachliche Hinweise und Verbindungen zur vorchristlichen spirituellen und geistigen

Welt der Frauen. Wo zwei Frauengestalten zusammen erscheinen, sind sie mir Hinweis auf die kosmischen Entsprechungen von Morgen- und Abendvenus. Oft, wie bei Hildegard und Berta oder der Heiligen Idda und anderen Heiligen Frauen, weisen sie auch auf Übergangszeiten im sozialen Status von Frauen hin.

Seit 42 Jahren wohne ich mehrheitlich am Fusse des Üetlibergs. Es waren mir dort schon viele Wege bekannt, als mein Interesse für Frauenfragen und die Sozialisation weiblicher Spiritualität und Geistigkeit auch jenes für geschichtliche Hintergründe weckte. Die Wege von Baldern nach Zürich, auf denen sich Hildegard und Berta bewegt haben müssen, führen durch den Üetlibergwald in die Tiefe. An der Burg Manegg vorbei über den Höckler oder weiter vorn den Föhreneggweg hinunter, gelangt man am ehemaligen Restaurant Annaburg vorbei zum Albisgüetli. Obwohl geschichtlich keine wirkliche Burg mit dem Namen Anna auffindbar ist, zog mich dieser Platz und seine weitere Umgebung an. Die Elemente, den Kosmos und die Natur mit einzubeziehen, wurde in meiner Arbeit immer wichtiger.

Zu jeder Jahreszeit und bei jedem Wetter hielt ich mich dort auf. Im Winter im tiefen Schnee durch den Eibenwald (einen der wenigen, die es in Europa noch gibt) mit seinen kleinen roten Früchten an den Bäumen zu gehen oder im Frühjahr, wenn das erste zarte Grün der Blätter an den Laubbäumen und den Sträuchern aufbricht, verbindet mich oft unvermittelt mit einem Gefühl des Eingebettetseins. Wie verzaubert ist der Wald auch im Sommer, wenn der Wind leise durch die Bäume streicht und die Sonnenstrahlen sich gerade noch einen Weg bahnen können. Weicht man nur wenige Meter von den Wegen ab, wird der Üetlibergwald zauberhaft, wild und menschenleer. Der Wald spricht zu mir, Quellen sickern leise aus dem Boden und an ‹meiner› Quelle, wo ich eine «Annaburg» fantasiere, liess sich auch schon ein Dachs blicken. Auf meinen Streifzügen durch den Üetlibergwald werden viele Bilder wach, die sich im Verlauf der Jahre weiter verdichten und meiner Vision Nahrung geben, meinen persönlichen Zugang zu finden zu Spiritualität und Geistigkeit.

Im August 1990 führte ich erstmals ein Wochenende für Frauen auf dem Üetliberg durch, diesmal mit Übernachten im Freien. Ich erinnere mich, dass uns

Einleitung

der frühe Morgen ein bezauberndes Bild bot am östlichen Himmel: Venus, Mond und Jupiter in Konjunktion, vor dem sich wandelnden nachtblauen und zusehends heller werdenden Morgenhimmel.

Die Vertiefung des Steins erinnert an eine Vulva. Es könnte sich um einen ursprünglich von Frauen verehrten Schalenstein (Kindlistein) handeln. Er befindet sich rechts neben der Mariengrotte unterhalb der Iddaburg.

Mit den Wanderungen in der Landschaft – zur Iddaburg bei Fischingen TG, nach Falera GR, zum Kindlistein bei Heiden AR oder auf den Üetliberg bei Zürich – versuchten wir, die besondere Zeitqualität bestimmter Tage zu beachten. So auch als wir auf den Spuren der Anna wanderten. Die Gestalt der Heiligen Anna in Zürich erregte vor einigen Jahren mein besonderes Interesse. Damals stiess ich auf den Aussichtspunkt beim ehemaligen Gasthaus «Annaburg». Als Vermessungspunkt für astronomische Daten zeigt er spannende Zusammenhänge auf. Er gibt Hinweise, wie früher stark besetzte Plätze als solche erkannt wurden und wie sie bis heute benutzt werden. Ob zufällig oder wissentlich, bleibe dahin gestellt. Das Gasthaus «Annaburg» wurde inzwischen abgerissen und ein grosszügig ausgebauter Rastplatz mit Brunnen und Feuerstelle angelegt.

Die Wanderung führte uns vom Albisgüetli in halber Höhe durch den Üetlibergwald zu einer kleinen Quelle und weiter bis zur Fallätsche oberhalb von Leimbach. Von da aus gehen wir zurück bis zum Rastplatz «Annaburg». Die Überraschung war gross, als wir bei der Ankunft am Rastplatz auf die Vorbereitungen zu einem von Frauen organisierten Fest stiessen, zeitlich synchron mit unserer Wanderung auf «den Spuren der Anna». Zusammentreffen von Ereignissen dieser Art erachte ich als Ausdruck der Zeitqualität auf anderer Ebene. Die Heilige Anna, die insbesondere in den Zeiten der Hexenverbrennungen als Beschützerin der Frauen wichtig wird und die Heilige Margarete, die den Drachen bezähmt (und nicht umbringt) oder Sontga Onna und Sontga Margriate im Kanton Graubünden kommen mir sehr nahe. Gleichwohl wundere ich mich heute über mich selbst. Es dauert lange bis ich anfange zu begreifen, dass ich wirklich und unmittelbar etwas mit ihnen zu tun habe und durch sie und andere Heilige Frauen wichtige Zugänge finden könnte zu Quellen inneren Wissens. Nomen est omen – ich wurde auf ihre Namen getauft.

In Gruppen geriet ich anfänglich öfter in heftige Diskussionen oder stiess auf Unverständnis, bei meinem Versuch mitzuteilen, in welcher Komplexität ich psychologische, intuitiv-gefühlsmässige als auch analytische und politische Ebenen bei der Erfahrung frauenbezogener Spiritualität und Geistigkeit miteinbeziehe. Konflikte entstanden auch im Zusammenhang mit den Vorstellungen über Spiritualität, «political correctness» und intellektuellem Anspruch. Es gelang mir nur in wenigen Gesprächen, meinen Standpunkt und meine Überlegungen begreiflich zu machen. Diskussionen endeten oft in der Polarisierung. Für mich griff die damals praktizierte feministische Spiritualität zu kurz. 1990 begann ich eigene Wege zu gehen. Meine Ausbildung in

Einleitung

Körperpsychotherapie bot mir neue Möglichkeiten, um mich mit den oben beschriebenen Themen auseinanderzusetzen. Erst die mit dem Körper verbundene Selbsterfahrung liess mich begreifen, wie tief verankert im Körper sämtliche Erfahrungen sind. Sie ermöglichte mir, eine neue Orientierung in Zeit und Raum zu gewinnen.

Die bisherigen Erfahrungen in Frauengruppen mit feministischer und spiritueller Ausrichtung weckten den Wunsch in mir, das was anscheinend oft nur über «Gefühle aus dem Bauch heraus» zu erfahren ist, in einen flexiblen theoretischen Rahmen zu stellen, der sowohl meine frauenbezogene, psychotherapeutische als auch meine spirituelle und geistige Haltung widerspiegeln soll. Ich versuche auch Formen zu finden, die ermöglichen sollen, in Gruppen die verhängnisvolle Verwechslung von Spiritualität mit persönlicher Geschichte und damit verknüpften Konflikten bezüglich Macht und Autonomie, sichtbar zu machen. Mein Ansatz, der kosmische Zusammenhänge mit einbezieht, führte später dazu, dass ich in der Seminargruppe meinen persönlichen Zugang zu den zyklischen Wandlungsprozessen mittels der Seminarbriefe sichtbar machte. Der neu entwickelte Ansatz führte in uns bisher unbekannte Bereiche spiritueller und geistiger Heilungsprozesse hinein.

Mit einer kleinen Frauengruppe wagte ich 1992 das Experiment. In den kommenden Jahren setzten wir uns in den Seminaren auf verschiedenen Ebenen mit den astronomischen und astrologischen Venuszyklen und der entsprechenden Zeitqualität auseinander. Dies in der Erwartung, dass die kosmische Ordnung sich auch auf unsere irdisch-alltägliche auswirken wird, wenn wir uns dieser Ordnung möglichst unvoreingenommen annähern. Unerwartete Erfahrungen könnten erwünschte Veränderungen in unserem Verhalten einleiten und umgekehrt könnte unser verändertes Verhalten Veränderungen nach Aussen bewirken.

Teil 1
Grundlagen
zu meinem
Ansatz

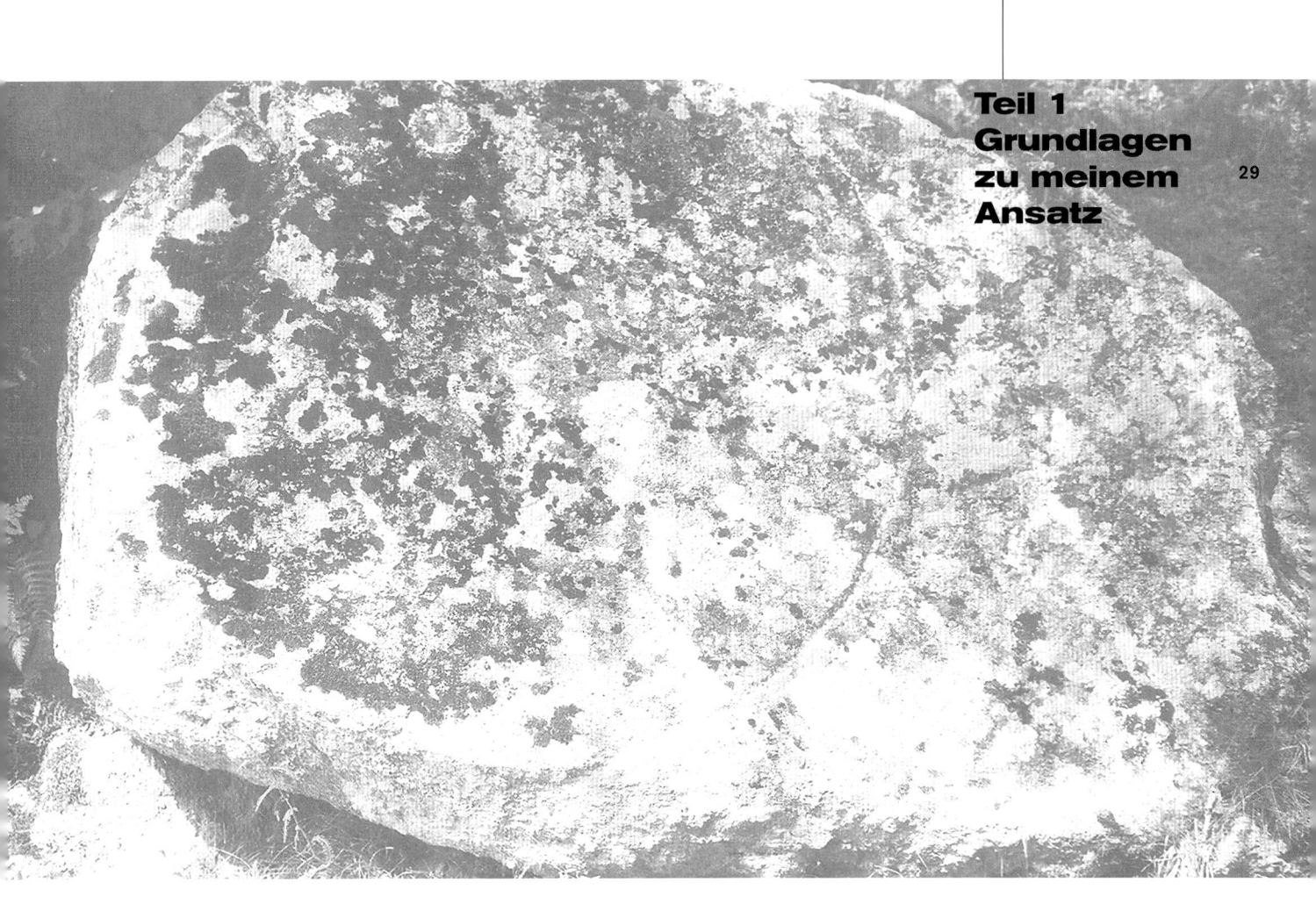

Astroarchäologischer Zugang

Mein Interesse für Astroarchäologie führte mich an verschiedene Kultplätze in Kreta, Malta, Spanien, Gomera, Orkney und Shetland, Mexico und der Schweiz. In dieser Zeit öffneten sich meine Sinne und mein Denken der Realität geomantischer und kosmischer Kraft- und Energiefelder und oft erschlossen sich mir unmittelbar Zusammenhänge zu überlieferten Mythen.

In der Schweiz besuchte ich vor allem Plätze im Kanton Graubünden: im Lugnez, in Falera und auf der Carschenna; im Kanton Appenzell den Kindlistein in der Nähe von Heiden sowie Orte in und um Zürich, wo laut einer Meldung im Tagesanzeiger (13.8.1993) südwestlich etwas unterhalb des Utokulms ein «Kindlistein» existiert haben soll, und wo beispielsweise die Mondknotenextremlinie, vom Platz des ehemaligen Restaurant Annaburg aus zum kleinen Weiher im Zürichbergwald nahe beim «Frauebrünneli» gezogen, auf kosmische Zusammenhänge hinweist.

Mondknoten nennt man die astronomisch ermittelte Umlaufebene von Erde und Mond. Befinden Sonne und Mond sich in Konjunktion an diesem Punkt (Leermond), entsteht eine Sonnenfinsternis. Diese Linie fehlt praktisch nie bei Megalithanlagen, denn Sonnenfinsternisse haben die Menschen immer schon beschäftigt.

Auf der Mondknotenlinie sind zahlreiche Kirchen und ehemalige Klöster auffindbar. Ob sie zufällig dort hin gebaut wurden? So lag am Fusse des Üetlibergs ein kleines Kloster beim Bubenberg in der Nähe der heutigen Arbentalstrasse und an der Frauentalstrasse stand eine kleine Kapelle «Unserer Lieben Frau im Gnadental». Auf dieser Linie befand sich auch das ehemalige Kloster Selnau (Seldenow). Die Mondknotenlinie führt weiter über die heutige Annakapelle, zum ehemaligen Kloster Oetenbach und vom nicht mehr existierenden Kloster am Beatenplatz zur Liebfrauenkirche. Nicht weit vom «Frauebrünneli» und dem kleinen Waldweiher im Zürichbergwald entfernt befindet sich das Schlachtendenkmal zur Erinnerung an die Kämpfe um die Stadt Zürich von 1798/99. In der Annakapelle war während längerer Zeit eine Holzstatue der «Heiligen Annaselbdritt» aufgestellt. Sie befindet sich jetzt in der Kirche St. Peter und Paul nahe des Stauffachers und in nicht allzu weiter Entfernung der erwähnten Linie.

Einen der wesentlichsten äusseren Anstösse zu meinen Forschungen und Überlegungen erhielt ich durch den Besuch der Megalithanlagen von Falera sowie der intensiven Auseinandersetzung mit der Venus am Morgen- und Abendhimmel. Als ich begann, sie am lichtblauen oder auch golden strahlenden Abendhimmel bewusst wahrzunehmen, be- und verzauberte sie mich mit ihrem strahlenden funkelnden Glanz.

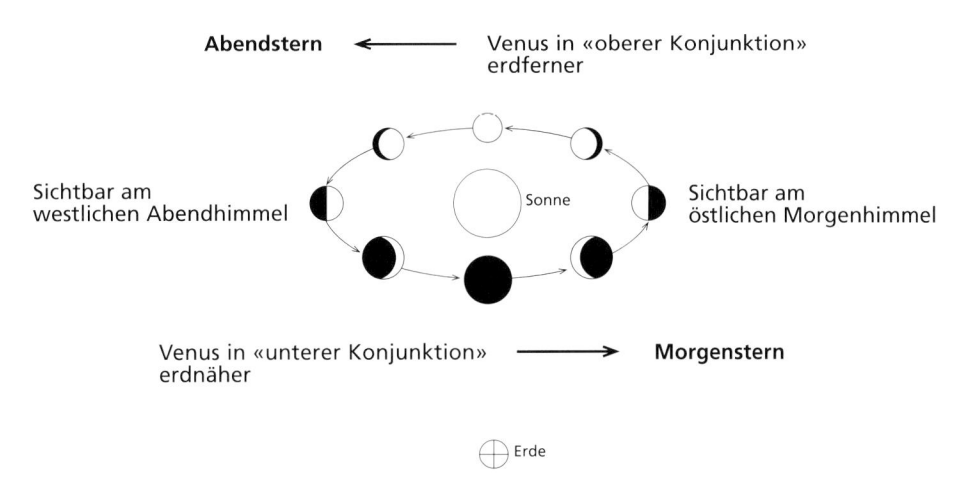

Abendstern ← Venus in «oberer Konjunktion» erdferner

Sichtbar am westlichen Abendhimmel

Sonne

Sichtbar am östlichen Morgenhimmel

Venus in «unterer Konjunktion» erdnäher → **Morgenstern**

Erde

Venus in Konjunktion mit der Sonne = beide stehen in einer Linie vor- oder hintereinander von der Erde (geozentrisch) gesehen.

Zunehmend weckte jedoch auch ihr astronomischer Zyklus meine Neugier, denn ich stiess zufällig darauf, dass er – im astrologischen Tierkreis aufgezeichnet – das Pentagramm ergibt (vgl. Zeichnung S.35). Indem ich ihrem Lauf folgte – wie Theseus dem roten Faden der Ariadne im Labyrinth – wurde die Venus zu meinem Leitstern und (astronomische) Zahlen wurden lebendig.

Doch zeugen auch Mythen aus der ganzen Welt von ihrer Bedeutung, wie beispielsweise ein Schöpfungsmythos aus dem Mpiras-Gebiet (Südostafrika) zeigt. Mwuetsi, der Mond erhält Massassi, den Morgenstern und später nach ihrem Tod Morongo, den Abendstern zur Frau. Massassi gebärt Gras, Büsche und Bäume und hört nicht auf zu gebären, bis die ganze Erde damit bedeckt ist. Morongo, seine zweite Frau gebar am ersten Tag Hühner, Schafe und Ziegen, am zweiten Tag Elanantilopen und Rinder, am vierten Tag Mädchen und Knaben, am fünften Tag aber Löwen, Leoparden, Skorpione und Schlangen. Von der Schlange wurde Mwuetsi gebissen und starb. Morongo soll am Ende ihrer Tage mit den wilden Tieren oder mit der Schlange gelebt haben. Massassi wird sprachlich für Mädchen, Morongo für Frau verwendet.

(nach Leo Frobenius, Erythräa, Zürich 1931 Seite 237-244).

Astroarchäologischer Zugang

Die Megalithanlagen von Falera

Aus einer intuitiven Zusammenschau der mir aus verschiedenen Quellen bekannten astroarchäologischen Daten und der Kenntnis astrologischer und anderer sogenannt esoterischer und mystischer Symbolik, erschloss sich mir bei Besichtigungen in Falera (GR) an der Südwestflanke des Muota im Zusammenhang mit den Venuszyklen, die Bedeutung des Sonnensteins.

Geschichtliche Angaben zu der ca. 1800 v.Ch. erbauten Bronzezeitsiedlung Falera: Die Siedlung bot Raum für ungefähr 100-150 Menschen und war umgeben von einer drei Meter hohen und zwei Meter breiten Mauer. Dreimal brannte die Siedlung ab, wurde jedoch wieder aufgebaut. Die Hälfte der Flurnamen sind rätischen Ursprungs, also vorrömisch. Sie weisen darauf hin, dass Falera weit über 2000 Jahre alt sein muss. In der untersten Schicht an der Nordflanke des Muota wurde als wohl wichtigster Fund eine 'Bronzenadel' von 84 cm Länge, mit verziertem Kopf, Durchmesser 16 cm, ausgegraben, heute ausgestellt im rätischen Museum in Chur. Rund um den Muota und auf Planezzas finden sich viele Schalensteine, Steinkreise und Megalithen. Es ist unbestritten, dass sie zur Bestimmung der Jahreszeiten dienten; sie sind nach Aufgang und Niedergang von Sonne, Mond und Sternen ausgerichtet. Einer der Megalithen enthält eine Gravur für die Sonnenfinsternis vom 25.12.1089 v.d.Z., die in der Surselva auch andernorts auf Schalensteinen zu finden ist. Die letzte Datierung für die Siedlung auf dem Muota ist auf 400 v.Ch. festgelegt. Bei allen geografischen und astronomischen Angaben stütze ich mich auf die Forschungsarbeiten von Ulrich und Greti Büchi, insbesondere die Schrift «Die Megalithe der Surselva Graubünden».

765 v.d.Z. findet sich die erste urkundliche Erwähnung von Falera im Testament des Bischofs Tello von Chur. Die als Neubau (1491) mit dem romanischen Turm (1100) noch bestehende Kirche St. Remigius wird 831 erstmals urkundlich im karolingischen Reichsurbar erwähnt.

Die als Sonnenstein bezeichnete Steinplatte an der Südwestseite des Muota ist kreisrund, mit einem Durchmesser von 120 cm. Sie ist im Vergleich zur Horizontalen in einem Winkel von ca. 64° angelegt. Darauf angebracht sind zwei Vertiefungen in Schalenform mit einem Durchmesser von ca. 2 cm. Stellt man einen Stab in senkrechter Position in die Schalen bzw. über die Horizontale, können die Sonnenstände vom 21.6. und 22./23.12. und vom 2.2. und 11.11. abgelesen werden. Bei Sommer- und Wintersonnwende geschieht dies durch den Schattenwurf des Stabes. Anders bei den Daten vom 2.2. und 11.11. Sie sind dadurch gekennzeichnet, dass gerade kein Schatten fällt.

Der Sonnenstein von Falera diente als Kalender

Diese Tatsache fiel mir als sehr symbolträchtig auf. Es gibt nur einen Ort, wo keine Schatten fallen: in Anderswelt. Er liegt da, wo Grainné, die Sonnengöttin der Kelten, nach Sonnenuntergang in ihrem Schloss in der Tiefe wohnt.

Dort liegt auch die Wohnung der Frau Holle aus dem Märchen mit den beiden Töchtern Goldmarie und Pechmarie.

Davon ausgehend, dass die alten Plätze neben ihrer Kalenderfunktion auch rituellen und kultischen Handlungen, sowie Heilzwecken dienten, spann ich diesen Gedankenfaden weiter. Im Verlauf der letzten Jahre führte er mich immer tiefer in die kosmischen Zusammenhänge von Mythen und Märchen hinein. Tiefer und intensiver wurde in dieser Zeit auch meine Verbundenheit mit der Natur, denn immer öfter machte ich mich vor Ort unmittelbar mit den Gegebenheiten vertraut.

Astroarchäologischer Zugang

Der Venuskalender im astrologischen Tierkreis

Um den besonderen Zyklus der Venus im Tierkreis sichtbar zu machen, habe ich die fünf Spitzen der SonneVenuskonjunktionspunkte eingezeichnet. Damit ist die Zeit bezeichnet, in der die Venus von der Erde aus gesehen (geozentrisch) in einer Linie steht mit der Sonne. Das findet innerhalb von vier Sonnenjahren fünfmal statt, also im Verhältnis 4:5. Den Verhältniszahlen des Pentagramms entnommen ist auch der Goldene Schnitt, der in der Kunst als absolutes Mass für gute Raumverteilung, Schönheit und Harmonie steht. Das ist – nebenbei bemerkt – einer der Gründe, warum der Venus in der Astrologie Kunst, Schönheit und Harmonie zugesprochen sind. Verbindet man die SoVekonjunktionspunkte mit dem jeweils übernächsten entsteht das Pentagramm. Ein Ideogramm, dessen Symbolkraft vielen geläufig ist. Meistens vereinfachend beschrieben als der «positive» Druidenfuss mit der Spitze nach oben und als der «negative» Hexenfuss mit der Spitze nach unten.

Die SoVeKonjunktionspunkte bewegen sich durchschnittlich um 2.5 Grad innerhalb von acht Jahren im Uhrzeigersinn vorwärts, wie auch aus den eingezeichneten Daten in der Abbildung ersichtlich ist. Um ein Tierkreiszeichen zu durchqueren benötigt der Punkt rund 100 Jahre. Einmal in vier Jahren findet auf einem dieser Punkte eine SonneVenuskonjunktion statt. Im politisch heissen Sommer 1968 befand sich beispielsweise die Spitze des Pentagramms exakt auf dem Punkt der Sommersonnwende, denn am 21. Juni 1968 wechselte der SoVekonjunktionspunkt vom Zeichen Krebs in den Zwilling.

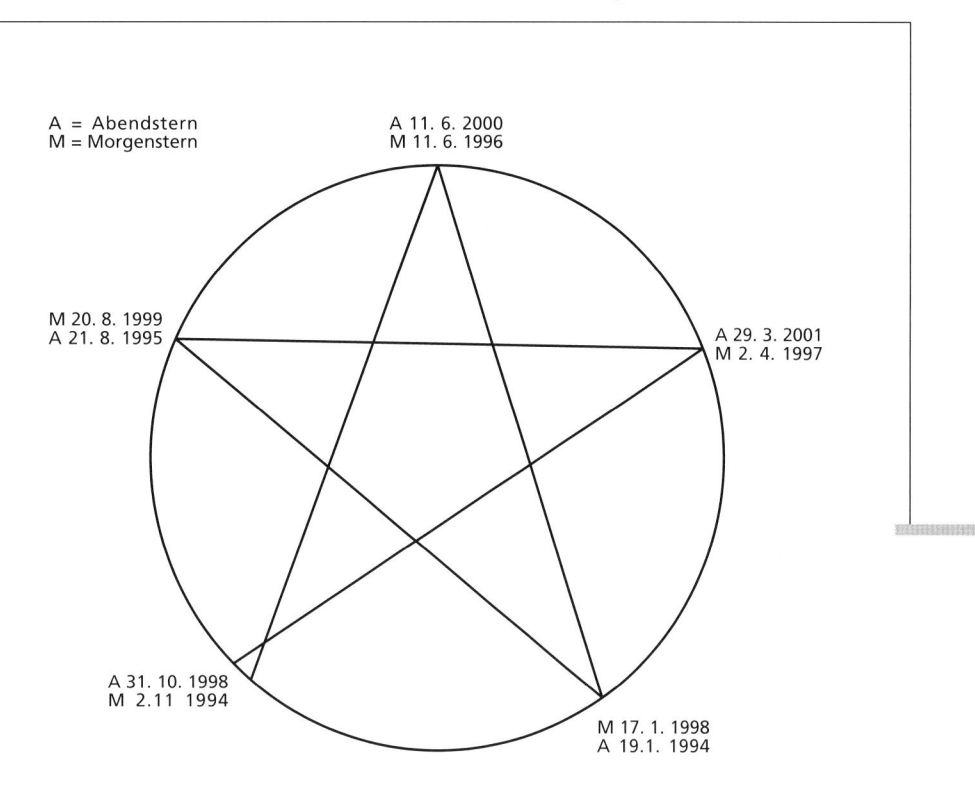

```
A = Abendstern        A 11. 6. 2000
M = Morgenstern       M 11. 6. 1996

M 20. 8. 1999                              A 29. 3. 2001
A 21. 8. 1995                              M 2. 4. 1997

A 31. 10. 1998
M 2.11 1994
                              M 17. 1. 1998
                              A 19.1. 1994
```

Als eine Eigenheit dieser Darstellungsweise zeigt sich der chronologische (Chronos = Saturn) Ablauf der Jahreszahlen im Uhrzeigersinn, während im Gegensatz dazu Mond (Monat), Venus und die übrigen Planeten, und somit auch die Tierkreiszeichen, sich im Gegenuhrzeigersinn bewegen. Die rückläufige Bewegung der Monate (Monde) werden in Beziehung gebracht mit der Vorausschau. So wird beispielsweise der «Tzolkin», der religiöse, 260 Tage zählende Venuskalender der Maya, als religiöser Orakelkalender benützt. Es zeichnen sich in der gezeigten Darstellung zwei gegenläufige Bewegungen ab, die ich auch auf den nachfolgend zitierten Satz aus dem «I Ging» (Übersetzung von Richard Wilhelm, 7. Aufl. 1981, 247) beziehe:

«Das Vergehende zu zählen, beruht auf der Vorwärtsbewegung. Das Kommende zu wissen, beruht auf der rückläufigen Bewegung. Darum hat das Buch der Wandlungen rückläufige Zahlen.»

Auf die im Pentagramm eingezeichneten Venusbewegungen bezogen, wird diese Bemerkung sinnvoll und verständlich.

Astroarchäologischer Zugang

Durch die im Pentagramm im Uhrzeigersinn gezählten Jahre der Konjunktionen, verbindet die Venus die Gegenwart mit der Vergangenheit und damit mit Geschichte – weiblicher Geschichte. Sie zeigt auf, was Frauen verloren ging – nämlich fraueneigene Geschichte und symbolische Bezugssysteme. Der Ausdruck «die Venus verbindet», meint, dass aus Altem immer wieder das Neue entsteht und im Vergänglichen das Werdende schon bereitliegt. Auch die chinesische Gesundheits- und Elementenlehre wird im Pentagramm dargestellt. Ein Hinweis auf weibliches Wissen, der uns vermuten lässt, dass Heilen weiblicher Spiritualität und Geistigkeit entstammt.

Nicht alle SoVekonjunktionspunkte bewegen sich gleichmässig miteinander vorwärts. Betrachten wir das Pentagramm als Ganzes, ist es eher das Bild eines Zahnrades oder der «Unruhe» in einem Uhrwerk – eine kleine vorwärtsdrängende Bewegung vor und zurück. Um dieses Vorwärtsschreiten anzudeuten, überschneiden sich in der Abbildung bei der Novemberkonjunktion die Linien mit einem kleinen Kreuz. Das Vorwärtsschreiten widerspricht ganz klar der Standardphrase von der den Frauen zugesprochenen und negativ gewerteten reinen Reproduktionsfähigkeit. Diese wurde möglicherweise vom Pentagramm und seiner Symbolkraft abgeleitet. Bekanntlich kann in ein Pentagramm immer wieder ein kleineres hineingestellt oder nach aussen beliebig als grösseres vermehrt werden, was dazu verleiten könnte, «reine Reproduktionsfähigkeit» hineinzulesen. Ich interpretiere die Vervielfachung als «Tochter der Mutter der Tochter ...» oder als «Mutter der Tochter der Mutter ...» Und wir erahnen langsam die weitreichenden Bedeutungen, die dem Pentagramm und damit auch der Venus, bei der Symbol- und Mythenbildung zukommen könnten.

Legen wir die Venuszyklen aus matrilinearer Sicht symbolisch sowohl der körperlichen, spirituellen als auch der geistigen Entsprechung für Frauen zu Grunde, kann sie uns im Verlauf der Jahre als Spiegel dienen für ein immer vielfältigeres und vollständiger werdendes Frauenbild. So wie die Venus ihre Gestalt von Zyklus zu Zyklus wandelt, verändert sich auch die Beziehung zu Selbstbild und Selbstideal und es wandeln sich Selbstwert und Selbstverständnis selbst. Ihr Lauf durch die Tierkreisbilder spiegelt uns immer neue Aspekte weiblichen Seins und bringt Frauen in Kontakt mit noch ungeborenen Möglichkeiten, die integriert werden möchten.

Der «standardisierte» Venuskalender

Die erste auf dem Kalenderstein und dem Venuszyklus beruhende Berechnung erstellte ich 1989. Standardisiert nenne ich diese Berechnung deswegen, weil die Zählung der SoVeKonjunktionen nicht übereinstimmt mit den effektiven Daten an denen sie stattfinden, sondern gleichgesetzt wird mit dem 11.11. und 2.2. sowie dem 21.5. und 21.7., von mir später als «Grosses Tor», «Unteres Tor» und «Oberes Tor» bezeichnet. Diese «standardisierte» Berechnungsweise verbindet astronomisch Sonnenstein und Venuszyklus. Beginnend am 2.2. lassen sich die Zeiten der innerhalb von vier Jahren stattfindenden fünf SoVekonjunktionen mit Berücksichtigung realer Daten, beispielsweise diejenigen vom 2.2.1986/11.11.1986/21.7.1987/21.5.1988 und 2.2.1989 rechnerisch eintragen.

1. Jahr vom 2.2.86 bis 11.11.86	39 Wochen	+ 2 Tage		
+ Rückläufigkeit	6 Wochen			
2. Jahr vom 11.11.86 bis 21.7.87	36 Wochen	+ 0 Tage	81 Wochen	+ 2 Tage
3. Jahr vom 21.7.87 bis 21.5.88	43 Wochen	+ 4 Tage		
+ Rückläufigkeit	6 Wochen			
4. Jahr vom 21.5.88 bis 2.2.89	37 Wochen	- 2 Tage	86 Wochen	+ 2 Tage
5. Jahr vom 2.2.89 bis 11.11.89			40 Wochen	+ 0 Tage
	= total		207 Wochen	+ 4 Tage

Das 1. Jahr dieser Zählung beginnt mit der SonneVenuskonjunktion am 2.2. und geht mit jener am 11.11. zu Ende. Ich nenne dies das «Grosse Tor». Als Besonderheit kann gelten, dass in diesem «standardisierten Venuskalender» in der fortlaufenden Zählung der Konjunktionen diejenige vom 2.2. jeweils als die fünfte und zugleich erste zu zählen ist. Eine Möglichkeit, die fünf SoVe-Konjunktionen in Übereinstimmung zu bringen mit den vier Sonnenjahren, in deren Ablauf sie stattfinden. Eine Eigenheit der Zählweise, die beispielsweise in ähnlicher Form auch beim Kalender der Maya aufzufinden ist. Es erinnert auch an eine Eigenheit der römischen Namensgebung. Mit Vornamen benannt wurden nur die ersten vier Nachkommen, die übrigen wurden mit Zahlen benannt; ebenso sollen Pygmäen ursprünglich nur bis vier gezählt haben.

Astroarchäologischer Zugang

Der «standardisierte Venuskalender» zählt 207 Wochen + 4 Tage. Das sind: 207 Wochen x 7 Tage + 4 Tage = 1453 Tage. Geteilt durch 5 (Konjunktionen) = 290,6 Tage oder 41,51 Wochen. Diese Zeit entspricht einer Schwangerschaft, die üblicherweise zwischen 38 und 42 Wochen dauert. Die Anzahl Tage stimmen auch recht genau überein mit dem synodischen Umlauf des Mondes von Neumond zu Neumond (exakt 29 Tage 12 Stunden 44 Min.). Daraus lässt sich errechnen, dass Venus und Mond einen gemeinsamen Zyklus von 30 Tagen haben (= 1 VenusMondkonjunktion monatlich) und eine Venusperiode demnach 10 VenusMondkonjunktionen umfasst.

Tore, Schwellen, Übergänge Das Grosse Tor

Das erste Jahr, in dem zwei SoVeKonjunktionen stattfinden (2.2. und 11.11.) nenne ich das Grosse Tor. Bildhaft dargestellt, zeigt es sich als grosser Torbogen. Torbögen strahlen grosse Symbolkraft aus, wie sich an Eingängen zu Friedhöfen, an Triumphbögen oder Rosenspalieren als Eingänge zu Gärten ablesen lässt. Die Rosensymbolik im Zusammenhang mit Venus und Pentagramm basiert auf der Fünfblättrigkeit der wilden Rose. Alle Rosengewächse sind fünfblättrig, auch der Apfelbaum (Eva und der Apfel bzw. die Vertreibung aus dem Paradies).

Die Jahre des Grossen Tores haben sich immer wieder bestätigt als wichtige Durchgänge. Schicksalshafte Entscheide und Veränderungen fallen oft ins Jahr des Grossen Tores, insbesondere wenn Planetenstellungen im persönlichen Horoskop aktiviert werden. Die damit eingeleiteten Veränderungen werden in ihren tatsächlichen Auswirkungen oft erst nach vier oder sogar acht Jahren deutlich erkennbar; so lange dauert ein ganzer Venuszyklus. Im zweiten, dritten und vierten Jahr ereignet sich jeweils eine Konjunktion; das fünfte Jahr mit wiederum zwei Konjunktionen, ist wieder ein «Grosses Tor».

Ich habe die durch Sonnenstandsmessungen am Kalenderstein und in Steinreihen bestimmten Daten auf dem heute gebräuchlichen astrologischen Tierkreis eingetragen. Sommersonnwende findet dann im Übergang von Zwilling zum Krebs und Wintersonnwende von Schütze zu Steinbock statt. Diese wichtige Datenachse trage ich auch dann ein, wenn ich das Untere und Obere Tor darstelle.(vgl.S.40)

Grosses Tor – Rosentor
eingefügt in den Tierkreis für die Zeit ca. 2200 v.u.Z.
(nach Schwabe, Archetyp und Tierkreis, S. 2)

Tore, Schwellen, Übergänge Das Obere Tor

Es wird gebildet vom Zeitraum zwischen dem 21.5. (astrologisch Übergang Stier/Zwillinge) und dem 21.7. (Übergang Krebs/Löwe). Die Tore sind mythologisch wichtige Symbolträger. Am 21. 5., beim Eingang zum Oberen Tor, sind die Plejaden mit ihrer mythologisch weitreichenden Bedeutung zu finden. Es ist auch die Zeit, wo Sirius vom Nachthimmel verschwindet und erst nach dem 21.7. sichtbar wird. In der Zeit des Oberen Tores finden sich im heutigen Kalender am 20. und 26. Juli die Namenstage der Heiligen Margarete (Sontga Margriate) und der Heiligen Anna (Sontga Onna). Wir können beide Gestalten ohne weiteres auf alte Göttinnen zurückführen. In Rätien und im Ostalpenraum beispielsweise sind es Estu (möglicherweise verwandt mit Esther und Ishtar) und Ritu (oder Reiti/Rätia). In Schweden werden die Tage dazwischen, vom 8. 7. bis 26. 7. (Übergang Krebs/Löwe), als Frauenzimmerwoche (Fruntimmersveckan) bezeichnet, mit den Namenstagen für Sara, Margareta, Johanna, Magdalena, Emma und Kristina. Sie enthält als einzige Woche des Jahres ausnahmslos Frauennamen. Berücksichtigen wir die Verschiebung der Sternzeichen (Präzession) könnten wir zur Idee gelangen, dass es Sonnwendgöttinnen waren. Töchter der ehemals als weiblich bezeichneten Sonne.

Astroarchäologischer Zugang

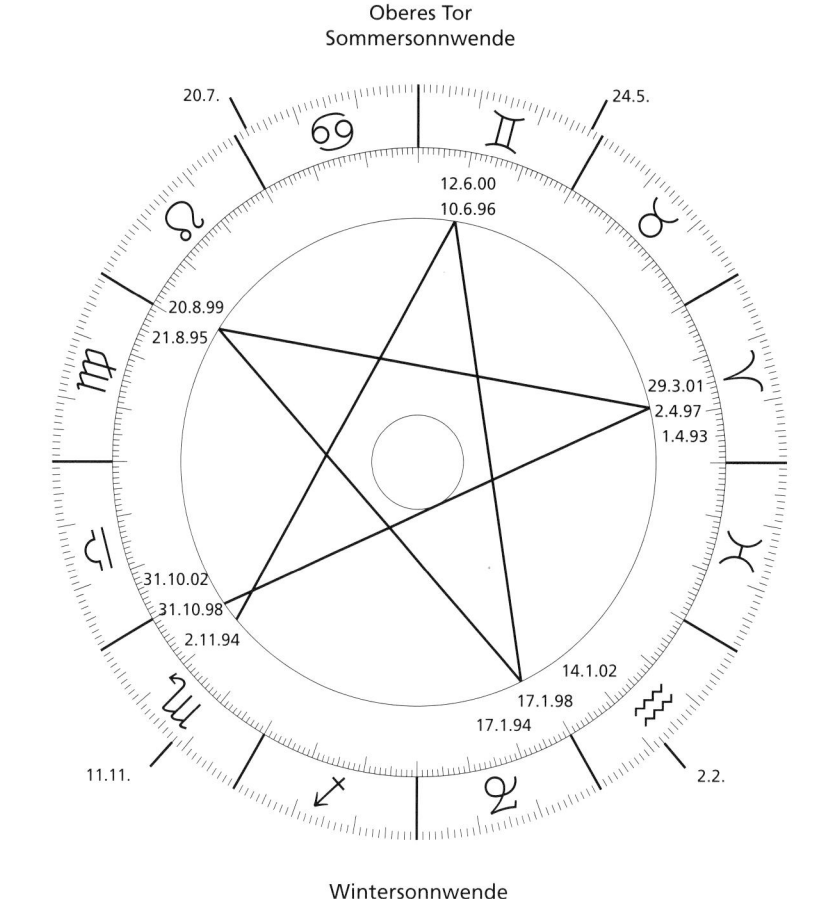

Tore, Schwellen, Übergänge Das Untere Tor

Trage ich die Daten vom 11.11. und 2.2. ein (ehemals als bäuerlicher Winter bezeichnet) entsteht das von mir so genannte Untere Tor. Es entspricht mythologisch dem Durchgang durch die Unterwelt oder auch der keltischen Anderswelt. Das Jahr der Kelten begann am 11.11. Der 2.2. wiederum kennzeichnet den ungefähren Beginn des chinesischen Kalenders. Aus der Sicht griechischer Mythologien entspricht die Zeit des Unteren Tores der Schreckenswelt des Hades und der sturmgepeitschten Fahrt durch die Unterwelt oder, aus christlicher Sicht, der Hölle. An diesen kritischen Schwellen sitzen die Hüterinnen des Tores. Sie entsprechen der Venus als Abend- und Morgenstern.

Meine Sichtweise ermöglicht einen weniger schreckenerregenden Zugang zu den Kräften von Anderswelt. Es ist das Schloss der keltischen Sonnengöttin Grainné, wohin sie sich zur Nachtruhe zurückzieht. Sie ist die «Sonne in der Tiefe» und ruft Erinnerungen wach an Modronnight, die Mutternacht der Kelten. Im November-Seminar ist es eines der eher geruhsamen Wochenenden, wo Geborgenheitsgefühle genährt werden. Das Untere Tor ist auch Höhle und Gebärmutter. In der Geborgenheit von Modronnight können sich alte Ängste des Ausgestossenseins auflösen. Wir versuchen uns dem Tohuwabohu der Tiamat anzunähern, dem Chaos in dem doch die neue Ordnung schon bereit ist, sich zu zeigen. Neuentwickeltes Vertrauen schafft Boden, von dem wir uns getragen fühlen. In diesem Seminar führen wir die alte Tradition des Räbenschnitzens weiter. Die kleinen Lichter erhellen die Dunkelheit dieser Zeit und der ausgehöhlte grosse Kürbis leuchtet orangerot durch die Nacht. Ein neues Bild verinnerlichter Freude und ein Versprechen für neue Beziehungsmöglichkeiten zu den Kräften der Tiefe, zu der auch unsere Sexualität gehört.

Das Untere und das Obere Tor haben sich auch real als kritische Schwellen im Jahresverlauf erwiesen. Sie sind mit Reifungskrisen in psychischen Prozessen vergleichbar und oft damit zusammengehend. Beachte ich sie in der therapeutischen Arbeit oder für mich persönlich im Alltag, wirken sie ordnend und zentrierend.

Astroarchäologischer Zugang

Die Venusbewegungen in Zeit und Raum

Bei meinen Nachforschungen stiess ich auch unerwartet auf zahlenmässige Verknüpfungen der Scheibennadel aus den Funden von Falera, den Venusumgängen, dem Pentagramm und dem Sonnenstein. Die Scheibennadel weist eine Länge von 84 cm auf, das entspricht einer megalithischen Elle. Der alte bäuerliche Winter zählt 84 Tage vom 11.11. bis 2.2., je 42 Tage vor und nach Wintersonnwende. Ein Venusumgang von Morgenvenus zu Morgenvenus dauert 84 Wochen. Die 84 Tage entsprechen auch 84° im Tierkreis und dem Unteren Tor. Die Gradabstände des Pentagramms zwischen seinen fünf Spitzen betragen 72°.

Wie geradezu genial die Erbauer der Megalithanlagen diese Verknüpfungen eingefangen haben, möchte ich mit den nachstehenden Abbildungen und Erläuterungen im Zusammenhang mit dem standardisierten Venuskalender, dem Sonnenstein und dem Pentagramm verdeutlichen.

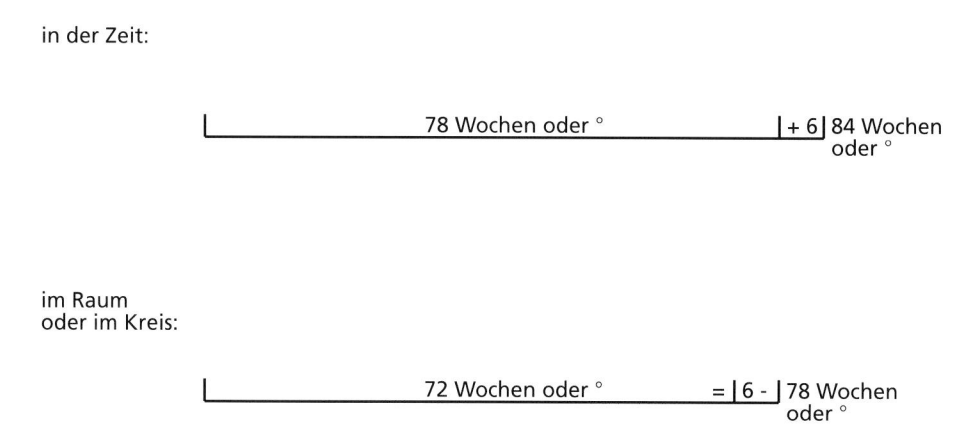

in der Zeit:

|_____78 Wochen oder °_____| + 6 | 84 Wochen oder °

im Raum
oder im Kreis:

|_____72 Wochen oder °_____| = | 6 - | 78 Wochen oder °

Zwei Aspekte soll die vorangehende Darstellung aufzeigen. Erstens ihre Bewegung in der Zeit und zweitens im Kreis oder Raum: Der Wandel der Venus von Morgenstern zu Morgenstern dauert 84 Wochen (ca. 1⅔ Jahre). In dieser Zeit wandert sie 78 Wochen vorwärts durch den Tierkreis, um dann während 6 Wochen rückläufig zu werden. Das heisst, ihr Weg führt aus geozentrischer Sicht – aufgrund ihrer elliptischen Bahn um die Sonne – vor dem Hintergrund des Tierkreises rückwärts durch die Sternbilder. Während sie sich nun 84

Wochen auf der Zeitachse vorwärts bewegt, sind es auf der Raumebene im Kreis aufgrund ihrer Rückläufigkeit nur 72°. Das Pentagramm ist also nicht einfach eine mathematisch/geometrische Konstruktion, sondern eine auf empirischer Beobachtung beruhende Lösung. Dass der Fünfstern oder das Pentagramm und quintilische Winkel als venusisch bezeichnet werden, bekommt damit neben der abstrakten eine zusätzliche, konkrete und spirituelle und geistige Dimension. Die Winkelaspekte von 72° (Quintil) werden in der Astrologie nur noch selten benützt, doch weisen sie in der Interpretation auf praktische, spirituelle und geistige Fähigkeiten hin.

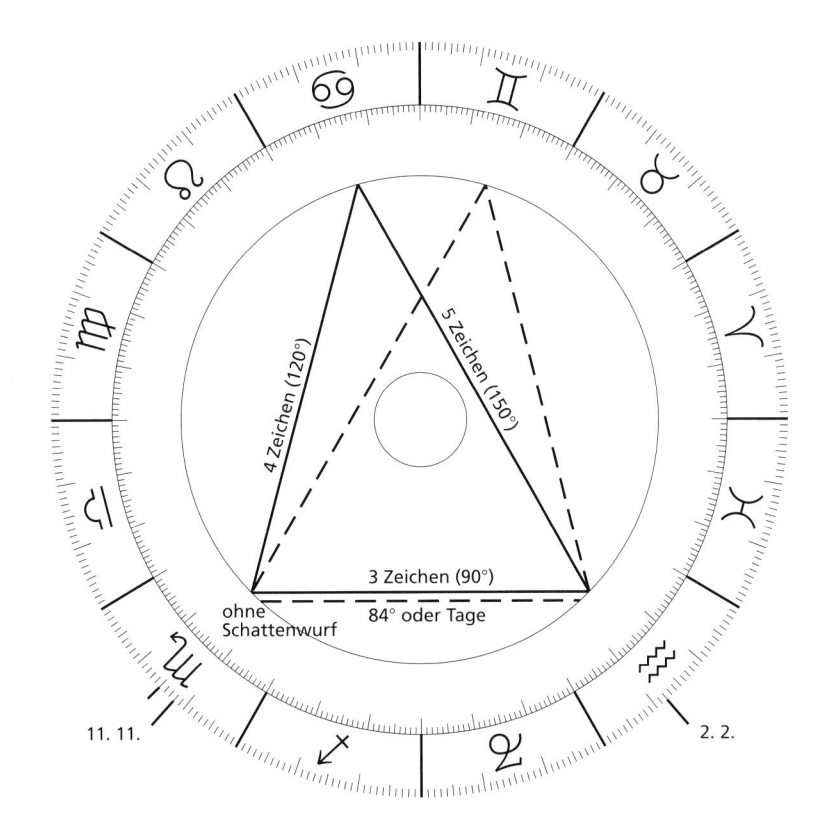

Dreiecke mit den Verhältniszahlen 3 : 4 : 5 bezeichne ich als venusische Dreiecke.
In der Astrologie gelten sie als Lerndreiecke.

Astroarchäologischer Zugang

Das megalithische oder pythagoräische Venusdreieck

Mit der Darstellung Seite 43 zeige ich einen weiteren Zusammenhang auf, auf den ich im Verlauf der Jahre gestossen bin. Die beiden eingetragenen Dreiecke entsprechen den Winkelaspekten Quadrat 90°/Trigon 120°/Quinkunx 150°. Sie entsprechen den Verhältniszahlen 3:4:5 des pythagoräischen Lehrsatzes. Astrologisch wird ein Dreieck mit diesen Winkelaspekten als Lerndreieck bezeichnet. Aus meiner Sicht bezeichne ich es als venusisches Dreieck. Es beinhaltet These – Antithese – Synthese. Durch die Überkreuzung der beiden venusischen Dreiecke entsteht zudem ein gleichschenkliges Dreieck – Symbol für weibliche Dreifaltigkeit. Die direkte Verbindung von Sonnenstein, Scheibennadel, Venus- und Mondumgängen zum Pentagramm und dem Goldenen Schnitt, beziehungsweise astrologischer Überlieferung scheint mir wirklich sehr bemerkenswert. So scheint auch eine Verbindung zu bestehen zwischen megalithischen Massen und den Sonne/Venus/Mondumgängen. Vier Meter entsprechen fünf megalithischen Ellen.

Scheibennadel von Falera

Nach mündlichen Angaben des Astronomen Dr. W. Brunner handelt es sich bei der Scheibennadel von Falera möglicherweise um ein astronomisches «Werkzeug», das Sonne/Venus/Mondbewegungen festhält. Sie ist heute im rätischen Museum in Chur ausgestellt. Die Auszählung der Buckel und Ziselierungen sowie die Entschlüsselung ihrer geometrischen Form bringt er in Zusammenhang mit der oberen und unteren Konjunktion der Venus, mit der Sonne sowie des Mondes. Seine Berechnungen ergeben ausserdem, dass auch die Scheibennadel auf dem Verhältnis 3:4:5 konstruiert ist, das heisst sie weist die Verhältniszahlen des pythagoräischen Dreiecks auf. Das pythagoräische Dreieck ist auch in den Steinsetzungen der Megalithanlage zu finden und verweist wiederum auf das Pentagramm und den Goldenen Schnitt und damit auf die Venus.

Die Scheibennadel, die auch Ähnlichkeit hat mit einem Bronzespiegel, gleicht Funden im Zusammenhang mit Venuskulten aus den Ostalpen, aus dem Straubinger Kreis (bei Regensburg) und aus Ungarn. Mir sind auch Ähnlichkeiten mit chinesischen Spiegeln aufgefallen, die vor einigen Jahren anlässlich der China Ausstellung im Museum Rietberg zu sehen waren. Ausserdem sollen

Frauen in gewissen Regionen Chinas noch bis vor kurzem in die Ehe einen Spiegel mitgebracht haben. Auch Steine aus der Zeit der Pikten in Schottland weisen Gravierungen auf, die als «Spiegel» bezeichnet werden; sie stehen vermutlich im Zusammenhang mit der matrilinearen Erbfolge. Die konkrete und symbolische Bedeutung des Spiegels in der Geschichte der Frauen bekommt eine neue Dimension, die weit über das Thema Eitelkeit hinausgeht. Der Spiegel zeigt ihre Verbindung zur Venus auf und weist sie als ursprünglich Sternkundige aus mit eigenem Zugang zu Spiritualität und Geistigkeit. Die Ausstellung «Syrien», die zu Beginn des Jahres 2000 in Basel gezeigt wurde, erwähnt Spiegel als vermutlich kultische oder magische Grabbeigaben.

Astrologischer Zugang

Planeten und Tierkreiszeichen in einem matrizentrischen Weltbild
Astrologie ist der Versuch, mehrere Dimensionen aus geozentrischer Sicht zweidimensional darzustellen. Sie bezieht sich auf die zyklische Ordnung der Sterne (ursprünglich auch auf die astronomische), in deren offensichtliche Ordnung auch die Erde mit ihren Lebensgesetzen eingeordnet ist. Astrologische Planetensymbole enthalten symbolisch in höchster Abstraktion alltägliche, alle Sinne ansprechende menschliche Wirklichkeit. Sie sind zusammengesetzt aus:

. _ I o

das heisst Punkt, Waagrechte, Senkrechte, gebogene Linie, bzw. Kreis. Beschränken wir die Zeichen auf I und o, erinnern sie an das binäre System, wie es in der Informatik angewendet wird. Abstrakte Symbole sind vielsagend; sie sind keinesfalls an sich schon aussagekräftig. Um sie zu interpretieren beziehen wir uns auf Erfahrungswerte, die ihrerseits auf unserer Wahrnehmung der Wirklichkeit beruhen. Unsere Wirklichkeit wiederum strukturieren und interpretieren wir aufgrund unserer kulturell bedingten Sozialisation und unseres Weltbildes. Mein Ansatz bezieht astrologisches Wissen in einer Weise mit ein, die spirituelle und geistige Wirklichkeit weiblicher Lebenskraft berücksichtigt; dieser Ansatz könnte deshalb als «frauenbezogene Kosmologie» bezeichnet werden.

Selbst wenn wir davon ausgehen, dass idealerweise weder den Planeten noch dem Universum Männliches oder Weibliches zuzuordnen sei, wirkt sich die Auseinandersetzung mit meinem Ansatz einer frauenbezogenen Kosmologie positiv auf Selbstbild, Selbstwert, Selbstverständnis und Selbstbestimmtheit von Frauen aus und initiiert konstruktive Veränderungen.

Kritik und Abgrenzung

Meine Kritik und Abgrenzung gilt der Interpretation der traditionellen und teilweise der psychologischen Symbolik in der Astrologie, die ohne Berücksichtigung der patriarchalen Sozialisation von Frauen weiterhin den einseitigen Zuordnungen von männlich/weiblich = aktiv/passiv und weiteren Entsprechungen folgt.

Astrologische Symbole werden aus der Sicht der jeweiligen Kultur interpretiert; sie widerspiegeln soziokulturelle Strukturen. Interpretationen beruhen auf Erfahrungswissen und kultureller Prägung. Sie bleiben deshalb weiterhin Spiegel der heutigen patriarchalen Strukturen und pathologisierten Frauenbilder, auch wenn versucht wird, durch psychologische und mythologische Ausweitung und Interpretation den Frauen gerechter zu werden. Die psychologischen Interpretationen verstärken zum Beispiel die einseitige symbolische Zuordnung von positiv/negativ; hell/dunkel; aktiv/passiv zu männlich und weiblich. Ebenso die vereinfachende Anwendung der Begriffe Yin und Yang. Solange nicht ein grundsätzliches Umdenken stattfindet und der Interpretation symbolischer Inhalte ein anderes Weltbild zugrunde gelegt wird, wird sich wenig an den Zuschreibungen ändern. Trotzdem oder gerade deswegen, kann die traditionelle Astrologie zutreffende Aussagen machen, weil sie mit Interpretationen arbeitet, die sich auf das heutige patriarchal geprägte Geschlechterverhältnis beziehen.

Aufgrund persönlicher Erfahrungen und der langjährigen psychotherapeutischen Arbeit mit Frauen sowie meiner Auseinandersetzung mit Frauengeschichte grenze ich mich heute auch gegen die vorauseilende grundsätzliche psychologische Zuweisung von männlich/weiblich für beide Geschlechter ab. Unter den heutigen gesellschaftlichen Gegebenheiten halte ich diese Zuweisungen für Gleichmacherei, die beiden Seiten mehr schadet als nützt. Das zeigt sich insbesondere bei der Zuordnung von Sonne/männlich und Mond/weiblich. Weibliche Sonnenkraft wird nach wie vor verherrlicht und über «das Andere, Männliche» definiert. Wichtig ist jedoch – so mein Postulat – dass Frau als Frau ihre Sonnenkraft lebt und deshalb ihre strahlende solare Kraft weiblich ist. Doch auch für Männer wäre es weitaus sinnvoller, ihre sanfte mondhafte Seite als erwünschten männlichen Charakterzug wieder zu entwickeln. Sinnvoller auch, als sich in ihrer gefühlsmässigen Entwicklung weiterhin auf «das Weibliche», also auf Frauen abzustützen und sich zu verdämlichen! Der Sprachgebrauch macht nochmals deutlich, wie wertend die Terminologie gedacht ist. Sie ist eine ständige Beleidigung für Frauen. Um mich jedoch nicht dauernd erklären zu müssen, verwende ich vorläufig die traditionelle astrologische und psychologische Benennung männliche/weibliche Energie, jedoch mit der Einschränkung «sogenannte männliche/weibliche Energie». Die gleiche Methode wende ich für die Begriffe Yin und Yang an, wo sie für männlich/weiblich stehen.

Astrologischer Zugang

Bei der Auseinandersetzung mit den aus der astrologischen Tradition stammenden symbolischen Zuordnungen stellte sich mir gleich von Anfang an die Frage, weshalb die Sonne ausschliesslich männlich und der Mond weiblich sein sollte. Die Zuordnungen unterstützen die einseitige Rollenverteilung – ermöglichen sie vielleicht überhaupt erst. Traditionell interpretierte Symbole reproduzieren die heute herrschende soziale, gesellschaftliche und kulturelle Wirklichkeit – und das umso ungestörter, je mehr die Symbole mit dem Begriff Mythos und Märchen abgehakt werden können!

Seit einigen Jahren wird insbesondere die Jungsche Tiefenpsychologie, der ich persönlich wertvolle Impulse verdanke, zur astrologischen Deutung herangezogen. Gerda Weiler hat in ihrem Buch «Der enteignete Mythos» deren Umgang mit dem Weiblichen kritisch beleuchtet. Dieser Kritik stimme ich grundsätzlich bei. Sie beinhaltet im Wesentlichen, dass in Untersuchungen und Übersetzungen und in der Interpretation vorgefundener Bilder in Mythen, Märchen und Legenden patriarchale Weltbilder hinein rückinterpretiert werden und damit oft der weibliche Ursprung verleugnet wird. So akzeptiere ich nicht, dass die als besonders positiv gewerteten Attribute der Sonne ausschliesslich dem Männlichen zugeschrieben werden. Weshalb sollte die Sonne nicht auch als zentrale weibliche Kraft verstanden werden können?

Ohne zu wissen, wusste 'es', dass sie während langer Zeiträume das Symbol für weibliche Kraft und Selbstbestimmtheit war. Während vor ungefähr 5000

Jahren den matrizentrischen Kulturen oft gewaltsam die patriarchalen Herrschaftsstrukturen aufgezwungen wurden, verschwand beinahe weltweit die Sonne als Symbol weiblicher Kraft. Zahlreiche Mythen und oft auch die Sprache selbst, zeugen jedoch immer noch von ihrem matrizentrischen Ursprung. Matrizentrische Kulturen sind ohne Zweifel in Verbindung zu sehen mit Religionen, die die Sonnenkraft der Göttin und damit die weibliche Göttlichkeit im Zentrum wussten, wie sich im Verlauf meiner Studien immer deutlicher herauskristallisierte. Die Möglichkeit war gegeben – so folgerte ich daraus – dass ein Wiedererinnern der matrizentrischen Ordnung innerhalb eines vorbestimmten experimentellen Rahmens wichtige Veränderungen hinsichtlich Selbstwert, Selbstbild und Selbstbewusstheit von Frauen einleiten könnte.

Eine frauenbezogene Kosmologie

Ich gehe davon aus, dass die Symbolik der Planeten und Tierkreiszeichen in einem von Frauen bestimmten Weltbild sich auf die matrizentrische und matrilineare Sippenstruktur stützt. Diese Struktur stellt die Mutter ins Zentrum; die Nachfolge wird durch ihre Töchter sichergestellt und spirituelles und weltliches Wissen und Besitz (soweit schon von Besitz gesprochen werden kann) wird auf die Töchter weitervererbt. Männer gehören ihrer matrizentrisch bestimmten Herkunftssippe an; ihre verwandtschaftlichen Gefühle gelten der Mutterfamilie, ihren Schwestern und deren Kindern. Diese Form der Organisation sicherte den Frauen in weitestgehender Weise persönliche, finanzielle und religiöse Eigenständigkeit. Diese Eigenständigkeit ist – wie wir wissen – eine äusserst wichtige Voraussetzung für Selbstbestimmung und Selbstbewusstheit. Männer dagegen wussten sich als sozial wertgeschätzte Mitglieder ihrer Sippe zugehörig. Dieses Weltbild wende ich auf die Planeten bezogen an.

Ich setze voraus, dass in einer matrizentrischen Kultur das weiblich Göttliche ursprünglich nicht reduziert war auf die Erdgöttin und sich auch nicht in «Fruchtbarkeitskulten» erschöpfte, auf die sie im Verlauf des kulturellen Wandels reduziert wurde. Der Begriff der Göttin ist weit umfassender empfunden; die Göttin umfängt in sehr differenzierter Weise den ganzen Kosmos.

Astrologischer Zugang

Schon früh gelangte ich bei meiner Forschungsarbeit zur Auffassung, dass in einer Kultur, die matrizentrisch ausgerichtet war und einer matrilinearen Gesellschaftsordnung folgte, die Zuordnung der Planeten anders ausgesehen haben müsste als heute. Die Umkehrung der heute gültigen symbolischen Zuordnung von Sonne/männlich und Mond/weiblich zu Sonne/weiblich und Mond/männlich scheint mir dabei unumgänglich. Bevor ich diese Überlegungen zulassen konnte, blieben mir viele Erfahrungen und Traumbilder aus meiner therapeutischen Arbeit, aber auch Resultate meiner Untersuchungen von Mythen, Sagen und Märchen unverständlich und nicht nachvollziehbar. So musste ich mich beispielsweise von der «Mondin» lösen, wie der Mond in Frauengruppen genannt wurde. Nach diesem Schritt war es, als könnte ich bei meinen Untersuchungen und Überlegungen wie durch einen Raster die darunterliegenden matrizentrisch geordneten Inhalte ablesen. Dabei stützte ich mich auf die Methode, die J.J. Bachofen in «Das Mutterrecht» (1897) für sein Vorgehen beschrieben hat. Er ging davon aus, dass es möglich ist, durch Auffinden von Bruchstücken alter Kulturen – selbst wenn sie nicht aus derselben Zeit stammen – ein mosaikartiges Bild früherer Zustände zu erkennen, wenn wir die Bruchstücke sozusagen schichtweise übereinander legen. Ausserdem fühlte ich mich frei, das Vorgefundene aus meiner frauenbezogenen Sichtweise zu interpretieren – wie ja während Jahrhunderten die Geschichte aus männerbezogener Sicht interpretiert wurde.

Dabei wollte ich mich jedoch nicht der Beliebigkeit aussetzen. Ich beziehe mich bei meinem Ansatz auf die von mir erforschte (astrologische) Symbolik und ihre Auswirkungen auf kulturell bedingte Rollenstereotypen. Ausserdem stütze ich mich auf die am Anfang des Kapitels beschriebenen astroarchäologischen Forschungen. In meinem Ansatz kommt der Stellung der Venus symbolisch, astronomisch und astrologisch ein neues Gewicht zu. Zu meinen Erkenntnissen gelangte ich hauptsächlich durch die Beobachtung der astronomischen Venusbewegung.

In den Venus-Seminaren ziehe ich sowohl die traditionelle als auch die von mir entwickelte astrologisch/astronomische Sichtweise mit ein, um sichtbar und erfahrbar zu machen, in welcher Weise sich der Verlust und der Wandel der ehemals weiblichen Symbolik auf Frauen auswirkte. Dabei berücksichtige ich auch teilweise die Tatsache, dass durch die Präzession die Tierkreiszeichen gegenüber den Sternbildern um fast ein Zeichen verschoben sind. Die aktuelle Zuordnung der astrologischen Tierkreisbilder entspricht den Sternbildern zu Beginn unserer Zeitrechnung AC.

Die Zuordnung der Himmelskörper in einer frauenbezogenen Kosmologie

In einer frauenbezogenen Kosmologie widerspiegelt die symbolische Zuordnung der Planeten die matrizentrale Gesellschaftsordnung. Merkur, Venus und die Erde mit ihrem Mond kreisen, von der Erde aus betrachtet, auf der inneren Bahn um die Sonne, Mars, Jupiter, Saturn (sowie die später entdeckten Uranus, Neptun und Pluto) hingegen auf der äusseren. Im weitesten Sinne könnte man die innere als «esoterische» und die äussere als «exoterische» Bahn bezeichnen. Auf eine matrizentrische Gesellschaftsordnung bezogen, kann der Bereich von der Sonne bis zur Erde als Schloss, Haus und Hof der Frauen gesehen werden; sie sind die Verwalterinnen und im Besitz der Schlüssel. Im äusseren Bereich bewegen sich die der Sippe zugehörigen Männer; dort gehen sie ihrer Arbeit nach; sie hüten Herden (Banksafes), Jagen (ihrem Business nach) oder treiben Handel mit entfernteren Plätzen. Noch heute haben in überlebenden indigenen Bevölkerungen in Südchina nur die Frauen im Haus einen eigenen Raum; auch in der Stadt Juchitàn (Mexico) sind die Häuser im Besitz der Frauen. Bei den Mosuò in Südchina sind in der kalten Jahreszeit die beheizten Räume, meistens die Küche, den älteren Menschen, Männern und Frauen, zum Schlafen vorbehalten. Die Alte Frau übernimmt das Amt der Hüterin des Feuers.

Auch in unserer heutigen gesellschaftlichen Situation sehen wir, dass Frauen sich noch immer mehrheitlich im inneren Raum aufhalten und Männer im äusseren. Während diese Einteilung allerdings vormals Eigenständigkeit bedeutete, macht sie Frauen in unserer modernen Zeit oft genug finanziell, emotionell, körperlich und geistig abhängig von Männern. Sich im Aussenraum zu bewegen, bedeutet bei uns einen Zuwachs an finanzieller und politischer Macht. Für Frauen bedeutet diese Aufteilung (noch immer) eine Benachteiligung. Es mutet archaisch an, zu sehen, wie oft sich in unserer modernen Gesellschaft die innerfamiliäre Ordnung (die Frau gehört ins Haus) immer noch an matrizentrischen Strukturen orientiert, wobei die Rechte der Frauen damit nicht wie früher gestärkt, sondern geschwächt werden. An der frühen matrizentrischen Gesellschaftsordnung lässt sich teilweise ablesen, was weibliche Sonnenkraft einmal bedeutet haben könnte. Heutige Frauen sollten sich herausgefordert fühlen, die solare Kraft als ihre eigene weibliche zu integrieren.

Sonne – ☉

Sie ist die übergeordnete zentrale Gestalt; sie entspricht auf die matrizentrische Gesellschaft bezogen der Sippenmutter/Fürstin/Königin. Sie ist aber auch A-matera-su, die nicht-materielle Ahnin; sie wird Grainné, Sauel, Sul, Su und Ra genannt; sie ist auch das Schloss oder das Goldene Tor zum Selbst.

Merkur – ☿

Astrologischer Zugang

Das Zeichen für Merkur wird in der traditionellen Symbolik als hermaphroditisch bezeichnet, was durch das astrologische Zeichen, das aus dem Zeichen für Venus und einer Mondschale zusammengesetzt ist, offenbar bestätigt wird.

Ich schlage vor, Merkur als Seelenführerin und Tochter der Venus und des Mondes zu betrachten. Mythologisch könnte sie so Kore, der Tochter der Demeter, entsprechen und ist als Morgenmerkur dem Tierkreiszeichen Zwillinge zugeordnet. Persephone hingegen entspräche der von Pluto geraubten Jungfrau und dem Abendmerkur, der dem Tierkreiszeichen Jungfrau zugeordnet ist. Die Gestalt der Persephone begleitet uns in die Unterwelt und zu Erfahrungen von Bindung, Sexualität und Leidenschaft, wie auch zu Erfahrungen seelischer und körperlicher Abhängigkeit. Kore hingegen führt uns ins Licht und zu vermehrter Bewusstheit und Unabhängigkeit. Aus dieser Sicht entspricht Merkur auch Sophia, der Weisheit, oder den Seherinnen oder auch ruach, dem weiblichen Geist, der schon immer war und sein wird. Ihnen zugeordnet sind Seelentiere wie Eule, Krähe, Taube oder Falke.

Auf einer anderen Ebene entsprechen sie auch einfach «den Kindern», die noch nicht nach Geschlecht unterschieden sind. Auch Knaben trugen bis zum Schulalter – selbst noch in unserer Zeit – ein «Röckli».

Venus – ♀

Beide Erscheinungen der Venus – Morgenstern und Abendstern – bezeichne ich als Töchter der Sonne. Als Morgenvenus im Horoskop einer Frau zeigt sie sich mehr in ihrer weiblichen Yangkraft, als Abendvenus mehr mit ihrer Yinkraft.

Als Morgenstern ist sie dem Tierkreiszeichen Waage zuzuordnen; sie ist die ältere Tochter, die Priesterin; auch die Wiedergeborene, die Amazone, die Kriegerin, Ereskigal, Schwarze Madonna.

Als Abendstern ist sie dem Tierkreiszeichen Stier zugeordnet. Meiner Auffassung nach entspräche sie der Heiligen Maria, obwohl diese in Litaneien als Morgenstern angerufen wird. Aus matrilinearer Sicht ist sie die Profane (im Gegensatz zur Heiligen) oder die Hetäre, die dem Mann zugewandte Frau. Als jüngere Tochter wird sie zur Trägerin der matrilinearen Erbfolge. Als irdische Frau wird sie auch der Erde zugeordnet und damit identisch mit der Mitte (vgl. Die Mitte des gleichschenkligen Kreuzes S. 75). Betrachtet man den wirklichen, in Nebel eingehüllten Planeten Venus (Phanes = die Erscheinung), ist sie auch Isis mit den sieben Schleiern oder die Schlangentänzerin.

Mond – ☽

Der Mond hat viele Gesichter. Sein monatliches Werden und Vergehen hat menschliche Beobachter schon immer fasziniert. Als Leermond, wenn er sich im inneren Raum zwischen Erde und Venus bewegt, befindet er sich in Konjunktion mit der Sonne, im Schloss oder Haus seiner Mutter. Inzwischen gehe ich davon aus, dass das Mysterium des Leermondes einer Verbindung des Weiblichen mit dem noch Ungeborenen entspricht.

Aus matrizentrischer Sicht ordne ich den sichtbaren Mond dem Sohn zu. Diese Interpretation stösst am stärksten auf Widerstand. Oft wird eingewendet, der Mond bestimme die Menstruation und müsste deshalb dem Weiblichen zugeordnet werden. Dem halte ich entgegen, dass der Mond das Fliessen des Blutes beeinflusst; er symbolisiert nicht das Blut selbst. Er beeinflusst das Fliessen des Blutes, so wie er Ebbe und Flut mitbestimmt oder möglicherweise Einfluss hat auf den Lymphfluss. Die Menses selber wird durch die Zyklen von beiden, Venus und Mond, mitbestimmt, worauf auch das Wort Venen für Blutgefässe hinweist. Was häufig übersehen wird oder auch überhaupt nicht mehr beachtet, ist die Tatsache, dass Venus und Mond einen gemeinsamen Zyklus von 30 Tagen haben. Meines Erachtens könnte es dieser gemeinsame Zyklus sein, der den Zeitpunkt von Menses und/oder Eisprung auslöst.

Dem Mond zugeordnet sind die «geweihten Tiere» wie Hirsch, Widder, Elefant, Stier, Steinbock (also Tiere mit Geweih oder Hörnern). Er ist auch Sohn der Erde, von der Erde «ausgeschwitzt» wie es in der Akasha-Chronik der Antroposophen heisst. Im erweiterten Sinn, das heisst als «viele Söhne» bedeutet der Mond deshalb auch «das Volk». Sodann ist er auch Geliebter oder Bräutigam der Venus und ihr geweiht. Ihm zu Ehren trägt sie die Hörner als Schmuck. So bezeichnet beispielsweise auch Vicki Noble in «Shakti. Die heilende Energie der Frau» (S. 242) den Mond als erdverbundene, männliche Energie und vergleicht ihn mit Shiva. Aus der Sicht religiöser Symbolik ist er Jesus, der Sohn von Maria. Nonnen werden noch heute «Bräute Christi» genannt und würden als solche die Venus repräsentieren; je nach Orden weiss oder schwarz gekleidet. In allgemeinerer Sichtweise entspricht der Mond «dem Kind».

Astrologischer Zugang

Erde – ⊕
Gaia
Matera-Su
Frau, Zwillingsschwester der Venus, auch astronomisch
Irdische Verkörperung der Venus, Leben offenbarend und materielle Wirklichkeit.

Mars – ♂
Antriebskraft, Grenzgänger,
junger Mann, der Fremde,
der Andere

Jupiter – ♃
Schwester der Sippenmutter
Bruder der Sippenmutter
Onkel, Berater, Frater
später der junge König

Saturn – ♄
die alte Frau
die weise Alte
der alte Mann
der weise Alte
später der alte König

Uranus, Neptun, Pluto – ♅ ♆ ♇
möglicherweise in Form der Elementarkräfte wie Feuer-, Luft- und Wasserdrachen, Dämonen

Der gemeinsame Zyklus von Venus und Mond

Venus und Mond weisen – wie erwähnt – einen gemeinsamen Zyklus auf. Jeden 30. Tag erreicht der Mond in seinem Lauf wieder die Venus. Von der Erde aus gesehen handelt es sich um eine VenusMondkonjunktion, die allerdings nicht immer sichtbar ist. Die VenusMondkonjunktionen finden abwechslungsweise bis zu drei Tage vor oder nach Leermond statt. Dieser Venus-Mondzyklus misst auch die Zeit zwischen den SonneVenuskonjunktionen.

Von einer Konjunktion zur anderen, das heisst beim Wechsel vom Morgen- zum Abendstern und wieder zum Morgenstern usw., sind es genau 10 Venus-Mondkonjunktionen (minus 6 Tage). Dieser Zeitraum entspricht einer Schwangerschaft.

Wird die Venus nach der SoVekonjunktion als Abendstern sichtbar, findet die Konjunktion beim zunehmenden Mond statt, wird sie Morgenstern, beim abnehmenden Mond

Der gemeinsame Zyklus von Sonne, Venus und Mond dauert acht Sonnenjahre. 10 SonneVenuskonjunktionen entsprechen acht Sonnenjahren, aber auch 99 Lunationen (1 Lunation = Zeitraum von Leermond zu Leermond).

Diese von mir zur Interpretation beigezogenen astronomischen Tatsachen lassen viele symbolische Zuschreibungen verständlicher erscheinen; sie lassen auch neue Schlüsse zu. Neue Schlüsse sind allerdings nur möglich, wenn wir uns entschliessen, die alte matrilineare Zuschreibung der Sonne als weibliches und den sichtbaren Mond als männliches Symbol wieder aufleben zu lassen. Die deutsche Sprache erinnert noch daran: die Sonne – der Mond.

Astrologische Symbolik wurde auch von christlichen Religionen und den Erbauern ihrer Gotteshäuser und Kunstwerke benützt. Betrachtet man Werke religiöser Kunst auf ihren Zusammenhang zu astrologischer Symbolik, wie beispielsweise die Darstellung der Maria auf der Mondsichel, ist sie als VenusMondkonjunktion zu interpretieren. Bei konsequent matrilinear betrachteter Zuordnung entspricht Maria der Venus und die Mondsichel ihrem Sohn Jesus.

Astrologischer Zugang

Darstellungen der Maria, wie beispielsweise beim Rosenkranzaltar im Franziskanerdom in Überlingen, weisen oft eine eindeutige Zahlensymbolik auf. Er wurde erbaut von Martin und David Zürn, 1631 datiert. Kommentar im Kirchenführer: «Die Himmelskönigin hält, von Engeln umspielt, ihr Kind auf freiem Arm. Medaillonkranz mit 15 Reliefs der Freuden und Leiden Mariens». Nachstehend eine kurze Beschreibung auf Grund meiner Besichtigung im Herbst 1998: Maria steht wie üblich auf der zunehmenden Mondsichel. Die erwähnten 15 Medaillons sind verbunden mit Perlenketten: am äusseren Rand 15 x 5 = 75 Perlen zwischen den Medaillons, am inneren Rand 13 x 5 = 65 Perlen. Insgesamt also 140 Perlen. Perlen weisen auf Wasser und Meer hin, aber auch auf die Kraft des Mondes, wie sie sich auf Ebbe und Flut auswirkt und im weiteren auf das Fliessen überhaupt. Der Marienbrunnen in Einsiedeln weist beispielsweise 14 Wasserröhren auf. Ein synodischer Umgang des Mondes (d.h. von Leermond zu Leermond) beträgt etwas weniger als 30 Tage.

Die Perlen von Rosenkränzen sind in Abschnitte eingeteilt, die den Verhältniszahlen der Sonne/Venusjahre entsprechen. Der obere längere Teil enthält 5 x 10 Perlen, dazwischen 4 x 1 einzelne Perle. 5 x 10 VenusMondkonjunktionen entsprechen vier Sonnenjahren! Den Abschluss macht ein Marienbild und darunter, an einer Kette von 1 – 3 – 1 Perlen, der gekreuzigte Christus. Dies ist nochmals ein Hinweis auf die Zahl Fünf und den Fünfstern. Ich gehe davon aus, dass die Bedeutung dieser symbolischen Entsprechungen bewusst unterdrückt, das Wissen jedoch in Frauenklöstern möglicherweise noch mündlich weitergegeben wurde. Wie wir wissen, haben die institutionalisierten christlichen Kirchen im Mittelalter immer repressivere Mittel eingesetzt – auch gegen Männer – um das Wissen um die kosmischen Zusammenhänge ganz zu unterdrücken. Philosophen, Wissenschaftler und Reformatoren führten die Tradition unterdrückender und Frauen verachtender Methoden bis in unsere Zeit weiter.

Um nicht missverstanden zu werden: Diese Feststellungen sollen nicht Feindbilder verfestigen. Vielmehr sind sie die Voraussetzung, um zu begreifen, wie falsch oder nicht mehr verstandene symbolische Zusammenhänge, Zerrbilder des Frauseins in der heutigen modernen Welt laufend neu entstehen lassen. Dazu gehört auch zu begreifen, was möglicherweise beim Paradigmawechsel von Sonne/weiblich und Mond/männlich zu Sonne/männlich und Mond/weiblich auf Symbolebene geschehen ist.

**Paradigma-
wechsel –
wie er sich
abgespielt
haben könnte**

Paradigmawechsel – wie er sich abgespielt haben könnte

Die Wiederkehr des Verdrängten

Eine meiner Überlegungen, was beim Paradigmawechsel geschehen sein könnte, geht dahin – etwas vereinfachend gesagt – dass die mondhaften Seiten von Männern, wie sie beispielsweise die späteren Barden oder Minnesänger zum Ausdruck brachten (sanft, einfühlend, musisch, empfindsam, sich einpassend) verdrängt, verleugnet und unterdrückt wurden. Sie waren im Zuge der Patriarchalisierung in soziokultureller und religiöser Hinsicht aus machtpolitischen Gründen nicht mehr erwünscht. Was verleugnet, verdrängt und unterdrückt wird, kehrt wieder in projizierter Form als negative Eigenschaft. Projektionsflächen waren die Frauen. Ehemals erwünschte männliche Qualitäten wurden im Verlauf der Jahrhunderte zu weiblichen, entwertend gebrauchten Eigenschaften, sodass – stellt man sie in der heutigen Form zusammen – daraus ein pathalogisiertes Frauenbild entsteht.

Narzissmus

Eine andere Überlegung stellt mehr die Entwicklung des weiblichen Narzissmus in den Vordergrund. Sie lässt mich bedenken, dass Frauen nicht nur ihr eigenes Geschlecht – eine Tochter, sondern ebenso das Andere – nämlich einen Sohn aus sich heraus gebären können. Ich denke auch, diese Tatsache könnte sie dazu verleiten, diesem Männlichen als ihrem schöpferischem Werk über alle Massen Gewicht zu verleihen, ohne zu realisieren, dass sie damit der patriarchalen Entwicklung Vorschub leisten. Den eigenen Narzissmus über den Sohn oder den Partner zu nähren, beinhaltet im übrigen auch, solare Kraft in der Projektion über das Männliche zu leben! Ein Gleiches zu gebären – also wieder eine Frau – liegt näher und ist selbstverständlicher, als das Andere, Fremde auf die Welt zu bringen. Die Verführung, das Fremde unbewusst als

Projektion des eigenen Narzissmus höher zu werten, mag gross sein, es dann möglicherweise ebenso unbewusst oder auch bewusst abzulehnen, naheliegend, wenn die narzisstischen Bedürfnisse des überhöhten Männlichen von der Mutter oder der Frau immer grössere Opfer erfordern.

Gleiches zu gebären ist nicht nur deshalb selbstverständlich, weil nur Frauen gebären. Vielmehr gilt auch, dass in einer matrilinearen Kultur die Wertschätzung für Frauen nicht im besonderen erwähnt oder erhöht werden musste; sie war einfach selbstverständlich und umfassend. Frauen hatten ihr eigenes materielles und symbolisches Bezugssystem, so wie uns das heute für Männer ganz selbstverständlich scheint. Dazu gehörte vor allem auch die selbstverständliche Repräsentanz und das Enthaltensein des Weiblichen im weiblich Göttlichen – in der Göttin. Und so denke ich auch, dass gerade diese Selbstverständlichkeit, die nicht benannt werden muss, sich für Frauen verhängnisvoll auswirkt, weil sie keiner besonderen Sprache bedarf. Andererseits wurden möglicherweise Rituale und Wissen aus Gründen von Macht und Kontrolle auch absichtlich geheimgehalten und nur mündlich von Frau zu Frau und von Mutter zu Tochter weitergegeben. Im Verlauf der Patriarchalisierung, die von Männern auch aktiv und oft gewalttätig vorangetrieben wurde, wurde von einer neu entstehenden Priesterschaft und von Verwaltungsbeamten die Schrift entwickelt. In der Folge gingen Wissen und Rituale der Frauen verloren, weil sie nicht aufgeschrieben wurden. So zeugen beispielsweise Berichte in der Bibel oder in indischen Mythen davon, dass die mündliche Überlieferung von Wissen absichtlich und gewaltsam unterdrückt wurde, indem bei Kriegszügen erwachsene Frauen und Männer, die Wissen und Rituale hätten überliefern können, kurzerhand ermordet oder gewaltsam aus ihrem Ursprungsland entfernt wurden.

> IO TUHE RA
> Ich bin die Tochter der Ra.
> Ich habe die Dunkelheit überwunden.
> Ich bin die Tochter der Nacht.
> Ich bin das Licht.
> Die Nacht hat mich geboren.
> Ich bin die Helle und die Dunkle.
> SURA
> ist meine Mutter.
> Tag und Nacht
> in Ewigkeit
> Ana.
> 1993 AM

Paradigmawechsel – wie er sich abgespielt haben könnte

Selbstwert – Selbstbild – Selbstverständnis

In dem Masse wie ich verstehe und begreife, wie verzerrte Frauen-Selbstbilder entstanden sind, können Selbstwert und Selbstbewusstheit zunehmen. Eine tiefe Selbst-Wertschätzung tritt an die Stelle von Selbstzweifeln und Selbstverachtung, die aus unterdrückter weiblicher Autonomie und aus der gespaltenen weiblichen Kraft erwachsen sind.

Was in einer matrilinear geordneten Gesellschaft einer organisch gewachsenen Aufgabenteilung – symbolisch durch Morgen- und Abendvenus dargestellt – entsprochen haben mag, hat sich im Verlauf der Patriarchalisierung immer mehr zum Nachteil der Frauen ausgewirkt. Ihre weibliche Kraft wurde gespalten und Frauen gegeneinander ausgespielt. An diesem vernichtenden Spiel beteiligten sich Männer und Frauen. Psychotherapeutische und andere Bewusstseinsarbeit kann die Spaltung und damit verknüpfte Projektionen bewusst machen. Um die beiden weiblichen Kräfte wieder zu vereinigen, benötigen Frauen allerdings oft Jahre der therapeutischen Integrationsarbeit, zu der auch die Auseinandersetzung mit feministischem Gedankengut gehört.

Wenn wir auf die astrologische Symbolik zurückgreifen, stellen wir fest, dass in den wenigsten Handbüchern die symbolische Bedeutung zwischen Morgen- und Abendvenus unterschieden wird und dies, obwohl allein schon die konkrete Beobachtung der Venus als Morgen- und Abendstern zeigt, dass diese sich stark unterscheiden, auch wenn wir die symbolische Bedeutung noch gar nicht berücksichtigen.

Labyrinth und Venus

Im Verlauf meiner Auseinandersetzung mit einer weiblichen Spiritualität bin ich auch auf das Labyrinth gestossen. Mit seiner Pendelbewegung erinnert es mich an die Venus, die einmal am östlichen Morgenhimmel, dann wieder am westlichen Abendhimmel erscheint – in regelmässigem Hin und Her. Insbesondere das doppelte fünfgängige Labyrinth nimmt diese Bewegung auf und stellt symbolisch beim Wechsel vom einen zum anderen auch die Konjunktion mit der Sonne dar. Zwei gegenüberliegende Labyrinthe zeichnen symbolisch den Weg von der oberen zur unteren Konjunktion nach. In der Spiegelung des Labyrinths können wir auch die Lemniskate erkennen; die Pendelbewegung der Venus wird zur Achter- oder Ewigkeitsschleife. Acht Jahre entsprechen, wie bereits erwähnt, einem vollständigen Zyklus der Venus im Tierkreis.

Die Abwertung weiblicher Fähigkeiten

Es ist nötig, hier kurz auf einen ganz besonderen Aspekt der Symbol- und Religionsgeschichte hinzuweisen. Ungefähr 3000 v.u.Z., seit dem Auftauchen der ersten Mondgöttinnen und den solaren Helden, wurden weibliche Gottheiten aus ihrer ehemals umfassenden spirituellen und geistigen Ganzheit immer

Paradigmawechsel – wie er sich abgespielt haben könnte

mehr verdrängt und auf die Erdgöttin reduziert. Oder sie wurden wie Athene als Kopfgeburt ihrer Väter verstanden. Sie haben nur noch wenig Verbindung zu ihrer ganzheitlichen Göttlichkeit, die auf ihrer Weiblichkeit und der Fähigkeiten zur eigenen geistigen Kreativität aufbaut. Viele astrale Mythen sagen, die Göttinnen hätten sich auf der Erde aufgehalten und diese erst aus Enttäuschung über die Menschen wieder verlassen oder sie seien von den neuen Göttern entmachtet worden, indem diese sie an den Himmel versetzten. Mondgöttinnen sind deshalb aus der Sicht einer matrilinearen Zuordnung der Himmelskörper eine Erfindung und eine Folge des Patriarchats. Ursprünglich sind sie als Göttinnen des Mondes zu verstehen und nicht mit ihm gleichzusetzen, sondern mit der Venus. So sind beispielsweise die sogenannten Mondhäuser der chinesischen und indischen Astrologie Häuser der Venus. In matrilinearen Kulturen waren Häuser, Tiere usw. gemeinsamer Besitz der Frauen! Der sichtbare Mond hingegen war Besucher; er besucht die Venus in ihrem Haus (sog. Besuchsehe). Die konsequente Weiterführung einer matrilinearen Zuordnung führt zwingend zu diesem Schluss. Nach der Entmachtung der strahlenden venusischen Himmelsgöttinnen, kehrten sie wieder zurück als Mondgöttinnen, ihrer Kraft beraubt. Sie sind nur noch sanft, weich, fliessend, passiv, dunkel, negativ und geheimnisvoll. Das öffnet sämtlichen verdrängten Ängsten der Männer Tür und Tor. Ängste werden nun unterdrückt oder in der Projektion als gewaltsame Unterdrückung weiblicher Kraft ausgelebt. Insbesondere werden die den Frauen zugeschriebenen magischen Fähigkeiten, die auch mit ihren monatlichen Blutungen in Zusammenhang gebracht werden, zum Objekt von Projektionen. Die ungelebte Kraft der Frauen hingegen äusserte sich bei den Frauen selbst als Neid und Missgunst untereinander oder in Form körperlicher Gewalt, emotionaler Manipulation und Herrschsucht gegen Angehörigen oder sich selbst. Häufiger noch manifestiert sie sich vielleicht in Form psychosomatischer Erkrankungen. Die lange Zeit unterdrückte und verdrängte Wut über Entmachtung und Entwürdigung kehrt heute in Gestalt von Lilith, dem Schwarzmond in die Astrologie, zurück und, wie die aktuelle Entwicklung zeigt, auch ein Teil ihrer Kraft.

Rituelle und magische Kraft von Frauen wird seit Jahrhunderten eng verknüpft mit Pentagramm, Hexen und Zauberei dargestellt. So ist es weiter nicht verwunderlich, wenn im Verlauf der geschichtlichen Entwicklung die ehemals geschätzten Fähigkeiten im selben Mass abgewertet wurden wie Frauen und Göttinnen selbst.

Indem wir uns dem Namen Venus aus dem Blickwinkel der Etymologie annähern, gelingt es uns, diesen Aspekt patriarchal geprägter Frauengeschichte auch über die Sprache sichtbar werden zu lassen.

Etymologische Ableitungen Venus

Die Venus ist ein Wandelstern. Anders als die übrigen Planeten, die ihre Bahnen am nächtlichen Himmel ziehen, ist die Venus jedoch (weil sie sich maximal nur 48° von der Sonne entfernen kann) weniger in der Nacht als am westlichen Abendhimmel nach Sonnenuntergang zu sehen und wird – wenn sie sich später rückwärts (von der Erde aus gesehen) nach Osten wendet – am frühen Morgenhimmel vor Sonnenaufgang sichtbar.

Und so führt uns das Wort wenden, das der indogermanischen Wurzel *uen entstammt, zu Bedeutungen, die auch der Lebensweise früher Völker entsprechen. *uen, das ich als Anfangssilbe für Venus lese, bedeutet nämlich umherziehen, streifen, nach etwas suchen, trachten. Es erweiterte sich im Verlaufe der Zeit zu wünschen, verlangen, begehren, lieben, gern haben, zufrieden sein, gefallen. Genau diese Eigenschaften werden astrologisch auch heute noch der Venus zugeschrieben. Drehen, wenden, winden und flechten (Symbolhinweis: Kranz, Labyrinth, Spirale, Lemniskate) gehören dem Stammwort *uen-dh an. Interessanterweise wurde in älteren Sprachen nach etwas suchen nicht unterschieden von finden, bleiben, sich aufhalten.

Das altindische Wort vanal hingegen bedeutet wünscht, begehrt, liebt; vana steht für Verlangen, Lust. venus (lat) weist in die gleiche Richtung und steht für Liebe, Liebesverlangen, Liebesbund, die Geliebte, Schönheit, Liebreiz, Anmut. Der Name Venus bezieht sich jetzt auf die Liebesgöttin und noch ist die Bedeutung positiv besetzt. Bereits bahnt sich jedoch seit längerem die Spaltung von Morgen- und Abendstern in männlich und weiblich an, als Hinweis auf die Spaltung ganzheitlicher weiblicher Kraft.

vana ist auch im Namen der nordischen Vanen enthalten, ebenso im Namen der sagenumwobenen Fanes in den Dolomiten. Vielleicht weist auch der Name der bündnerischen Ortschaft Fanas in dieselbe Richtung. Die Vanen werden als vorgermanisch bezeichnet und sind noch matrilinear organisiert. Die Vanen-Göttin Freya ist die Mutter zweier Töchter Hnos und Gersimi.

vena Blutader zeigt uns noch andere, im doppelten Sinn des Wortes, tiefer reichende Bedeutungen der Venus und ihren Entsprechungen auf. Wasserader, Ader in Steinen, in Metallen, Saftader im Baum sowie Inneres, innerstes Wesen, Herz, Charakter, Stimmung. Die Bedeutungen drücken Wertschätzung aus – und sind einerseits dem lebendig Fliessenden und andererseits dem Gewachsenen, dem Irdischen und der Erde verbunden.

Paradigmawechsel – wie er sich abgespielt haben könnte

Mit dem althochdeutschen winnan kommt eine neue Note hinzu. Es bedeutet kämpfen, streiten, toben, sich anstrengen, sich plagen, leiden, erringen, erlangen; gotisch winnan leiden. vinna (schwed.) erringen, erlangen, gewinnen. wini (ahd) Wunsch, Freund. Eine noch spätere Differenzierung entspricht der Bedeutung gewöhnen, wohnen. Hier stellen wir fest, dass die ursprünglich nicht wertenden, sondern beschreibenden Bedeutungen wie bei umherziehen, streifen, suchen zu emotional gefärbten Begriffen wie wünschen, verlangen, begehren, lieben werden. In winnan kommt auch zum Ausdruck, dass um Begehrtes gekämpft und gestritten wird. Besitzdenken zeichnet sich ab; wer sich anstrengt und plagt, um etwas Begehrtes zu erringen, will es auch nicht mehr hergeben. Gewohnheit tritt ein und die Domestizierung beginnt. Hinweise auf die Veränderung der sozialen Stellung der Frauen im Sippen- oder Familienverband im Norden? Oder Hinweis auf die auch bei Frauen (noch) wertgeschätzte Kampfes- und Streitkraft? Doch zeichnet sich die Veränderung schon ab. wini Wunsch bedeutet auch Freund. Damit wird winnan kämpfen wohl zu einer Kraft, die Frauen nicht mehr zusteht. Dafür spricht auch die spätere Erweiterung zu gewöhnen und wohnen. Oder zeichnet sich darin eher die Einstellung der Autoren des Herkunftwörterbuches ab?

Dazu zitiere ich auch den Text zu WEIB aus dem etymologischen Wörterbuch: «Das altgerm. Substantiv mhd. wip, ahd. wib, niederl. wijf, engl. wife, schwed. viv ist unsicherer Herkunft. Vielleicht gehört es zu idg. uei -b, uei-p = drehen, umwinden, umhüllen; sich drehend, schwingend bewegen, wie z.B. aind. vepate regt sich, zittert; lat. vibrare zittern; lett. viepe Decke, Hülle der Weiber, lett. viebt sich drehen. Weib würde demnach eigentlich ‹die sich hin und her bewegende, geschäftige (Haus)frau› (!) bedeuten; vgl. das unter Feldweibel genannte ahd. weibön ‹schwanken, unstet sein; sich hin und her bewegen›) Es wäre auch möglich, dass Weib eigtl. die ‹umhüllte Braut› bezeichnet.» (Duden, Band 7, Etymologie) Kein Kommentar.

Wie wir sehen, entsteht über die Sprache eine Verbindung von Venus zu Weib-Wiib. Für den alten Begriff Weib oder Wiib für Frau werde ich eine andere als die obenstehende Interpretation vorschlagen. Sie drängt sich im Zusammenhang mit dem Pentagramm (Fünfstern) geradezu auf. Um den Zusammenhang zwischen Venus, Wiib und Fünfstern zu verdeutlichen, sind weitere sprachliche Vergleiche hilfreich.

Zahl Fünf, Wiib und Fünfstern

Wenden wir uns zuerst dem Fünfstern und der Zahl fünf zu, die uns zu Wiib führen werden. Im Verlauf der Sprachentwicklung hat sich der Buchstabe P in Q/C und B zu V entwickelt und wurde austauschbar, sodass wir von der Zahl fünf zum Pentagramm aber auch zu Wiib und Frau gelangen, wie die nachstehenden Beispiele aufzeigen möchten:

pénte (gr), quinque (lat), paucha (sanskr), pjat' (russ), pet (tschech), penki (balt), pimp (gall), pymp (gael), pemp (bret), cinque (it), cinq (fr), cinco (span), cinco (port), cinci (rum), coic (ir), five (engl), vijf (holl), fimen (isl), fem (dän) und Innerschweizerdialekt fiif.

Aus dieser Verbindung ziehe ich folgende Schlüsse:
Der Fünfstern, dessen Spitzen die Punkte der SoVekonjunktionen darstellen, ist das Symbol für Venus. Die nahe Verwandtschaft des Wortes fünf und Wiib weist das Pentagramm als Ideogramm für ursprüngliche Frauenkraft aus und zwar sowohl mit der Spitze nach oben, als auch nach unten gerichtet. Mit der Spitze nach unten gerichtet ist es Ausdruck aufsteigender Yinkraft und der Morgenvenus zuzuordnen. Mit der Spitze nach oben gerichtet, entspricht es der absteigenden Yangkraft und der Abendvenus.

Einige der Zahlausdrücke erinnern an das Wort poing (frz.) für Faust. Die Zahl fünf des Pentagramms kann auch auf die fünf Finger der linken und der rechten Hand bezogen werden. Aus der Chirologie kennen wir die Zuordnung der Finger zu den fünf Planeten. Venus/Daumen, Marsschleife zwischen Daumen und Zeigefinger, Jupiter/Zeigfinger, Saturn/Mittelfinger, Sonne/Ringfinger, Merkur/kleiner Finger. Das Pentagramm kann als Symbol ursprünglicher ganzheitlicher Frauenkraft betrachtet werden. Die dargereichte offene Hand gibt und empfängt, während die Faust zeigt, dass Frauen auch für ihre Rechte zu kämpfen verstehen. Morgen- und Abendstern sind aus dieser Sicht Symbol für alle Göttinnen, die dem Prinzip des Wandels von Leben und Tod, von Geburt und Sterben dienen. Die Sonne ist ihre Mutter, die sie immer wieder neu gebärt und die Erde die Zwillingsschwester der Venus, die irdisches Leben ermöglicht.

Saturn

Weitere Zusammenhänge des mathematischen Zeichens für Fünf weisen auf das astrologische Symbol für Saturn ($\hbar$) hin, das eine ähnliche Form aufweist. Das astrologische Symbol für Saturn wiederum wird auch für Hexe/Hexer verwendet, ebenso für den Planeten Erde. Das Pentagramm andererseits, mit der Spitze nach unten gerichtet, wird als Zeichen der Hexen oder des Teufels bezeichnet, während das mit einer Spitze nach oben gerichtete als Druidenfuss bekannt ist. Das erstere gilt als schlechtes, verletzendes Zeichen, das zweite als positiv und aufbauend.

> Paradigmawechsel – wie er sich abgespielt haben könnte

Das führt uns wiederum über die Sprache zur venefica Hexe, italienisch strega. Venefica und maga (Maja) bedeuten sinngemäss auch Zauberin. Von der strega zu striga Strich, mager, dürr ist es nicht weit; auch nicht zum Bild der mageren dürren Hexe oder der bösen alten Frau. Strigilis, der Strigel, Schabeisen und stringo leicht verwunden, ritzen führen uns zu stringor der zusammenziehenden Kraft. Sie wird Saturn zugeordnet. Saturn wurde auch mit dem Bösewicht oder sogar mit dem Teufel gleichgesetzt oder mit der Hexe. Immer deutlicher zeichnet sich ab, wie Symbole weiblicher Kraft ihre positive selbstbewusste Bedeutung verlieren und im wahrsten Sinne des Wortes verteufelt werden. Zunehmend werden Frauen auch durch die sprachsymbolische Entwicklung in die Rolle des weiblichen Sündenbocks gedrängt.

Hier kann auch die Eule als weiteres Beispiel angeführt werden. Strix/striges-Ohreule, bedeutet ebenfalls Hexe (gr). Die Eule war ein Wahrzeichen der Weisheit; sie wird verschiedenen Göttinnen zugeordnet, wie z.B. Lilith, Blodeuwedd, Anath oder der Sophia, der Weisheit selbst. In China schützte sie als Dachreiter vor Donner und Feuer. In neuerer Zeit ist sie vor allem Unglücksbotin und zeigt den Tod an. Der Aspekt der Weisheit ging unter. Nach Barbara G. Walker «Das Geheime Wissen der Frauen» soll die Eule nach einer christlichen Legende, eine von drei ungehorsamen Schwestern gewesen sein, die in Eulen verwandelt wurden. Anath wiederum soll eine Verbindung zur Heiligen Anna aufweisen, deren offizielles Siegel der Fünfstern war. Anna ist auch die Di-ana oder Jana, aus der später Janus wurde, der doppelgesichtige Torwärter am Wintersonnwendetor im Tierkreiszeichen Steinbock. Saturn ist der Hausplanet dieses Zeichens. Wir sehen, immer neue Kreise schliessen sich an unsere Überlegungen an.

Spiegel

Wie wir unter *uen gesehen haben, führt uns die Silbe vena auch in die Tiefe. vena Blutader, führt ebenso zu Wasserader, Steinader, Metallader, Saftader im Baum, sowie zu Inneres, innerstes Wesen, Herz, Charakter, Stimmung. Dem gemäss sind die Entsprechungen der Venus auch oft Hüterinnen der Erde, des Feuers und des Wassers; sie wachen über die Schätze der Tiefe und behüten sie. Das Wasser führt mich zum Begriff Spiegel, Spiegelbild, Abbild. Die vielschichtige Bedeutung, die dem Spiegel bei der Zauberei, in Märchen und Mythen zugeschrieben wird, können wir noch ausweiten, wenn wir in Betracht ziehen, dass möglicherweise mit Wasser gefüllte Schalen und Schälchen der Schalensteine als astronomische Messgeräte verwendet wurden. Sie dienten der Spiegelung planetarer Bewegungen und wurden sowohl zur Opferung als auch zur Weissagung verwendet.

Der Spiegel (Spiegelbild, Abbild) verbindet mit seiner Begrifflichkeit Innen und Aussen, Oben und Unten, Wirklichkeit und Spiegelung oder Verdoppelung. Lat. speculum, verweist uns zu den Begriffen Höhle, Grotte, Stollen, Schleuse, Vertiefung, Tiefe. Ebenso zu Sehen, Anblick, Blick; wie auch zu Aussehen, Äusseres, äussere und zu Erscheinung, Gestalt, Traumbild. Selbst die geistigen Begriffe wie Vorstellung, Begriff, Idee, Ideal, Musterbild, (it spiegare erklären) sind darin enthalten. Sehen, spähen specere verweisen denn auch auf den Zusammenhang mit Voraussehen und zum Orakel. Höhlen mit einer Öffnung nach oben, wurden auch als Observatorien benützt, wie zum Beispiel in Xochicalco (Mexico) in der Pyramide de la serpiente emplumada (Pyramide der Gefiederten Schlange). Höhe und Tiefe sind unmittelbar erfahrbar, wie auch die Absicht, eine Verbindung zwischen Himmel und Erde herzustellen.

Paradigmawechsel – wie er sich abgespielt haben könnte

Die verschiedenen Bedeutungen der indogermanischen Silbe *uen verweisen uns also direkt auf die Venus und ihre Entsprechungen und auf die Eigenschaften, die ihnen zugesprochen werden. Aus den übrigen Zusammenhängen mit fünf five und wijf/wife, aber auch fimen/fem zu women/femme schliesse ich, dass das Wort Wiib/Weib zumindest im indogermanischen Sprachbereich unmittelbar aus der Beobachtung der himmlischen Erscheinung der Venus entstand und auf der Erde den Frauen zugeschrieben wurde. Frau/Wiib kann somit berechtigter Weise als Sachwalterin der Göttin auf Erden bezeichnet werden, die gemäss vielen Mythen einst selber auf Erden wandelte.

Wir bewegen uns also mit der Venus auch im Bereich des Mysteriums, des Magischen und der unsichtbaren, geistigen Welten. Zugang zu haben zu diesen Welten, wurde wie bereits erwähnt, vor allem Frauen zugeschrieben. Diese weibliche Fähigkeit – einst hochgeschätzt – verlor zusehends an Wert; im gleichen Mass verminderte sich die Wertschätzung der Frauen, um in den Hexenverfolgungen der Neuzeit auf einem Tiefpunkt an zu gelangen oder mit anderen Worten, auf einem der Höhepunkte frauenverachtender patriarchaler Unkultur.

Mond

Dass der Mond vermutlich über lange Zeit dem männlichen zugeordnet war, lässt sich auch hier der etymologischen Herkunft des Wortes entnehmen, wie uns die folgenden Beispiele aufzeigen: man (mhd), mano (ahd), mena (got). Ableitungen davon führen uns zu men (gr) Monat, Mondsichel; weiter zu me(d) (idg) wandern, abschreiten, abstecken, messen. man (ahd) heisst Mann, manna (got), man (engl); manu oder monu (idg) bedeutet Mensch, Mann; manus ist der Stammvater. men (idg) heisst überlegen, denken und führt über manu-h (idg) zu denkend und klug; mahnen/meine (idg) überlegen, denken, vorhaben, erregt sein, sich begeistern, Ekstase bis zu mainesthai (gr) aufgeregt sein, rasen toben und wird in mania zur Raserei und Wahnsinn.

Der etymologische Zusammenhang von Mond mit Mann, Mensch hat mich zu der Überlegung geführt, dass hier ein Grund liegen könnte, weshalb überhaupt jemand auf die Idee kommen konnte zu sagen, dass Frauen keine Seele hätten. Seele wird in der Symbolik dem Mond zugeschrieben.

Wenn wir die verschiedenen Informationen, die wir über den Mond und Göttinnen gesammelt haben miteinander verknüpfen, zeigt sich folgendes Bild: Göttinnen sind in sich selbst ganz. Beispiel: Inanna/Ereskigal oder noch deutlicher zu erkennen in Tiamat. Und vor allem, sie waren beides: Göttin und Frau. Sie hatten die Fähigkeit einen manmen(sch) zu gebären (oder auszuschwitzen wie die Erde). Wiib hingegen ist WiibGöttin und in diesem Sinne nicht Men(sch). Mit Men(sch) wäre dann sinngemäss einfach Mann, das andere, nicht weibliche, jedoch von der Frau geborene Wesen gemeint. Ihrer Doppelnatur entsprechend war die WiibGöttin ganzheitlich von Beginn an gedacht. Mit der zunehmenden Spaltung weiblicher Ganzheit und dem Aufkommen patriarchaler Sprach-Strukturen, wurde die Doppelnatur schon früh nicht mehr verstanden beziehungsweise bekämpft. Unwahrscheinlich finden Sie? Als Arbeitshypothese hat es mir Distanz ermöglicht zu den misogynen Schriften der Neuzeit, in denen Sprache dazu verwendet wird, Frauen ihrer Würde zu berauben und zu entmachten.

Zerrissenheit und Vision   Schwesternstreit

Im Verlauf patriarchaler Geschichtsschreibung wird die Doppelgestalt der Venus immer mehr zur Spaltung und Schwächung umfassender weiblicher Kreativität missbraucht, bis zur Vermännlichung ihrer Yangkraft im Morgenstern als Waffe. Morgenstern und Abendstern werden feindliche Schwestern. Sie sind nicht mehr die sich ergänzenden und organisch wandelnden Schwestergestalten, wie sie uns noch in Ishtar oder Estu und Ritu, den alten rätischen Göttinnen, Inanna und Ereshkigal der Sumerer oder den beiden Töchter Hnos und Gersimi der Vanen-Göttin Freya begegnen. Ihre weibliche Ganzheit und Kreativität wurde unterdrückt, verdrängt oder zerstört.

Abwertung, Konkurrenz, Neid, Hass und Rache unter Frauen sind in der Hauptsache die Folge dieser patriarchalen Unterdrückung weiblicher Autonomie sowie der während Jahrtausenden ausgeübten oft gewaltsamen ideellen und realen Besitznahme von Frauen durch ihre Väter und Brüder und durch ihre Ehemänner. Die Verinnerlichung dieser Besitznahme durch die Frauen selbst, hat die Beziehung zum Selbst, zu Selbstbild und Selbstwert entwürdigt und führte zum Verlust eines guten Selbstwertgefühls. Frauen mangelt deshalb häufig ein Gefühl für selbstverständliches Sein oder für ein Recht auf .... Immer müssen sie sich legitimieren und ganz besonders gut sein. Sei

Paradigmawechsel – wie er sich abgespielt haben könnte

es durch die Geburt vieler Kinder (Söhne) oder dass sie sich beruflich ganz besonders anstrengen müssen, um Erfolg zu haben. Der Verlust ihrer Autonomie und des In-sich-Selbst-Verständlichen Seins wurde während Jahrhunderten auch durch die Frauen selbst verdrängt und verleugnet. Aus der Besitznahme der Frauen jedoch, die zum Selbstverlust führte, entstanden und entstehen noch immer narzisstische Verletzungen. Sie hindern Frauen in ihrer Selbstentwicklung und benachteiligen sie offensichtlich im Wettbewerb auf politischer, beruflicher und finanzieller Ebene. Es entstehen Wut-, Hass- oder Ohnmachtsgefühle. Diese sind entweder nach innen oder nach aussen gerichtet. Letztlich aber führen sie immer zur latenten oder manifesten Selbstverachtung. Selbstverachtung beinhaltet jedoch die Verachtung aller. Ein Teufelskreis, dem zu entrinnen oft fast unmöglich erscheint, wie die therapeutische Arbeit zeigt.

Saat der Gewalt

Sie lässt auch Frauen und Mütter gegenüber ihren Söhnen und Töchtern oder männlichen Verwandten gewalttätig werden. Deshalb halte ich es für ausserordentlich wichtig, dass Frauen die Verantwortung für ihre Formen des Machtmissbrauchs übernehmen, auch bisher unbewusste manipulative Haltungen reflektieren und nicht in der Rolle des Opfers verharren, selbst wenn in der Realität Gleichstellung noch lange nicht erreicht ist. Es ist Chance und Herausforderung zugleich über eine neu entwickelte wertschätzende Beziehung zu sich selbst, neue wertschätzende Beziehungen zu Töchtern und Söhnen, Partnerinnen und Partnern aufzubauen. Denn wo der Kreislauf der Gewalt seinen Anfang nahm, ist letztlich nicht allgemein und endgültig festzulegen. Aussagen dazu werden immer subjektiv sein und Projektionen beinhalten. Vor allem bringt uns die Suche nach den grundsätzlich Schuldigen, nicht weiter. Eine differenzierte Haltung bringt mehr Gewinn, obwohl es in konkreten Beziehungen Schuldige gibt, so wenn ein Vater gegenüber seinen Töchtern und Söhnen sexuelle Gewalt anwendet oder eine Mutter sie emotional ausbeutet oder beide wechselweise sonstige körperliche oder verbale Gewalt einsetzen. Die Förderung wirklicher politischer Gleichstellung von Frau und Mann in der Gesellschaft ist mit Voraussetzung, um die Gleichstellung der Frauen und Töchter auch innerhalb persönlicher familiärer Strukturen zu stärken. Selbstverachtung sowohl bei Frauen und Männern – unbewusst und oft kompensiert – hält sonst die Saat der Gewalt in Gange. Doch ist es eine Tatsache, dass der Wille allein nicht ausreicht, um der Selbstverachtung zu entkommen. Unser vegetatives Körpersystem hat die Selbstverachtung in den Zellen gespeichert. Nur wenn es uns gelingt, darauf Einfluss zu nehmen, werden wir in unserer tiefgründenden Körpergeistseele diese Selbstverachtung auflösen können und wieder heiler, vollständiger und damit liebesfähig werden. Die Körpergeistseele, die ihren Sitz im Bauchraum hat (wo auch emotionale Intelligenz beheimatet ist), gewährleistet den Zugang zu unserer höchsten Geistigkeit. Überlebte Gewalt, Unfälle, lieblose Berührungen und andere schockartige Erlebnisse versperren diesen Zugang. Psychologisch ausgedrückt baut sich hier die Neurose auf bis hin zur Psychose; hier entstehen auch (psycho)somatische Erkrankungen.

Beziehung zum Selbst

Jede Beziehung zum Selbst entwickelt sich auf dem Boden eines von Geburt an oder möglicherweise noch früher entstehenden intakten Körpergefühls. Die Wertschätzung, die wir uns später zumessen können, baut sich auf dem Gefühl des Wohlbefindens auf, das sich aus der Körperbefindlichkeit des Kleinkindes herleitet. Wie nun sollen Frauen, die in ihrem eigenen Körper die Erfahrung ihrer Entwürdigung gespeichert haben, ihren Körper kaum spüren und sich deshalb dieses bis in die innersten Zellen gespeicherten Zustandes wenig bewusst sind, die so dringend benötigte bedingungslose liebevolle Zuwendung und Wertschätzung für sich selbst aufbringen und an ihre Kinder und insbesondere an ihre Töchter weitergeben können? Oder an andere Frauen, ihre Schwestern, Brüder oder Partner? Obwohl gerade liebevolle Zuwendung und Wertschätzung unerlässlich wären für Alle, um die innere Zerrissenheit als Folge gewaltsamer Erfahrungen umzuwandeln in eine Saat der Liebe. Die Antwort kann nur lauten: Niemals solange es Frauen nicht gelingt, das Gefühl entwürdigt worden zu sein, bewusst in ein Gefühl des Wertes zu verwandeln. Ohne die vorher geschilderten tiefgreifenden Veränderungen bringt die mangelnde Beziehung zum Selbst und die fehlende Selbstliebe die Saat der Gewalt wieder und wieder zum Keimen.

Paradigmawechsel –
wie er sich abgespielt
haben könnte

Hautnah
ist fern und
meine Reise dahin braucht Zeit.
Schafft Raum für Bewegung
nach innen und aussen,
zu mir und zu Dir.
Ich öffne
die Kraft meines Herzens,
auf dass sie ströme,
wie Wasser aus der Tiefe.
Sie ist wie das Salz der Erde
und reinigt
den Durst meiner
Seele.
Du, Schwester, Tochter
lass Dich bewegen
zum Tanz
und zu lustvollem Spiel
mit den Sinnen,
bis Dir die Freude
aus den Augen lacht.
Lass Dich berühren,
verbunden mit Dir und Deiner Haut.
Trag` sie nicht länger zu Markte.
Hautnah,
Dir nicht mehr selbstentfremdet
sei weich, warm und sanft
wie der Abendwind
die Nacht
leis in den Schlaf singt;
Hautnah,
verbunden mit Dir selbst
gib Deiner Sinnlichkeit
Weg, Richtung und Ziel;
lass sie in Schönheit wiedererstehen.
1991 AM

Die lebendige Beziehung zum eigenen Körper

Kreativität, Spiritualität und Geistigkeit entspringen der lebendigen Beziehung zum eigenen Körper und führen zu ganzheitlichem Denken. Dieses umfasst die Liebe zur Erde und ihren Lebewesen. Weibliche Kreativität, Spiritualität und Geistigkeit beruht auf der körperlich-sinnlichen Erfahrung des Frauseins – verschiedene Formen der sexuellen Identität mit eingeschlossen – und der Möglichkeit, weibliche und männliche Kinder zu gebären. Weiblicher Spiritualität ist die Erfahrung des Lebendig- und Sterblichseins eigen. Sterblich sein wiederum heisst, lernen sich dem Sein anzuvertrauen. Es heisst auch, verletzbar und vergänglich zu sein und doch sich dem Leben immer wieder von Neuem zuzuwenden. Spiritualität gründet in der sinnlichen Erfahrung und erzeugt das Gefühl von Sinn. Sie weckt Freude und Lust am Denken und an geistiger Kreativität. Denken – an und für sich weder männlich noch weiblich zu nennen – führt aus der bejahenden Wahrnehmung des eigenen weiblichen Geschlechts zu weiblicher Geistigkeit. Der Gedanke wird zur zündenden Idee und zur Erfahrung des Göttlichen in jeder Frau.

> Gedanken sind Feuerfunken der Göttin.
> Immer noch ans Christkind glauben;
> glauben an das Göttliche Kind –
> das Kind der Göttin in mir.
> 1992 AM

Aus der Tiefe dieser Erfahrungen wissen Frauen ihre Lebenskraft selber zu handhaben. Sie können sowohl das Wasser ihrer spirituellen als auch das Feuer ihrer geistigen Energien sinnvoll einsetzen; im Kosmos widerspiegelt durch Abend- und Morgenvenus. Als Symbol entspricht dem das gleichschenklige Kreuz mit der Horizontalen und der Vertikalen; es ist das Yin und Yang weiblicher Energie. Das gleichschenklige Kreuz ist Teil des astrologischen Symbols für Venus.

Spiritualität und Geistigkeit

Mit den folgenden Erläuterungen sollen die Begriffe Spiritualität und Geistigkeit in der von mir verwendeten Bedeutung definiert werden. Durch die Arbeit in den Seminaren wird erfahrbar, wie weibliche Symbol- und Bildersprache im Verlauf der Geschichte durch patriarchale Machtansprüche manipuliert wurde. Sie bauen sich auf der unmittelbaren, individuellen Körpererfahrung auf. Um Spiritualität und Geistigkeit wieder als ihnen entsprechende Lebenshaltung erfahren zu können, müssen Symbol- und Bildersprache von Frauen über ihre körperliche und geistige Kreativität erlebt und mit ihren Erfahrungen neu gefüllt werden. Spiritualität und Geistigkeit sind ohne die Verwurzelung im Körper manipulierbar; integrierende Körperarbeit hilft, den Zustand der Verwurzelung in sich selbst wieder zu erreichen.

Diese baut auf der Fähigkeit auf, mit allen Sinnen ganzheitlich empfinden zu können und der Erfahrung, lebendig zu sein. **Spiritualität** bedeutet Liebe, Freude und Lust ebenso erleben zu können, wie Schmerz, Trauer und Hass. Sie bezieht das Wissen und die Erfahrung mit ein, verletzbar und sterblich zu sein und akzeptiert sie. Spiritualität entsteht im inneren Körperraum und gehört der horizontalen Ebene an. Wir nennen sie auch die Begegnungsebene. Hier begegnen wir uns selbst, beziehen uns auf ein Du und die Welt – und finden uns bestenfalls auch im Wir und im sozialen Raum wieder. Im sozialen Raum lernen wir in konkreten Beziehungen, äussere von inneren Impulsen zu unterscheiden. Es entsteht das Körpergefühl für den inneren und den äusseren Raum und die Beziehung zur horizontalen und vertikalen Ebene oder anders gesagt, zur Orientierung in der Welt und in Zeit und Raum. Auf diesem intakten Körpergefühl baut sich auch die Beziehung zum Selbst auf, auf der jegliche Wertschätzung von sich und anderen beruht. Selbstwert, Selbstbild, Selbstverständnis und Autonomie nehmen hier ihren Anfang. Körperempfindungen und -gefühle werden wahrgenommen und in Beziehung gesetzt zu sich und anderen: angenehm – unangenehm; selbst – fremd; gut – schlecht; lieb – bös. Spiritualität verleiht der Geistigkeit der vertikalen Ebene Sinn.

Geistigkeit entspricht der vertikalen Ebene. Sie bezieht ihre Sinnhaftigkeit aus der körperlich-sinnlichen, als spirituell bezeichneten Ebene. Sie ist in ihr verwurzelt. Geistigkeit gibt der Spiritualität Richtung und Ziel; sie verleiht Entscheidungskraft und die Fähigkeit zur Analyse. Im besten Fall ergänzen sich Spiritualität und Geistigkeit zu einem Ganzen, dem das Symbol des **gleichschenkligen Kreuzes** entspricht. Aus dieser Ganzheit entstehende Handlungen sind sinnvoll und dienen sowohl dem allgemeinen als auch dem persönlichen Wohl. Wird die Vertikale von der Horizontalen isoliert, ist das Denken abgespalten von jeder sinnlichen Erfahrung. Es wird einseitig und ist nicht mehr

Paradigmawechsel – wie er sich abgespielt haben könnte

auf lebendiges Sein bezogen. Weibliche Geistigkeit orientiert sich deshalb an der körperlich-sinnlich erfahrenen Symbol- und Bildersprache und benennt und interpretiert sie aus ihrer eigenen frauenbezogenen Sicht. Muttersprache wird dann zur Sprache der Frauen, die erfüllt ist von ihrer geistigen Kreativität. Weibliche Geistigkeit gewinnt dadurch neue Ausdrucksformen, auch sprachliche. Geistigkeit beinhaltet auch das Wissen um grössere, oft intuitiv erfasste Zusammenhänge. Die Vertikale setzt Grenzen und unterscheidet: Ich – Nicht-Ich; vorher – nachher; definiert das Woher-Wohin; sie nimmt Mass; teilt auf und gibt Richtung und Ziel. Auf der Körperebene ist die Vertikale die Wirbelsäule, der Kanal für aufsteigende und absteigende Energien, für Wille und Richtung und für die Aufrichte- und Ichkraft. Sie verleiht der Horizontalen Selbstbewusstheit, während die Vertikale Selbstsicherheit aus der Horizontalen bezieht.

Die Mitte des gleichschenkligen Kreuzes

Die durch Horizontale und Vertikale entstandene Mitte des gleichschenkligen Kreuzes verbindet Feuer und Wasser; die Mitte entspricht dem Element Erde und wird in vielen Kulturen der Frau und der Erde gleichgesetzt. Feuer und Wasser bekämpfen einander nicht in der vorweltlichen (prähistorischen) Ordnung, sagt das I Ging.

> Ich bin die Eine
> in Allem enthalten.
> Ich bin Du.
> Ich bin Alles
> in Einer enthalten.
> Du bist Ich.
> Ich bin die Hüterin des Feuers.
> Ich bin Feuer.
> Ich bin Feuer und Wasser
> und das Gefäss.
> 1985 AM

Für Frauen liegt meines Erachtens die Möglichkeit zur Umwandlung letztlich auch nach psychotherapeutischer Aufarbeitung der Lebensgeschichte und feministischer Bewusstseinsarbeit nur im unmittelbar selbst-erfahrenen

Paradigmawechsel – wie er sich abgespielt haben könnte

Zugang zur individuellen Spiritualität und Geistigkeit. Sie liegt in der Anerkennung von sich selbst als einem spirituell und geistig kreativen Menschen. Diese Erfahrung ist Frauen seit Beginn des Monotheismus nur noch unter Anpassung an die patriarchal dominierten Religionen möglich. Frauen benötigen deshalb eine neue Vision vom weiblichen Selbst. Damit meine ich auch eine Möglichkeit und eine Hoffnung, wie wir weniger von emotionalen, spirituellen und geistigen Defiziten und dafür mehr von Einsicht geleitet daran gehen können, uns mit den Widersprüchen unserer Existenz auseinanderzusetzen. Diese Vision soll unsere spirituelle und geistige Kraft in Bewegung setzen und die Beziehung zu unserer Lebendigkeit herstellen. Indem Frauen ihre eigene innere Zerrissenheit begreifen und erkennen und sie als Teil ihres Selbstbildes integrieren, werden Beziehungen nicht mehr von Gewalt, sondern mehr und mehr von Wertschätzung und Liebe geprägt sein. Das spirituelle Feuer wird die Zerrissenheit mit Liebe durchdringen und unsere Geistigkeit wird sie mit Freude und Leichtigkeit erhellen. Die Liebe zu sich selbst wird zur Liebe selbst.

Ein Zittern
der Feuerdrache
regt sich
in längst vergessener Tiefe
der Wasserdrache
sacht und leis.
Du liebst
die Rose am Strauch
für alle Zeiten
verströmt sie ihren
Hundertblätter-Geruch
1995 AM

**Körper-,
Klang- und
Vokal-
meditation**

77

Körper-, Klang- und Vokalmeditation

Seit ich vor Jahren begann mit den meditativen Übungen des Do In zu arbeiten – also lange bevor ich etwas über Venuszyklen wusste – setzte ich spontan auch Vokale und Töne ein. Ich stellte fest, dass sie die Körperübungen wirkungsvoll unterstützen und ganz neue Empfindungen wahrnehmbar werden.

In den Seminargruppen setzte ich Vokale und Töne von Anfang an bei den Körperübungen ein. Dabei entwickelte sich – immer deutlicher wahrnehmbar – ihre Verbindung zum Pentagramm, das auch den Körper darstellt. Ich ordnete, auf den Körpererfahrungen aufbauend, die fünf Vokale A - E - I - O - U den Spitzen des Pentagramms zu, den Konsonanten M der Mitte. Dazu haben sich bestimmte Körperhaltungen entwickelt, die ich je nach Situation im Liegen, Sitzen oder Stehen einsetze. Es ist auch von der jeweiligen Situation abhängig, ob ich bei der Begleitung dazu Bilder mit hineingebe oder ganz auf der Körperebene bleibe. Die Erfahrungen der letzten Jahre haben gezeigt, dass dabei auch spirituelle und geistige Kanäle angesprochen und geöffnet werden. Die Arbeit mit Silben kann auch ein neues Sprachverständnis fördern.

Später stiess ich auf andere Quellen, die meine Erfahrungen bestätigten.
«Die irdischen Versmasse beruhen, nach vedischer Anschauung, auf den himmlischen Urmassen, welche das Universum regeln. Nicht minder kommt die Idee der Entsprechung in den Musikinstrumenten und ihrem Bau zum Ausdruck, beispielshalber im K'in, der altehrwürdigen Zither der gelehrten Chinesen. Fu-hi, der älteste der fünf mythischen Kaiser, hatte ihre Wölbung dem Himmel, ihren Boden der Erde nachgebildet, die Saitenzahl nach den Planeten auf fünf festgesetzt Drachen- und Phönixteich (die Schallöcher) acht und vier Zoll lang gemacht nach den Winden und Jahreszeiten. Nach pythagoräischer Lehre, berichtet Quintilian, ist die Welt gemäss den

Gesetzen der Musik erschaffen und die Leier in Nachahmung des Planetensystems gebildet worden.» (Zit. Julius Schwabe, Archetyp und Tierkreis, 1987)

A
absteigende Yangkraft. Die Herzkraft verbindet sich mit dem Boden unter deinen Füssen; du öffnest deine Sinne für die Liebe zur Erde und ihre Kräfte. Du erdest dich und gewinnst Vertrauen in die Kräfte der Tiefe.

U
aufsteigende Yinkraft. Deine Ich- und Sexualkraft verbindet sich mit dem Raum über dir; du öffnest deine Sinne für die geistigen Kräfte des Himmels und bist bereit deine aufsteigende Yinkraft, Wünsche, Bilder und Vorstellungen, dem Universum anzuvertrauen. Du gewinnst Vertrauen, dass sie sich in die Realität umsetzen - und du erfährst, dass jeder Konflikt bereits die Lösung des Problems in sich trägt.

I
Kanal für auf- und absteigende Kräfte. Deine Wirbelsäule verbindet aufsteigende Ich- und Sexualkraft mit der absteigenden schöpferischen Geistkraft. Im Bewusstsein des ständigen Auf und Ab der Energien, gewinnst du Vertrauen in den Wandel von Zeit und Raum.

O
Der innere Körperraum wird erfahrbar. Durchflutet von den auf- und absteigenden Kräften und dem Kommen und Gehen Deines Atems, erkennst du den Ort Deines Getragenseins in dir. Du verbindest dich mit der essentiellen Kraft der Körpergeistseele und deiner intuitiven Fähigkeit zur Selbsterkenntnis. Du gewinnst Selbstvertrauen und Selbstsicherheit.

Körper-, Klang- und
Vokalmeditation

M
umfasst Deine Mitte. Du stärkst das Geflecht Deines solaren Zentrums. Du gewinnst Vertrauen in das Hier und Jetzt. Du öffnest Dich für das Innen und das Aussen und übst Dich im Geben und Empfangen und Deine Bewusstheit für Nähe und Distanz wird klarer.

E
lässt sichtbar werden, wer und wie Du bist. Deine Ideale und Visionen nehmen Gestalt an. Indem Du Dich zeigst, schaffst Du Raum für Dich und Andere. Du bewegst Dich in der manifesten Welt und begegnest ihr mit Vertrauen.

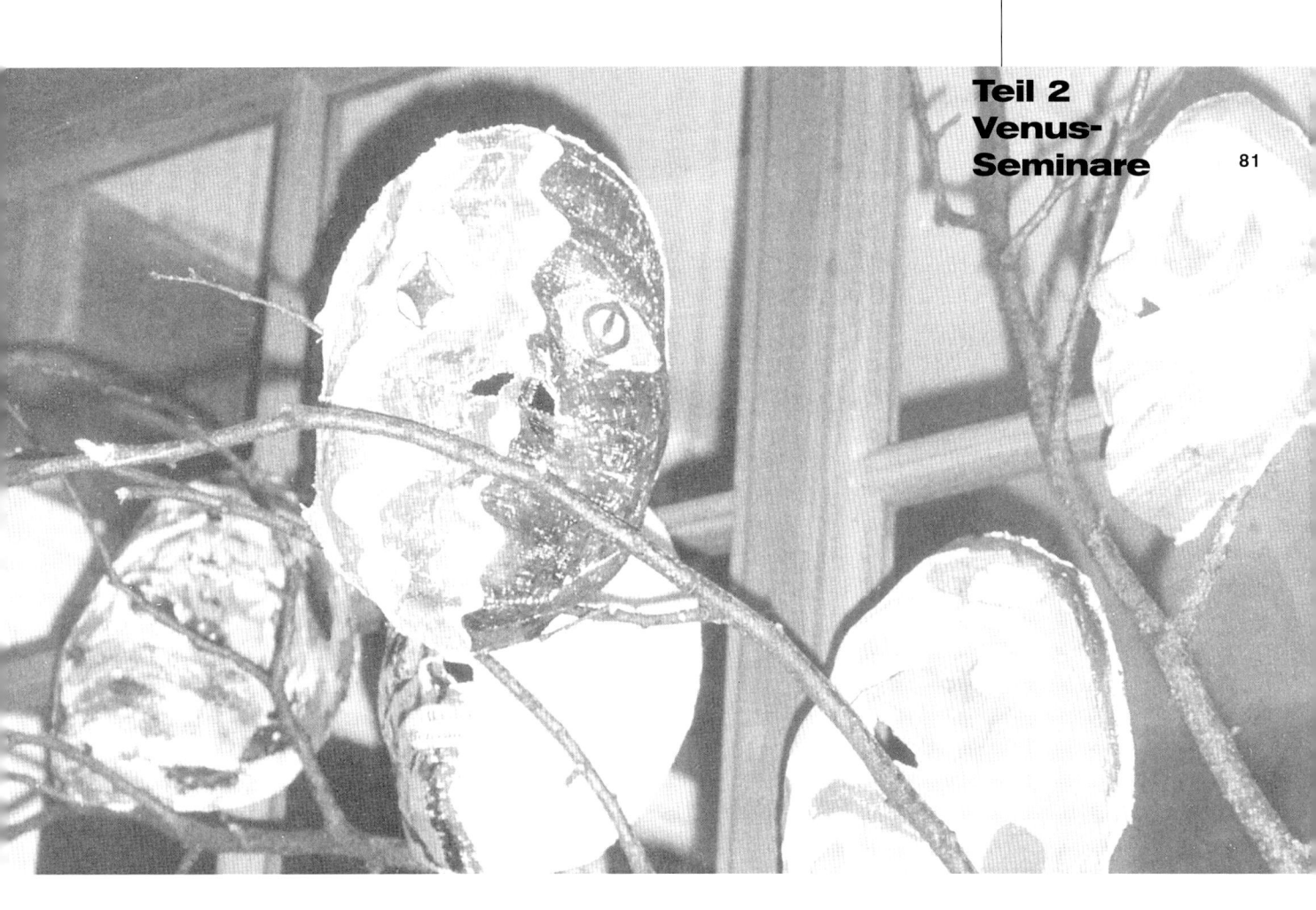

Teil 2
Venus-Seminare

Selbstbild und
Selbstverständnis
im Wandel

Das Experiment Venus-Seminare

Meine Forschungen zur weiblichen Spiritualität und Geistigkeit haben mich zu einem spannenden Ansatz geführt. Ich lege der therapeutischen Arbeit mit Frauen den Venuszyklus zu Grunde und nutze die Zeitqualität der verschiedenen Venuskonstellationen zur Aktivierung bestimmter Themen und als Rahmen für eine längere Zusammenarbeit. In einem vollständigen Venuszyklus von zweimal vier Jahren führte ich mit einer kleinen Gruppe von Frauen von 1993 bis 2001 unter dem Titel «Selbstbild und Selbverständnis im Wandel» solche Seminare durch. Gemeinsam liessen wir uns auf ein Experiment ein, dessen Ausgang bis zum Schluss offen war. Es stand unter folgendem Grundgedanken.

Die Venus kann mit ihrem ungewohnten zeitlichen Rhythmus den Weg öffnen zu überraschenden und unerwarteten persönlichen, spirituellen und geistigen Erfahrungen. Interessant ist dabei, dass sich die Venus als einziger Planet nach rechts um die eigene Achse dreht. Wer die Venus zum Leitstern erwählt, tanzt aus der Reihe! Sie verbindet innere und äussere Wirklichkeit. Ihren Bewegungen zu folgen, bedeutet immer differenziertere symbolische Ebenen in der Realität zu erkennen. Es bedeutet auch, durch die Illusion hindurchzugehen, dass Materie absolut sei und Projektionen aufzulösen. Ihr Weg führt in die Zusammenhänge von Körper, Geist und Seele ein – in eine von Wiib definierte und benannte Spiritualität und Geistigkeit – und schafft Voraussetzungen für Frauen, verlorene körperliche, spirituelle und geistige Integrität wieder zu erlangen.

Meine Forschungen und Überlegungen zum Venuszyklus und zur frauenbezogenen Kosmologie, wie sie im ersten Teil des Buches beschrieben sind, bildeten die Grundlage für die Seminare. Sie bieten den Rahmen für neue und ungewohnte Erfahrungen und sind eine wichtige Orientierungshilfe, um bisherige mit neuen Erfahrungen zu vergleichen. Denn ein wesentlicher Teil der gemeinsamen Arbeit besteht darin, sich von verinnerlichten patriarchalen Strukturen zu lösen sowie die gewohnten Denkmuster und verkörperten Selbstbilder zu verändern.

Bei jeder SoVeKonjunktion wird – bildlich gesprochen – die Venus von der Sonne wiedergeboren. Ich gehe deshalb davon aus, dass dabei jedesmal eine neue Konstellation im Kosmos entsteht oder geboren wird und damit eine Zeitqualität, die sich in den jeweils nächsten 10 VenusMondmonaten manifestieren will. Dabei werden einerseits neue Themen angesprochen, andererseits laufen die früheren parallel dazu mit. Wie die Stränge eines fünffarbigen Seidenbandes verflechten sich die Themen ineinander. Einzelne treten in den Vordergrund, ziehen sich wieder zurück oder verschwinden für kurze Zeit ganz. Mit anderen Worten, im Laufe der Zeit wird immer deutlicher, wie die Vergangenheit unsere Gegenwart prägt, aber auch wie unser Verhalten die Zukunft mitbestimmt. Um Anhaltspunkte für die Bedeutung der jeweilgen Konstellation zu erhalten, unter zusätzlicher Berücksichtigung meines matrizentrischen Ansatzes, erstelle ich für den Moment jeder exakten SoVekonjunktion ein Geburtshoroskop (Zeithoroskop).

Planetenstellungen entsprechen einer Zeitqualität und einer Energie, die sich manifestieren will. Diese Zeitqualität kommt zum Ausdruck, ob wir darauf achten oder nicht. Befassen wir uns jedoch aktiv damit, haben wir die Möglichkeit, herauszufinden, was sie für uns bedeuten könnte und wie wir sie konstruktiv umsetzen können.

Die Teilnehmerinnen erhielten in der Regel einen durch die Zeitqualität und meinen persönlichen Zugang bestimmten Seminarbrief. Diese Briefe dienten dazu, Prozesse in Gang zu bringen und Themen zu fokussieren und führten gleichzeitig durch die Jahre. An ihnen ist die Entwicklung und Veränderung der Themen deutlich abzulesen. Sie leiten, für das Buch gekürzt und bearbeitet, auch hier das jeweilige Seminar ein.

Selbstbild und Selbstverständnis im Wandel

Manches in den Seminaren taten wir intuitiv und ohne um alle Zusammenhänge zu wissen. So feierten wir die Venus im Freien bei ihrem Erscheinen am frühen Morgenhimmel als Inbegriff körperlicher, geistiger und spiritueller Frauenkraft, auch wenn nicht mehr genau nachvollziehbar ist, wann und wie diese Idee Gestalt annahm. Oft genug erwies sich im Nachhinein, dass die Intuition verifizierbar und erfahrbar war und zwar nicht nur archetypisch, sondern in geschichtlichen Zusammenhängen, deren Spuren noch konkret auffindbar sind. Dabei ging es von Anfang an darum, von der symbolischen zur realen Ebene zu gelangen und umgekehrt.

Wir liessen uns an den Seminar-Wochenenden viel Zeit zum Sein und Geschehenlassen, für einfache meditative Körperarbeit, um uns selber spüren zu lernen, zum Ausruhen und Träumen, zum Eintauchen ins Mineralbad und zum Bestaunen des Sternenhimmels in der Nacht und liessen uns in und mit der Natur bewegen.

Auf der Basis der von mir erarbeiteten matrilinearen Zuordnung der Planeten lernten wir am Beispiel überlieferter Frauengestalten sehen, wo matrizentrische und matrilinerare Merkmale noch oder wieder erkennbar sind wie beispielsweise in den Bildern der Heiligen **Hildegard von Bingen**. Wir verfolgten anhand meiner Erklärungsmodelle den Paradigmenwechsel und begannen zu verstehen, wie die einstige Wildheit und Autonomie von Göttinnen beim Wechsel zum patriarchalen Götterhimmel und bis in den aufkommenden Monotheismus hinein missachtet und unterdrückt wurde. Andererseits vermittelten uns die Bilder und Mythen aus matrizentrisch organisierten Kulturen den Zugang zu einer Welt, in der Frauen dank ihrem sozialen Status autonom im Umgang mit sich, ihrem Körper und ihrer Sexualität waren.

Die intensive Auseinandersetzung auf körperlicher, spiritueller und geistiger Ebene machte deutlich, dass die Abhängigkeit und Unterdrückung von Frauen nicht gottgegeben oder archetypisch ist, sondern von Frauen und Männern gemacht wird. Wir erarbeiteten in der Seminargruppe Interpretationen, mit denen spirituelle und geistige Erfahrungen eingeordnet und Symbole mit Bildern neu gefüllt werden können, die eine Alternative zur tradierten patriarchalen Symbolsprache bieten. Wir gingen auch Fragen und möglichen Antworten nach, was diese Betrachtungsweise im Hinblick auf Selbstbild, Selbstwert und Selbstverständnis, Autonomie und weibliche Identifikation mit sich bringt. Ziel war es, eine Öffnung auf Lebenskraft und Ganzheit hin zu bewirken und Raum zu schaffen für eine Vielfalt von Frauen-Selbstbildern. Der eigenen Wahrnehmung folgend, erweiterten die Teilnehmerinnen in oft tiefgreifenden körpertherapeutischen Prozessen ihr Wissen um Zusammenhänge von kulturellen, religiösen, sozialen und politischen Strukturen und Rollenzuschreibungen auf die persönliche Entwicklung. Sie setzten sich mit den Auswirkungen auf Körper, Seele und Geist auseinander, die der Verlust und Wandel weiblicher Symbole im Verlauf kultureller Entwicklung mit sich brachte.

Wir übten uns auch in der Kunst, unseren inneren Gestalten, Gefühlen und Gedanken eine äussere Form zu geben und sie in kreativer Weise frei zu gestalten und zu benennen. Im Gespräch, mit Körperarbeit, Klang- und Vokalmeditationen, im Gestalten mit Lehm und Farben, im Hinausgehen in die Natur und dem Einbeziehen der jahreszeitlichen Zyklen veränderten und erneuerten sich unsere Bilder und Vorstellungen. So bauten wir eine Brücke zwischen innerer und äusserer Realität und stärkten damit unsere Autonomie. Nie Gesagtes und kaum je Gefühltes, Gespürtes oder Gedachtes wurde fühl-, hör- und sichtbar. Immer freier schöpften wir aus der Quelle dieser unmittelbaren Erfahrungen des Seins. Die **Venuszyklen**, so hat sich im Verlauf der Jahre immer deutlicher herausgestellt, können im Zusammenhang mit dem Mond, als **Spiegel tiefgreifender psychischer Wandlungen** von Selbstwert, Selbstbild und Selbstverständnis im Leben von Frauen betrachtet werden.

So konnte ich beobachten, dass tiefe psychische Prozesse ausgelöst werden, wenn ein anderer Planet in Konjunktion steht mit einem SonneVenusKonjunktionspunkt. Findet die SoVekonjunktion beispielsweise auf der Geburtssonne im persönlichen Horoskop statt, trifft dies zusammen mit Prozessen, die die Erneuerung der Beziehung zum Selbst zur Folge haben. Selbstwert und Selbstideal verändern sich in Richtung eines authentischeren und autonomeren Selbstausdruckes. Das Selbstwertgefühl wird selbstverständlicher. Die Aufarbeitung patriarchal bedingter weiblicher Sozialisation und Heilung des erlebten Unwertes verbindet sich mit dem persönlichen Zugang zu Spiritualität. Das Zusammentreffen einer bewussten feministischen Haltung und die Aufarbeitung der Lebensgeschichte, schaffen die Voraussetzung für die

Entfaltung kreativer spiritueller und geistiger weiblicher Kraft. Wenn wir uns auf einen spirituellen Weg begeben, für den mir das Labyrinth eine passende Entsprechung scheint, sollte uns auch bewusst sein, welche Bedeutung wir ihm geben wollen. Das Geschehen auf diesem Weg kann uns sonst dazu verführen, die Vergangenheit mit der Gegenwart zu verwechseln. Oder wir tauchen im labyrinthischen Geschehen so sehr ein, dass wir uns davon nicht mehr unterscheiden können. Eigene Erfahrungen und Berichte bestätigen mir, dass dies in spirituellen Zirkeln häufig geschieht, seien es nun Frauen-, Männer- oder gemischte Gruppen. Persönliche Defizite und individuelle Sehnsüchte, Wünsche und Machtansprüche werden mit Spiritualität verwechselt. Kollektive oder archetypische Erfahrungen, die dem eigenen Ich zugeschrieben werden, wirken inflationär und es ist kaum mehr möglich, Reales von Imaginärem und Symbolischem zu unterscheiden.

Selbstbild und Selbstverständnis im Wandel

Eine kritische Einstellung, gute Unterscheidungsfähigkeit, das Wissen um feministische Anliegen, wie kulturelle und soziale Rollenzuschreibungen, aber auch das Wissen um einen möglichen latenten Frauenhass in Frauen- und gemischten Gruppen, sind deshalb notwendiges Rüstzeug, wenn Frauen sich von spirituellen und geistigen Kräften bewegen lassen.

In unserer Arbeit ist der Weg das Ziel. Er berücksichtigt viele Aspekte. Wir arbeiteten beziehungsorientiert; anfänglich mehr mit Blick auf die persönliche Lebensgeschichte, zunehmend dann ausgerichtet auf die aktuellen politischen, religiösen und kollektiven Vorgänge in der Welt, in der wir leben. Die Auseinandersetzung mit den angeregten Fragen und ein Interpretationsrahmen, der zum Teil im Widerspruch zu heute gängigen Auffassungen steht, ist wesentlicher Bestandteil dieses achtjährigen Weges. Ein Weg, der bedeutet, sich in ein zyklisches Geschehen hineinzuwagen, sich auf eine Weise mit den kosmischen Kräften auseinanderzusetzen, die tiefgreifende persönliche Veränderungen bewirken und damit die politische, soziale und spirituelle Haltung verändern. Ein Weg, der auch als Initiationsweg bezeichnet werden kann.

In der Regel fanden im Verlauf eines Jahres fünf Seminare statt. Sie richteten sich einerseits nach den SoVekonjunktionen, andererseits nach den vier Schwellen des Oberen und Unteren Tores. In den ersten vier Jahre steht die Arbeit mit sich selbst und der Aufbau einer bewussten frauenbezogenen Haltung und Sichtweise im Vordergrund. In den zweiten vier Jahren geht es darum, die neu erworbenen Einsichten zu vertiefen, zu differenzieren und Erfahrungen mit den Auswirkungen im Alltag zu sammeln.

Die gemachten Erfahrungen zeigen, dass dieses Konzept für Frauen grosse Möglichkeiten bereit stellt, ihre spirituellen und geistigen Kräfte zu entdecken und zu üben. Die Frauen beginnen, sich mit mehr Selbstverständlichkeit für sich und andere und für notwendige, konstruktive und dem Leben dienende Veränderungen einzusetzen. Die umfassende Auseinandersetzung mit Symbolen und Symbolgeschichte auf den verschiedenen Ebenen, schafft den Boden für eine andere Wirklichkeit, die auf weiblichem Selbstwert aufbaut. Eine Wirklichkeit, in der Frauen sich weder an weibliche noch an männliche Feindbilder halten müssen, um sich selbst zu definieren. Erst damit schaffen Frauen sich neue Räume – konkrete, irdische wie geistige und spirituelle. Mit den auf dem Hintergrund von Angst und Unterdrückung entstandenen Lösungsstrategien, vor allem wo sie sich allein an der Ablehnung von patriarchalen Denkmustern orientieren, sind die Probleme und Konflikte, die in den nächsten Jahren auf uns zukommen nicht mehr anzugehen. Die zweimal vier Jahre dauernden Seminare öffnen uns für neue körperliche, spirituelle und geistige Lebensmöglichkeiten.

Die im ersten Teil ausführlich beschriebenen Grundlagen bilden den notwendigen Rahmen; sie treten jedoch hinter die Prozessarbeit zurück. Im Vordergrund stehen die persönlichen Erfahrungen und daraus erarbeitete Zugänge. Das Einbeziehen von Meghalithanlagen, Steinkreisen, Kirchen, Symbolen, Planeten oder auch meines persönlichen Zuganges und theoretischer Überlegungen vermittelt nur einen Widerschein des Wirklichen und ersetzt nicht die *unmittelbare Erfahrung*. Sie können aber Intuition und geistige Kreativität anregen und zu den eigenen Quellen führen.

Denn es gilt, *ein neues Haus* zu bauen und dieses Haus ist *unser Körper*, der uns Zugang verschafft zu den verschütteten Quellen eines aus der Tiefe entspringenden Selbstwertes. Über den Körper verbinden wir die tiefsten und geheimsten Wünsche und Ängste mit unserem Streben nach Verbundenheit mit den Menschen, der Erde und dem Kosmos. Durch die Erfahrung neuer

Körperräume können wir zu Hüterinnen des eigenen sexuellen, spirituellen und geistigen Feuers werden, das uns und andere wärmt und nährt.

Damit wir uns in diesem neuen, unbekannten Raum nicht verirren, folgen wir den Venuszyklen, vergleichbar dem roten Faden der Ariadne im Labyrinth. Auf diesem Weg begegnen wir uns selbst, unserer persönlichen Vergangenheit und unausweichlich auch dem Schrecken der verinnerlichten kollektiven Entwürdigung der Frauen und deren Folgen. Doch dabei gewinnen wir mit jeder Begegnung etwas von unserer ursprünglichen Würde und Integrität zurück.

Selbstbild und
Selbstverständnis
im Wandel

Die kommenden Sonne-Venus-Konjunktionen

29.03.2001	09°32	Widder/M
14.01.2002	23°31	Steinbock/A)
		Grosses Tor
31.10.2002	07°53	Skorpion/M)
18.08.2003	25°22	Löwe/A
08.06.2004	17°53	Zwilling/M
31.03.2004	10°31	Widder/A
14.01.2005	23°40	Steinbock/M)
		Grosses Tor
27.10.2005	04°08	Skorpion/A)
18.08.2006	24°51	Löwe/M
09.06.2007	18°43	Zwilling/A
27.03.2009	07°16	Widder/M
11.01.2010	21°32	Steinbock/A)
		Grosses Tor
29.10.2010	05°30	Skorpion/M)
16.08.2011	22°40	Löwe
06.06.2012	15°47	Zwilling

A = Abendvenus/M = Morgenvenus

Die SoVekonjunktionen sind veränderliche Daten (Venuskalender), das Obere und das Untere Tor hingegen richten sich nach dem Sonnenkalender und sind demnach fest. Für die Seminare wurden die Daten üblicherweise so weit verschoben, dass sie auf ein Wochenende fielen. Dabei fiel das Novemberseminar mit dem Datum des SoVekonjunktionspunktes zusammen, da dieser sich sehr nahe bei der Schwelle zum Unteren Tor befindet.

Ich habe jedem Seminar einen Namen gegeben – teils intuitiv und auf dem Erforschen von Mythen, Märchen und Legenden beruhend, teils auf Grund der gemachten Erfahrungen.

Mit den folgenden Texten möchte ich einen Einblick in unsere Arbeit und unsere Erfahrungen während des achtjährigen Zyklus von 1993 bis 2001 vermitteln. Sie folgen chronologisch dem Ablauf des Venuszyklus mit dessen Hauptthemen. Sie sollen die wichtigsten Stationen, Ereignisse und Erfahrungen nachzeichnen, nicht aber den gesamten Prozess dokumentieren. Dies würde den Rahmen dieses Buches sprengen und könnte ohnehin nicht alle Facetten unserer vielfältigen Erfahrungen sichtbar und nachvollziehbar machen. Die Namen der Teilnehmerinnen sind selbstverständlich fiktiv, die beschriebenen Ereignisse und Erfahrungen hingegen so realitätsgerecht als möglich berichtet.

Das erste Jahr unter dem Titel **Die Wagenlenkerin** war das Jahr der Vorbereitung. Die Gruppe blieb auch nach diesem Jahr für neue Teilnehmerinnen offen, sofern sie ein Vorbereitungsseminar besucht hatten. Dies erwies sich als gute Voraussetzung, um nicht in verfestigten Gruppenmustern steckenzubleiben. Neue Teilnehmerinnen durchbrechen die Gruppendynamik und machen aufmerksam auf festgefahrene oder unbewusste Muster. Auch hat die Erfahrung gezeigt, dass Frauen sich mit ihrem jeweiligen persönlichen Standort in ihrer Lebensgeschichte durchaus in den übergeordneten Themenkreisen wiederfinden – was verständlich wird, wenn man davon ausgeht, dass astrologische Konstellationen auch Strömungen des kollektiven Unbewussten anzeigen, die wiederum Einfluss haben auf persönliche Lebensprozesse und deshalb in den übergeordneten Zyklen ihren Ausdruck finden können.

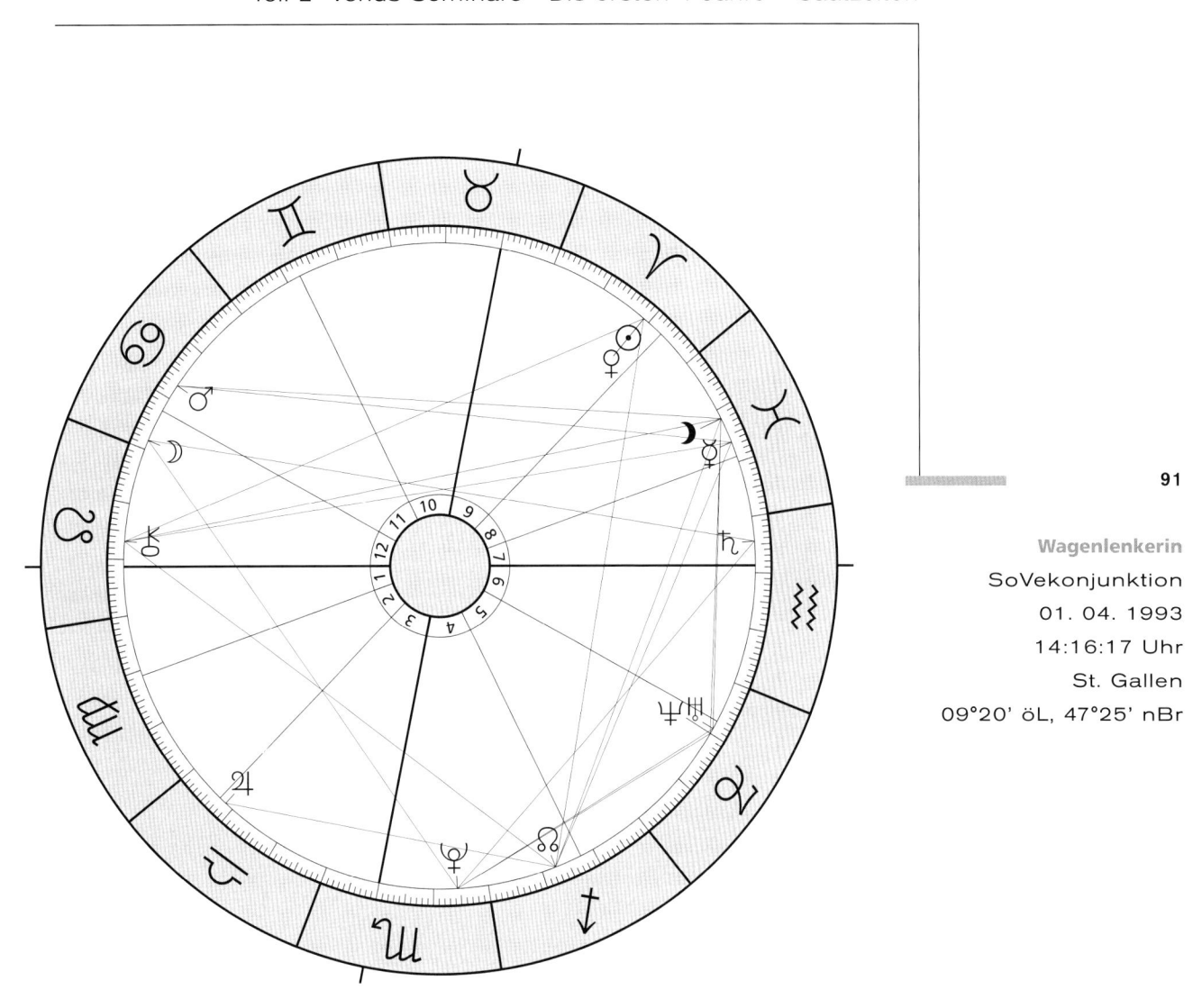

Teil 2 Venus-Seminare Die ersten 4 Jahre – Saatzeiten

Wagenlenkerin
SoVekonjunktion
01. 04. 1993
14:16:17 Uhr
St. Gallen
09°20' öL, 47°25' nBr

Planeten:	☉ 11♈49	♄ 26♒39	☊ 14♐19ᴿ	♀ 26♒16
	☽ 29♋22	♅ 21♑56	Asc 21♌56	✱ 11♋37
	☿ 14♓30	♆ 21♑02	MC 10♉44	⊕ 09♐28
	♀ 11♈49ᴿ	♇ 25♏12ᴿ	⊕ 14♑31	⊛ 21♌02
	♂ 18♋36	⚷ 17♌24ᴿ	⚶ 13♒14	⊛ 14♎29
	♃ 09♎32ᴿ	☽ 18♓39	⚴ 25♓22	☋ 14♓19ᴿ

1993   1. Jahr:
Die Vorbereitung

2. Februar	Wiedergeburt ins Licht (fand im 1. Jahr noch nicht statt)
1. April	Die Wagenlenkerin/SoVekonjunktion/M
21. Mai	Der Himmel öffnet sich ...
21. Juli	... und schliesst sich wieder
2. November	Vertrauen in die Kräfte der Tiefe

Die Wagenlenkerin   Wunsch – Wille – Weg

Seminarbrief: Bei jeder Konjunktion wird ein neues Thema angesprochen, Teilaspekte der weiblichen körperlichen, seelischen und geistigen Kräfte. Oft beginnt sich das Thema vor der Konjunktion aufzubauen, verwirklicht sich zur Zeit der Konjunktion und erfüllt sich konkret während der Zeit darnach. **Die Wagenlenkerin** prägt die neue Venusphase mit ihrer Feuerkraft und wir sind aufgefordert, die Zügel unseres zweispännigen Gefährts in beide Hände zu nehmen. Beide Seiten in uns sind gefragt – Feuer und Wasser – die Helle und die Dunkle – bewegen und sich bewegen lassen – vertikale und horizontale Kräfte.

Mit diesem Seminar verbinde ich folgende Themen: sich hinstellen als Frau und sich der Auseinandersetzung stellen mit der realen Vaterwelt, den fremden und den eigenen verinnerlichten patriarchalen Denkstrukturen. Die Überlegungen dazu sind zum Teil abgeleitet aus der Tatsache, dass die SoVeKonjunktion bisher im April und im Zeichen Widder, mit dem ihm zugeordneten Mars, stattfanden. Mars steht für Antrieb, Wille und Tatkraft.

Dies wird auch in den Themen sichtbar, die die Teilnehmerinnen mit der Wagenlenkerin in Verbindung brachten: Wut – Ohnmacht, Kastration; Mitbestimmen – Gestalten; Gewalt – Ohnmacht, Solidarität unter Frauen; Konfrontation – Aggression.

Ein Thema, das in dieser Weise fokussiert wird, entwickelt eine gewisse Eigendynamik und konstelliert sich in der Gruppe teilweise selbsttätig. Da es eines der ersten Seminare überhaupt war und noch sehr in der Experimentierphase, galt ein grosser Teil des Wochenendes dem Aufbau einer Metaebene, die es erlaubt, im Gespräch auch schwierige Themen zu benennen. Ein Missverständnis schälte sich heraus: Neue Erfahrungen zu machen, kann nicht heissen, bereits am Anfang den gesetzten Rahmen zu verändern. Dieser Rahmen musste so lange stehenbleiben, bis wir ihn in der Gruppe durch den gemeinsamen Weg «ausgemessen» hatten. Das bedeutete in diesem Zusammenhang: Das eigene Erleben innerhalb des gebotenen Freiraums und im Rahmen des besonderen Ansatzes zu reflektieren. Und zwar nicht in erster Linie durch Veränderungen im Aussen, sondern durch Erkennen und Differenzieren der verschiedenen Ebenen: nämlich die persönliche Lebensgeschichte erfahren und integrieren und sie auf ihre spirituellen und geistigen Möglichkeiten und Ansätze reflektieren. Die körpertherapeutische Arbeit bildet dafür die Grundlage. Sie ist ohne die im ersten Teil beschriebenen Voraussetzungen nicht möglich. Das Erstellen einer Metaebene ist deshalb wichtig. So ist es beispielsweise unabdingbar, alte moralisch und/oder religiös gefärbte Begriffe wie Scham, Sünde, Gnade, Demut, Opfer, Gott, Barmherzigkeit, Ablehnung, Autorität, Wut, Göttin, Ohnmacht zu hinterfragen und sie in Beziehung zum eigenen Erleben setzen zu lernen, um sie vielleicht aus diesem Blickwinkel mit neuen Inhalten zu füllen. Die Metaebene schafft Voraussetzungen, um im Gespräch auch an schwierigen gruppendynamischen Themen dranzubleiben und einander trotzdem mit Liebe und Achtung zu begegnen.

Das ist nicht immer gelungen; es hat auch zum Weggehen von Teilnehmerinnen geführt. Transparenz und Authentizität blieben das dringlichste Erfordernis in der Seminargruppe. Dazu gehörte auch, dass wir intensiv an Übertragung und Gegenübertragung arbeiteten und sie offenlegten. Die komplexen gruppendynamischen Prozesse, die durch die Vielschichtigkeit der angegangenen Ebenen entstehen, haben die Teilnehmerinnen und mich immer wieder sehr gefordert und gelegentlich auch überfordert.

1993   1. Jahr:
Die Vorbereitung

Der Himmel öffnet sich ...
Aufstieg – Ausdehnung. Liebe zur Macht – die Macht der Liebe

Seminarbrief: Mir fällt es diesmal schwer, die auftauchenden Bilder in Worte zu fassen. Die Sätze bilden sich nur widerwillig. Meine Träume weisen auf eine gewisse Hilflosigkeit und Verwirrung im Gedanken daran, was die Öffnung des Himmels wohl bedeutet. Sie machen deutlich, dass patriarchale Religionsstrukturen mich daran gewöhnt haben, von einem Seelsorger oder sonstigen geistigen Führer abhängig zu sein. Im Traum zeigt sich dies beispielsweise darin, dass ich mit meiner kleinen Tochter auf Bahnsteigen herumirre, während der Sohn mit dem Vater den Zug erreicht hat. Oder dass der Vater/Mann mich abhängt und ich auf meinem roten Fahrrad grosse Umwege mache und meine kleine Tochter suche. Der Versuch, mir die vertikale Kraft zurückzuholen und sie in mir wieder aufzubauen, überfordert mich zu gewissen Zeiten. Insbesondere in dieser Zeit, wo die Sonne das letzte Wegstück zum höchsten Himmelspunkt noch vor sich hat. Mich beschäftigt zudem die Frage, was der eingeschlagene Weg von mir verlangt und ob meine Kraft dafür ausreicht. Gleichzeitig regt sich in mir die Hoffnung, dass – indem ich mich für die Öffnung des Himmel öffne – auch die nötige Kraft dafür in mir wachsen wird und ich den neuen Geist begreifen werde.

Wichtiges Sternbild während dieses Seminars ist dasjenige der sieben Plejaden. Sie begleiten die Sonne in der Zeit des offenen Himmels beim Aufgehen und Untergehen der Sonne. Eine der späten Mythen über die Plejaden berichtet, dass sie die Töchter des Atlas seien und von Zeus an den Himmel versetzt wurden, um sie vor Orion dem Jäger zu schützen. Wenn weibliche Wesen für ewig an den Himmel versetzt werden, bedeutet es, dass sie ihrer Macht auf Erden beraubt wurden! Für die Zeit sechs Wochen vor und nach der Sommersonnwende taucht in verschiedenen Quellen die siebenstufige Himmelsleiter auf. Waren die sieben Plejaden vielleicht Hüterinnen der sieben Stufen der Weisheit? Wissende, Begleiterinnen auf dem Weg zu weiblicher Geistigkeit?

Die Schwelle zum Oberen Tor, das durch die Plejaden markiert wird, hat sich in den vergangenen Jahren immer wieder als äusserst kritischer Übergang erwiesen, auch in Form psychischer Um- und Durchbrüche.

Diese Erfahrungen wurden noch bestätigt, als ich im 1995 auf deutsch erschienenen Lexikon «Das geheime Wissen der Frauen» von Barbara G. Walker las, dass die Sterngruppe der Plejaden über alle Kontinente der Erde hinweg beachtet wurden. In Mexiko mussten die sieben Plejaden am Ende des grossen Jahreszyklus besänftigt werden, da sonst das Universum zusammenbreche und das Ende der Welt gekommen sei. In Indien wurden sie in der prävedischen Zeit als

Krittikas bezeichnet, als Richterinnen. Auch ägyptische Texte weisen auf ihre Bedeutung als Krittikas hin und ihre Macht zum Urteilen. Die Toten mussten die sieben Namen der Göttinnen nennen, um ihre **kritische Prüfung** zu bestehen und ins Paradies einzugehen. In Arabien sollen sie als die sieben Weisen, die **imams** (von ima = Mutter) erschienen sein. In der keltischen Mythologie stehen die Plejaden für das Lebensfest im Mai und das Todesfest im November. Vor den Plejaden sollen am 1. November die Gebete für die Toten gesprochen worden sein, aus dem das spätere Allerseelen wurde. Neuere meteorologische Untersuchungen haben ergeben, dass chilenische Bauern aus der Wolkenbildung beim Erscheinen der Plejaden am Nachthimmel ablesen können, wann El Niño kommen wird, der über die Fruchtbarkeit des Landes entscheidet.

Auch dieses Mal begannen die fokussierte Themen in den Seminaren ihre eigene Dynamik zu entwickeln. Die kritische Schwelle zeigte sich in der erneut aufflammenden Diskussion um den vorgegebenen Rahmen. Noch hatten wir weder das Gleichgewicht zwischen **Liebe zur Macht** und **Macht der Liebe** gefunden noch die Stufen der Weisheit erklommen. Trotz der Bemühungen der ganzen Gruppe, konnten wir nicht verhindern, dass eine Frau die Gruppe verliess. In den Einzelprozessen ging es vor allem um ein Thema: Es reicht nie, nie, nie … Zuwendung, Anstrengungen, Bemühungen, Aufmerksamkeit usw. reichen nie. Das Gefühl, den Forderungen nicht genügen zu können, knüpfte bei jeder irgendwo an die eigene Lebensgeschichte an. Ein weiteres Thema wurde zu einem Grundanliegen: das Aufbauen neuer Beziehungsstrukturen in persönlichen Beziehungen und insbesondere in dieser Frauengruppe.

… und schliesst sich wieder
Intuition und Erfüllung oder Enttäuschung und Erkenntnis

Seminarbrief: Kampf und Konkurrenz, Siegen und Besiegt werden, Aufsteigen und Absteigen. In vielen Bildern und Legenden sind mir diese Themen in den vergangenen Wochen begegnet: von der **unbesiegbaren Sonne** im Mithraskult und von Mithras, der den Stier tötet bis zu Sigfrid, der unter der Linde den Drachen besiegt. Selbst die **Heilige Margarete**, deren Gedenktag am 20. Juli gefeiert wird, soll den Teufel in Form des Drachen besiegt haben. Wo in aller Welt, frage ich mich, bleiben die sieben Stufen der Weisheit, die Lust und die Freude an Sinnlichkeit und die Erfahrung geistiger Kreativität? Und doch ist es mir ein Anliegen, frauenbezogene Spiritualität und Geistigkeit nicht nur in Abgrenzung zu patriarchaler Geschichte zu beschreiben und zu erfahren, auch wenn ich mich mit den verinnerlichten Bildern patriarchaler Prägung konfrontiere. Erkenntnis und Unterscheidung ist nur möglich, wenn wir genau hinschauen.

1993   1. Jahr:
Die Vorbereitung

Mir kommt – während ich dies schreibe – die Gewalt und Zerstörung sehr nahe, denen Menschen und insbesondere Frauen und Kinder täglich ausgesetzt sind und der wir offensichtlich wenig bis nichts Wesentliches entgegensetzen können. Glücklicherweise kann ich mich trotzdem freuen: an Begegnungen mit mir selbst und anderen, an der Sonne, den Sternen, dem Mond, an meiner Arbeit, einem Apfel, an meiner Wohnung.

Die Zeit von Ende Mai bis Ende Juli mit der weiten Öffnung zum Himmel, gelegentlich Goldenes Tor genannt, bedeutet auch eine grosse psychische Öffnung, wenn wir uns darauf einlassen. Eine Öffnung, die uns mit den hellen und dunklen Seiten unserer Lebensgeschichte konfrontieren kann und mit der Art unseres Daseins. Die Linden spiegeln mir in diesem Sommer vielfältige Formen dieser hellen und dunklen Seiten. Vielleicht hast auch du den Duft der Linden eingeatmet, der in diesen Juni- und Julitagen die Luft erfüllt. Der sich wie Balsam in den Luftwegen anfühlt und sich lindernd auf das Feuer des Herzens und des Gemüts legt. Wie ein Kranz lichtgoldener Locken ist die Linde mit ihrer Blüten geschmückten Blätterkrone anzusehen. Die Blüten sind licht, lind und hell, erfüllt von innerem Feuer. Der Lindenblütentee färbt sich rot und mildert das Fieberfeuer; die Rinde heilt entzündete Augen.

Wir sind in der Zeit des Feuerelements LI – der Klang ist CHI. Und wieder spiele ich mit Wörtern und Silben:

Tilia	Linde	Tilleul	Lilit
Otlinde	Utlinde		Ottilie
Ot = Erbgut, Besitz			
LI	Feuer	Freu(d)e	CHI

Was ist mit dem weiblichen Feuer geschehen, der strahlenden Lebenskraft? Und mit dem Erbgut und dem Besitz von Lilit? Tilil? Erbgut und Besitz, die – der Matrilinearität folgend – von Frauen weitervererbt wurden? Vielleicht sollten wir die legendären Drachenkämpfe auch aus diesem Blickwinkel betrachten? Sinngemäss könnte dann auch der Kampf mit dem Hausdrachen, mit dem im heutigen Sprachgebrauch zumeist die Hausfrau gemeint ist, eine Wende erfahren.

Viele Legenden erzählen vom Kampf mit der Drachin. Sigfrid besiegte sie unter der Linde. Die Linde liess jedoch ein Blatt zwischen die Schulterblätter Sigfrids fallen, weshalb er (glücklicherweise) an dieser Stelle weiterhin verletzbar blieb. Wie oft Drachinkraft von aussen eingeschränkt oder ganz besiegt wurde, ist patriarchale Geschichte. Mich interessiert hier jedoch in erster Linie: Wo werden wir selber zu Sigfrid und versuchen, mittels verinnerlichter lebensfeindlicher Strukturen die Drachinkraft in uns zu besiegen? Was sind die Gründe, dass wir mit der Drachin in uns kämpfen, statt sie zu umarmen wie uns Abbildungen mit der Heiligen Margarete zeigen? Sinnvoller wäre es wohl, die archaische Kraft der Drachin in uns soweit zu zähmen, dass wir sie als Zuwachs an Stärke erfahren könnten. Begegnungen mit ihr würden uns dann weniger in Angst und Schrecken versetzen.

Von der heiligen Margarete (Gedenktag 20. Juli) wird berichtet, dass sie die Tochter eines heidnischen Priesters in Antiochia sei. Sie wurde verfolgt und in den Kerker geworfen. Dort soll sie den Teufel in Gestalt des Drachen besiegt haben. Sie wurde ums Jahr 305 gemartert und enthauptet. Seit dem 7. Jahrhundert wird sie verehrt. Sie ist dargestellt mit dem Drachen im Arm. Der Drache hat einen Skorpionschwanz.

Eine etwas andere Geschichte erzählt das alte rätoromanische Lied der Sontga Margriate. Sie lebte sieben Jahre auf der Alp als Senn. Ihr Frausein verbarg sie unter der Arbeitskleidung. Bei einem Sturz verschiebt sich ihr Hemd und sie wird von dem kleinen Zusenn als Frau erkannt. Er droht, sie an den Hauptsenn zu verraten, trotz ihrer inständigen Bitten, es nicht zu tun. Aus Enttäuschung über den Verrat geht sie über den Kunkels hinaus weg.

Margarete wird auf das Wort Perle zurückgeführt, auf die Perle, die in der Geborgenheit der Muschelschale heran gewachsen ist. Sontga Margriate trauert über ihre Entwürdigung und um den Verlust ihrer schützenden Hüllen und verlässt nach sieben Sommern weniger 15 Tage die Alp. Die Sieben Stufen der Weisheit: Von den Plejaden wird gelegentlich gesagt, dass es nur sechs seien und die siebte verloren ging. Sechs Stufen steigt die Sonne in ihren Häusern empor, bevor sie ihren Lauf umkehrt und die nächsten sechs Stufen hinuntersteigt. Die siebte Stufe bedeutet immer das Überschreiten einer Grenze – Transzendenz. Schützende Hüllen zu verlieren, kann eine Chance sein für Entwicklung und Veränderung.

Das Lied der Sontga Margriate
Die heilige Margreth war sieben Sommer
auf der Alp,
weniger 15 Tage.
Sie ging einmal den Staffel herab.
Und sie fiel auf eine böse Platte von Stein,
dass sich entdeckte des Busens Schein.
Der Hirtenbube hat es gemerkt:
‹Das muss unser Senne wissen,

1993 1. Jahr:
Die Vorbereitung

welch glückselige Maid wir besitzen.›

‹Und wenn der Senne es nicht muss wissen,
So will ich drei schöne Hemden dir geben,
die weisser werden, je mehr du sie trägst.›

‹Das will ich nicht, das nehm' ich nicht,
Das muss unser Senne wissen,
welch glückselige Maid wir besitzen.›

‹Und wenn der Senne es nicht wissen muss,
So will ich drei schöne Schafe dir geben,
Die du scheren kannst dreimal des Jahres,
Und jede Schur gibt vierundzwanzig Krinnen Wolle.›
‹Das will ich nicht, das nehm' ich nicht,
Das muss unser Senne wissen,
welch glückselige Maid wir besitzen.›
‹Und wenn der Senne es nicht wissen muss,
Dann will ich drei schöne Braunkühe dir geben,
Die du melken kannst dreimal des Tages,
Und jedesmal den Eimer voll Milch.›
‹Das will ich nicht, das nehm' ich nicht,
Das muss unser Senne wissen,
welch glückselige Maid wir besitzen.›

‹Und wenn der Senne es nicht wissen muss,
Dann will ich einen schönen Anger dir geben,
Wo du mähen kannst dreimal des Jahres,
Und einen grossen Heustock jedesmal.›
‹Das will ich nicht, das nehm' ich nicht,
Das muss unser Senne wissen,
welch glückselige Maid wir besitzen.›
‹Und wenn der Senne es nicht wissen muss,
So will ich eine schöne Mühle dir geben,
Die tags Roggen mahlt und nachts Weizen,
Ohne einmal aufzuschütten.›

1993 1. Jahr:
Die Vorbereitung

ist somit eine Sage. Warum dann aber ‹heilige›? fragt Caminada. Dieses heilige entspreche eher den ethnologischen Ausdrücken, wie tabu, mana oder orenda. Das bedeutet Erfülltsein mit einer besonders wirksamen magischen Kraft, ohne Rücksicht auf Gut und Bös: ein solches Wesen sei von schauervoller Kraft umgeben, die sowohl Unsegen wie Gedeihen enthalten kann. Er erwähnt das Goldene, Silberne und Eherne Weltalter der olympischen Götter (Hesiod und Ovid), das in einem vierten und fünften Geschlecht sich entwickeln würde, um schliesslich in die Zeit überzugehen, wo nur noch das Böse auf Erden Platz hat. Dann werden die Götter die Menschen verlassen; zurück bleibt nur das Leid; gegen das Böse wird es keinen Schutz mehr geben.

Sontga Margriate sei eine spezifisch romanische Sagengestalt, sagt Caminada. Und während die Heilige Margarete von Obersaxen im deutschen Alpsegen als Nothelferin angerufen wird, bleibt die Sontga Margriate vom Kirchenliederbuch ausgeschlossen. Nur für die rätoromanisch sprechenden Menschen, die die Sage der Sontga Margriate kannten und an ihr festhielten, war es gefährlich, das Lied ins Kirchenliederbuch aufzunehmen. Die historische Jungfrau und Märtyrerin von Antiochien sei also bestimmt gewesen, der heidnischen Vegetationsgöttin den Eintritt in die Kirche zu verwehren!

Caminada geht dann auf den kleinen Hirten ein und fragt, was wohl der wirkliche Grund gewesen sei, dass dieser auf keine der Versprechungen der Sontga Margriate einging. Er erwähnt das «Handwörterbuch des deutschen Aberglaubens», in dem deutlich gemacht wird, dass man Götter nicht nackt sehen darf. Auch Athene strafte Teiresias mit Blindheit, weil er sie nackt im Bade sah. Das Motiv, dass man Götter/Göttinnen nicht nackt sehen darf und das Anschauen des Nackten oder schamhaft Verhüllten verboten ist, ist auch ins Menschliche übertragen. In Schwaben heisst es z.B.: «Bub, sieh nicht auf den Kirschbaum, wenn ein Mädchen oben sitzt, sonst wirst du blind.»

Im romanischen Lied, wird Sontga Margriate mit zezna purschala benannt, d.h. jungfräulicher Zusenn. Caminada hält es für auffallend, dass sie so betont purschala genannt wird. (Das Wort purschala wird auch für die Jungfrau Maria verwendet Anm. AM). Sontga Margriate ist also eine heilige Jungfrau, wenn auch das Wort heilig hier mehr zu verstehen ist im Sinne des sacer vorchristlicher Zeit. Er geht dann auf weitere Einzelheiten ein wie z.B. auf die Tatsache, dass sie beim Herd schläft. Der Herd wird in mehreren romanischen Märchen als Ort bezeichnet, an dem «man hinabsteigt in ein geheimnisvolles Reich». Das Aschenbrödel ist zur schenderletga sut il vonn geworden. Zum Abschied von der Alp zitiert Caminada wieder das «Handwörterbuch des deutschen Aberglaubens»: «Im böhmischen Riesengebirge nimmt die Braut Abschied, indem sie Kuh, Tisch, Bank, und Stuhl umarmt und küsst, so dass man sie nur mit Gewalt losreissen und

Gestalt wie ein «unheimliches, aber doch heiliges Wesen vorüberhuscht». Das Lied sei in der Rätischen Chrestomathie (II, S. 238), aufgezeichnet, aber später nicht in der kirchlichen Liedersammlung anzutreffen. Daraus schliesst Caminada, dass an der Gestalt etwas nicht ganz ‹koscher› sein müsse. Dies ist um so auffälliger, als schon im Jahre 1380 unter dem Datum des 13. und 15. Juli eine Heilige Margarethe gefeiert wurde und dies sogar ein ‹gebotener Festtag›, nachweisbar im fünfzehnten Jahrhundert, sei und dass diese Eintragungen Hunderte von Jahren früher noch bestanden haben müssen. Altäre der Heiligen Margarethe gibt es in Braggio-Calanca, Cresta-Sils, Val-Surrein, in der St. Georgs-Kapelle auf dem Schneggenbühl in Meierhof-Obersaxen, in Surin und Pfäfers. Auch im Tirol wird sie häufig verehrt als Nothelferin, als Hirtin und Wetterfrau mit dem Drachenattribut.

Im offiziellen Register der kirchlichen Märtyrerakten finden wir sie unter dem 20. Juli: In Antiochien feiert man das Martyrium der Heiligen Margarethe, Jungfrau und Blutzeugin. Sie soll ums Jahr 300 den Märtyrertod erlitten haben. Als Tochter eines heidnischen Vaters wurde sie als Erwachsene getauft und ihm dadurch verhasst. Später wurde sie von einem Präfekten als Frau begehrt, den sie abwies; sie wurde von diesem zur Folter verurteilt und später enthauptet. Dieser Legende wurde später noch der Kampf mit Drachen beigefügt, den sie bis heute im Arm trägt.

Das Drachenmotiv ist im Mittelalter in vielen Legenden anzutreffen, so auch in der Siegfriedsage. Auch in der Kunst wurde er häufig dargestellt. Der Drache kommt im Bündnerland auch in Malereien und als Dachpfretten bei Holzhäusern vor. Einen Drachen trägt auch die Heilige Margarethe vom Schneggenbühl auf dem Arm, in Surin führt sie ihn an einer Leine. Der Drache wird auch als Auslöser von Unwettern angesehen. Wenn ein Unwetter eintritt, heisst es, der Drache kommt; heute im Romanischen il dargun, damals dragun genannt. Margarethe gilt als Drachentöterin (warum eigentlich, wenn sie ihn gar nicht getötet hat, sondern gezähmt, wie die Altarbilder zeigen? Anm. AM) und Beschützerin vor Unwettern. Diese Drachenmotive sollen im zwölften Jahrhundert entstanden sein.

Caminada geht ausführlich der Legende der christlichen Margarethe nach, um später nachweisen zu können, dass es sich bei der Heiligen Margarethe um eine viel ältere Figur handeln muss, die eben im Rätoromanischen Lied der Heiligen Margarethe als Sage beschrieben ist. Legenden – so Caminada – ergehen sich häufig ausführlich in ihrem Zeitgeist, während Sagen vielmehr die Personifikation einer Naturgewalt oder der Darstellung eines abstrakten Gedankens gelten und der Mythos als Erklärung von Naturerscheinungen für Völker im Kindesalter sind. So lautet die von Wissenschaftlern anerkannte Begriffsbestimmung. Das Margarethenlied

1993   1. Jahr:
Die Vorbereitung

> So wirst du gewiss vertrocknen!›
> Und vertrocknet ist der Bronn.
>
> Dann ging sie über eine Halde hinaus
> Und sang: ‹O Halde, o traute Halde,
> Wenn ich von dannen gehe,
> So wirst du gewiss verdorren.›
> Und verdorrt ist die Halde.
>
> ‹Ach gute Kräuter,
> Wenn ich von dannen gehe,
> Verdorrt ihr und grünt wohl nimmermehr.›
> Und verdorrt sind die Kräuter und grünen
> nimmermehr.
>
> Unter der Glocke Sankt Jörgs und Sankt Galls
> Ist die Maid vorübergezogen.
> Da hat es geläutet so lauten Schalls,
> Dass der Klöppel herausgeflogen.

Volkskundliche Studie zum Lied der Heiligen Margarethe

Bischof Caminada hat die Legende der Sontga Margriate in seinem Buch «Die verzauberten Täler» tiefgründig untersucht (zusammengefasst von AM).

Caminada beschreibt unter dem Titel «Fruchtbarkeitskultus» eine volkskundlich-historische Arbeit, die dem Sinn des Liedes und dessen Bedeutung nachgeht. Schon in der Einführung stellt er eine Verbindung her zur altgermanischen Göttin Freyja. Das Lied der Sontga Margarete sei noch vor hundert Jahren von den Bäuerinnen bei der Feldarbeit gesungen worden. Das Lied wurde am 24. Juni und 10. Juli 1931 auf dem Hof Pruastg-dado unterhalb Lumbrein aufgenommen. Sängerin war die 66jährige Catharina Gartmann-Casanova, gebürtig aus Vrin.

In mehreren Studien über Wasser-, Feuer- und Baumkultus im Bündnerland, wies Caminada nach, dass heidnische Riten christianisiert wurden. Dasselbe meint er, sei auch mit Heiligenfiguren geschehen, die umgestaltet einen Teil des heidnischen Fruchtbarkeitsritus ersetzen sollten. So auch die Heilige Margarethe. Sie tritt in zwei verschiedenen Gestalten in den rätischen Tälern auf. In einer Erscheinungsform ist sie eine kirchliche Figur, während sie in der anderen

‹Das will ich nicht, das nehm' ich nicht,
Das muss unser Senne wissen,
welch glückselige Maid wir besitzen.›

‹Und wenn der Senne es wissen muss,
Dann sink' in den Grund bis zum Hals!›
‹O gute heilige Margrethe,
O hilf mir doch empor!
Das soll unser Senne nicht wissen.›

Sie half ihm empor, doch er hub an:
‹Das muss unser Senne wissen,
Welch glückselige Jungfrau wir besitzen.›
‹Und wenn der Senne es wissen muss,
Dann sollst du drei Klafter versinken.›

Dann scheidet die heilige Margrethe schnell
Und bietet ringsum Lebewohl.
‹Leb wohl, du mein guter Senne!
Lebe wohl, du mein Alpkessel,
Lebe wohl, du mein Butterfass,
Lebe wohl, du mein kleiner Herd,
Allwo ich die Schlafstatt hatte,
Warum tatst du das, guter Hirtenknabe?
Lebt wohl, meine guten Kühe.
Euch wird die Milch vertrocknen,
Ach, lebe wohl, ringsumher!
Weiss Gott, wann ich einmal wiederkehr!›

Dann ging sie über den Kunkels hinaus,
Der Milchkessel nach, und nach die Kühe,
So weit sie noch die Scheidende schauten,
Haben sie zu weinen nicht nachgelassen.
Dann kam sie vorbei an einem Bronn
Und sang: ‹O Bronn, o kleiner Bronn,
Wenn ich von dannen gehe,

> auf den Wagen tragen kann.» Bei der Alp, von der Sontga Margriate Abschied nimmt, soll es sich um die heutige Grossalp handeln, welche von Tamins durch den Sessagit und den zweitausend Meter hohen Sennenstein getrennt ist. Weiter unten schreitet sie durch das St. Margarethen-Tälchen, dem Fluss entlang zum Rhein.
>
> Das um 800 erbaute Kloster St. Pirminsberg wird nicht erwähnt; das Lied dürfte also älter sein. Caminada zeigt auf, dass die letzten zwei Verse von späteren Erzählern dem Originaltext beigefügt wurden. Die Abklärung aus musikhistorischer Sicht widersprach dem bisher Gesagten nicht: der Inhalt des Liedes ist vorchristlich und weist auf eine uralte Tradition hin.

Vertrauen in die Kräfte der Tiefe   Auflösung – Umwandlung – Spiritualität

Für die Einstiegsrunde legte ich den Fünfstern mit fünf violetten Bodenrüben (Räben) und in der Mitte einen grossen orangefarbenen Kürbis als Sinnbild für die Wintersonne in der Tiefe. In den USA, wo man Halloween mit viel Lärm feiert, wird der rote Kürbis mit einer Dämonenmaske versehen. Vielleicht um die Angst vor der zunehmenden Dunkelheit zu bannen oder die Angst vor der Göttin der Tiefe.

Wir arbeiten weiter am Thema: gute Mutter – böse Mutter. Im Einführungsseminar hatten wir mit dem Märchen von Schneewittchen zum körperlichen und emotionalen Missbrauch durch Mütter gearbeitet. Die Lebensgeschichten mehrerer Teilnehmerinnen führten uns zur Auseinandersetzung mit sexualisierter Nähe, Neid, Eifersucht, Missgunst von Müttern und anderen weiblichen Personen auf ihre Töchter, Schwestern oder Nichten. Die Defizite der Mütter beschäftigen uns das ganze Wochenende.

Die chinesische Elementenlehre hilft uns, diese Themen mit der Zeitqualität zu verbinden. Wir nähern uns der Wasserzeit, mit den Farben blau für fliessendes Wasser und schwarz. Schwarz ist erstarrtes Wasser – Angst, Kälte, Dunkelheit. Schmerzliche Erinnerungen lassen uns begreifen, wie oft Mütter ihren Selbsthass als Bestrafung an Töchter weitergeben. Die Erkenntnis, dass die Mutter ihr eigene Geschichte schlägt, wenn sie zuschlägt oder sonst auf eine Weise bestraft, hat etwas Heilendes. Gleichzeitig ist es schmerzlich, zu erkennen, dass Liebesbeweise auch nicht der Tochter gelten. Trotzdem erlaubt es eine neue Abgrenzung, denn es bedeutet auch: ich bin in Ordnung und muss

1993   1. Jahr:
Die Vorbereitung

nicht mehr um jeden Preis danach streben, ihre Zuwendung zu erhalten. Wir geben den Selbsthass an die Ahninnen/Mütter zurück. Die fünf Räben werden zum Bild der verschiedenen emotionellen Anliegen und Standpunkte der einzelnen Teilnehmerinnen, die grosse Kürbis-Sonne zum Zentrum des Selbst.

Linda beschäftigte die Frage, wie es möglich sein könnte, Gewalt nicht mehr weiterzugeben. Hanna spürte die manipulierende Mutter im Bauch. Damit meinte sie ihren überaus schmerzempfindlichen Solarplexus. Sandra sah sich auf langen, einsamen Wegen unterwegs zum Einkaufen, mit dem alten Rucksack der Mutter auf dem Rücken, statt einer ‹Kinderchräze› wie sie es sich gewünscht hätte.

Es ist das Vertrauen in die Kraft der Sonne in der Tiefe, die wir erneuern müssen, um einen neuen Zugang zu finden zum Weiblichen und Mütterlichen. Wir lesen das Märchen der Frau Holle und sprechen über die darin enthaltenen Frauenbilder. Später diskutieren wir über Motivationen, die hinter unseren Aktivitäten stehen. Wut als Motivation für politische oder andere Aktivitäten bindet uns und es fällt schwer, davon loszulassen. Hass und Wut verletzen jedoch immer auch uns selbst.

Aus den mitgebrachten Bodenrüben schnitzen wir mit grossem Spass Räbeliechtli und verzieren sie. Den grossen Kürbis höhlen wir gemeinsam aus. Das wird plötzlich zum ungeplanten Ritual: Wir schlachten die Wildsau und nehmen sie aus. Sie ist ein Symbol für die archaische Göttin – vielleicht verinnerlichen wir damit die gute Mutter. Dann wird der Kürbis zum Suppentopf für die Kürbissuppe und später zum orange leuchtenden Licht in der Dunkelheit. Nach dem Abendessen hängen wir die Räbeliechtli in den Lindenbaum, der uns im Sommer seinen heilenden Duft und kühlenden Schatten gespendet hat. Den orangefarbenen ausgehöhlten Kürbis setzen wir in die Astgabel. Es ist der Beginn eines neuen Vertrauens in die Kräfte der Tiefe.

Nach dem Seminar fand ich im Tagesanzeiger vom 1.11.1993 folgende Notiz: «Wildsau-Unfälle. Innert zwei Tagen haben sich im Kanton Schaffhausen fünf Verkehrsunfälle mit Wildschweinen ereignet. Beim schwersten Unfall wurde in der Nacht auf den Sonntag auf der J 15 zwischen Thayngen und Schaffhausen ein Keiler, eine Bache und fünf Frischlinge getötet. Der Autofahrer konnte sein total beschädigtes Fahrzeug unverletzt verlassen.»

Wie sollen wir das nennen? Zufall, Synchronizität oder Magie des Augenblicks mit unterschiedlichem Ausdruck der Zeitqualität auf verschiedenen Ebenen?

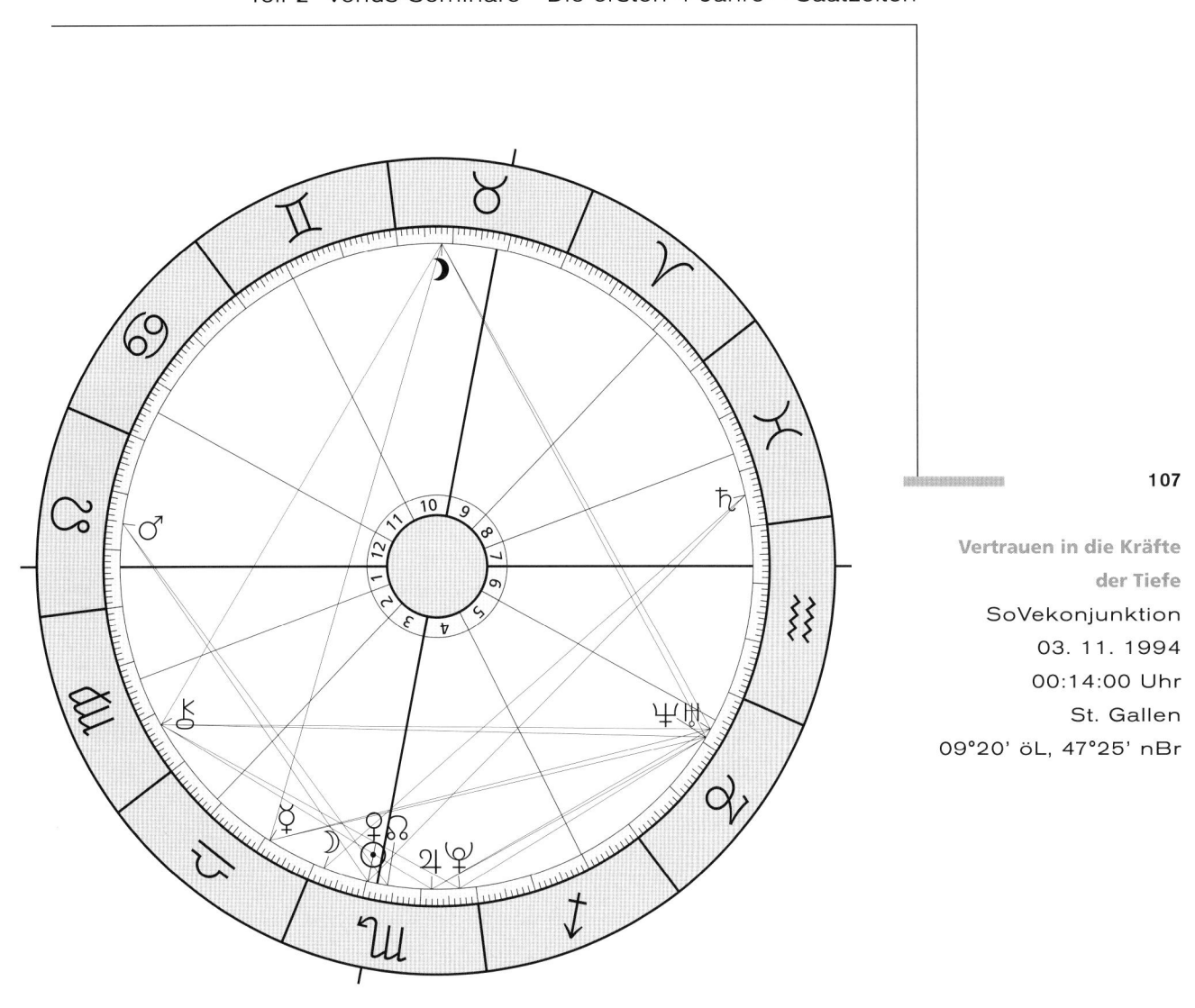

Teil 2 Venus-Seminare   Die ersten 4 Jahre – Saatzeiten

Vertrauen in die Kräfte der Tiefe
SoVekonjunktion
03. 11. 1994
00:14:00 Uhr
St. Gallen
09°20' öL, 47°25' nBr

Planeten:

☉ 10♏18	♄ 05♓43ʀ	☊ 14♏48ʀ	⚴ 17♉53ʀ
☽ 01♏50	♅ 22♑49	Asc 23♌02	⚶ 20♏43
☿ 22♎05	♆ 20♑51	MC 12♉16	⚵ 01♍30
♀ 10♏18ʀ	♇ 27♏17	⯛ 16♑08	⚷ 25♌00
♂ 15♌21	⚷ 22♍11	⚸ 10♋41	⊕ 23♏46
♃ 21♏58	☽ 23♉16	♁ 13♌31	☋ 14♉48ʀ

1994 2. Jahr:
Das Grosse Tor

17. Januar	Anesidora/SoVekonjunktion/A
31. März	Wanderung
21. Mai	Der Himmel öffnet sich ...
21. Juli	... und schliesst sich wieder
2. November	Vertrauen in die Kräfte der Tiefe/SoVekonjunktion/M

Anesidora Wiedergeburt ins Licht

Seminarbrief: Mit der SoVekonjunktion im Tierkreiszeichen Steinbock beginnt das Jahr des Grossen Tores und damit das Hineingehen in einen neuen Lebensabschnitt. Im vergangenen Jahr, mit der SoVeKonjunktion im Frühjahr im Widder, haben wir mit der Wagenlenkerin als Grundthema uns mit unserer horizontalen und vertikalen Kraft auseinandergesetzt. Indem wir uns jetzt mit den sich manifestierenden Kräften der Venusgeburt zu Beginn des Grossen Tores auseinandersetzen, schaffen wir Massstäbe, an denen wir uns neu orientieren können. Ausserdem bereiten wir den Zugang und die Öffnung vor für kommende Erfahrungen und Impulse. 1994 bewegen wir uns durch das Jahr hindurch – von der Januarkonjunktion bis zur nächsten im November – als würden wir neues Land, Frauenland, mit der Essenz unserer neugewonnenen Erkenntnisse betreten.

Die Energie der Abendvenus sucht konkrete Erfahrungen mit konkreten Menschen und Plätzen, um sich zu manifestieren. Wir haben die Möglichkeit, während der nächsten Venusphase im Rahmen unserer persönlichen Lebenssituation dafür entsprechenden Raum zu schaffen. Es ist uns überlassen, wo wir das tun (oder nicht) – ob im Arbeitsbereich, im öffentlichen Leben, in einer Beziehung, für uns persönlich oder gar in allen Bereichen. Die so gesammelten neuen Erfahrungen können wir beim nächsten Gestaltwechsel der Venus zum Morgenstern als spirituelle und geistige Samen aussäen und sie 1995 bei der Augustkonjunktion in veränderter Form ernten.

Das Grosse Tor 1994 ist geprägt durch eine vielschichtige Planetenkonstellation im Tierkreiszeichen Steinbock. Während der Intensiv-Seminarwoche befinden sich sieben Planeten in naher Konjunktion: Sonne/Mond/Merkur/Venus/Mars/Uranus/Neptun. Mars transitiert ausserdem vom 6.-26. Januar alle Konjunktionspunkte und aktiviert damit die entsprechenden Themen. Am Ende des traditionellen Winters, am 2.2. sind somit alle Impulse gesetzt. Die angesprochenen Themen werden sich im nächsten Jahr abzeichnen und sich im Verlauf der weiteren drei Jahre der ersten Hälfte des Venuszyklus konkret auswirken. In der zweiten Hälfte des Zyklus von 1998 bis 2002 werden wir zu Ende führen (müssen), was wir in der Zeit von 1994 bis 1998 begonnen haben.

Traditionelle **Steinbock-Themen** sind Konkretisierung und Formgebung, Fragen der gesellschaftlichen und persönlichen Verantwortung. **Venus**: Beständigkeit, Treue, Verantwortungsbewusstsein, Selbstbeherrschung im Liebesleben, Eifersucht, Misstrauen, überlebte Anschauungen; sie erlebt Enttäuschungen und Trennung. Saturn gehört zum Steinbock.

Meiner Intuition und andern Quellen folgend bringe ich die Steinbockvenus in Verbindung mit **Ereskigal**, **Anna Perenna**, der **Schwarzen Madonna**, der **Heiligen Anna** und anderen. Sie ist auch das **Alte Weib** oder die **Göttin der Tiefe**, die Lichtbringerin. Sie gebärt das Licht aus der Dunkelheit, aus dem Chaos und wird selber zum Licht. Sie ist **Ur-ana**.

Um die Vielschichtigkeit der Themen für uns etwas greifbarer werden zu lassen, werden wir diesmal unseren Erfahrungen auch mit Lehm und Farbe Ausdruck geben.

Wir gehen dem Ursprung des Namens Anna nach. Zuerst in verbaler Form, dann mit Körperarbeit und Vokalen.

Anna

Das chin. Zeichen für **an** ist eine Ruhe ausstrahlende, in sich ruhende, friedvolle Frau unter Dach, **na** bedeutet ungefähr Anmut

an (idg) = an etwas hin oder entlang; dt. ahnen, ähnlich, **ane** = Mutter (türk), **Ahn – annis** – Grossmutter; **anus** – altes Weib

Annis, kelt. Göttin entspricht der **Dana**, diese möglicherweise der griechischen **Diana** (Di – ana = zweifache Göttin)

Anna Perenna = altit. Frühlingsgöttin, Göttin des Jahresanfangs und -endes (**perennis** – das ganze Jahr dauernd, **perenno** – lange dauern; **perennitas** = beständige Dauer, Unbesiegbarkeit)

anus (ahd) Ahne, alte Frau, Greisin; **anus** (altirisch **änne**) Ring, Steiss, Fussring, After (engl. **after** = nachher). Das Alterswohnheim in Elgg heisst «im Ring» und liegt am Anfang der Strasse zum Friedhof.

Urahn (mhd) **urane** , (ahd) **urano**

1994   2. Jahr:
Das Grosse Tor

Luce Irigaray sagt: «...die neuentdeckte Sprache muss durch den neuentdeckten Körper gehen.» Wir arbeiten mit den Vokalen: O – U – RA – NA und E – RES – KI – GAL. **Ereskigal**, die Göttin der Tiefe aus dem sumerischen Mythos, entspricht der plutonischen Freisetzung weiblicher Sexual-, Lebens- und Liebeskraft. Sie fordert das Ablegen von Überflüssigem und durch Schmerz und Trauer hindurch zu neuer Lebenskraft zu finden.

Die Nachbesprechung zeigt die körperlichen Symptome im Zusammenhang mit den Gefühlen auf. Zum Teil in Form von Tränen und Körperschmerzen oder mit dem Wunsch, jetzt Holz spalten zu wollen und damit die aufkommende Trauer zu vertreiben. Die Arbeit in der Tiefe des Beckens lässt auch Wünsche nach Schutz aufkommen. Die Beckenarbeit und die Töne öffnen den Hals und schaffen eine direkte Verbindung zum Solarplexus und wecken den Wunsch, Unverdauliches wieder hinaus zu schaffen (kotzen).

Nach der chinesischen Elementenlehre befinden wir uns noch im **Element Wasser**, doch bereitet sich schon deutlich die Umwandlung zum Holz vor. Dem **Element Holz** eigne ich die unbewusste Körpergeistseele zu, das heisst jene Kraft, die Leben und Wachstum in uns will. Wenn sie sich aus unseren Körperzellen in chronisch verspannten Muskeln befreit, verursacht sie oft Schmerzen. Es ist der Geist, der die Materie (wieder) beleben will und wir erleben dabei die Geburt des neu belebten Frauseins.

«Wenn der Geist der Menschen verschlossen ist und der Weisheit nicht zugänglich, bleiben sie an Krankheiten gebunden. Ihre Gefühle und Sehnsüchte wollen erforscht und kundgetan werden, ihren Wünschen und Ideen sollte gefolgt werden. Dann wird sich zeigen, dass jene blühen und gedeihen, die Geist und Energie ausgebildet und bewahrt haben, während jene zugrunde gehen, die ihren Geist und ihre Energie verlieren.» (aus Dianne M. Connelli: Ch'i Po in Huang Ti Nei Ching Su Wen, chin. Klassik)

In der Nacht brechen bei einer der Frauen aus der Tiefe Schmerz und wütende Trauer auf über ihr Unvermögen, ihren Gefühlen Ausdruck zu geben. Es ist das Kleinkind, das der Mutter seine Bedürfnisse nicht anders mitteilen kann. Es wird deutlich: die angesprochene frühe Kinderzeit kannte noch keine Sprache, nur Körperschmerzen und Rückzug in unbekannte Welten. Das Baby konnte sich erstmals Gehör verschaffen und es waren keine weiteren Nachtsitzungen mehr notwendig.

Nach einem freien Tag modellieren wir und geben den intensiven Körpererfahrungen eine Form. Die angesprochenen Themen von Sexualität, erlittener Gewalt oder Vernachlässigung brechen auf. Und die neu belebte Erdenfrau nimmt mannigfache Gestalt an beim Modellieren mit Lehm. Ich nenne sie Anesidora, die Gaben für Menschen und Tiere brachte; sie war eine Vorgängerin der Pandora. Auch in unserer Arbeit brachte sie Krankheit, Schmerz und Trauer oder Grauen, Wut und Ohnmacht hervor. Doch anders als die patriarchale Pandora, hat sie aus ihrer Büchse auch die Lebenskraft wieder hervorgebracht.

Im Wechsel von Körperarbeit und Meditation modellieren, malen und arbeiten wir in Gesprächen an den intensiven Erfahrungen, um sie zu integrieren. Auf dem Höhepunkt der angelaufenen Prozesse setzen wir mit Geburtsarbeit ein. Das heisst, wir bilden mit unseren Körpern einen Geburtskanal. Den Abend lassen wir mit Musik ausklingen.

Über Nacht fällt Schnee; rundum ist die Landschaft weiss und Nebel verhangen.

Am nächsten Tag erzählen die wiedergeborenen Frauen, wie es ihnen ergangen ist. Körpersymptome sind verschwunden; Linda ist es nicht mehr übel, etwas ist durchgegangen und sie ist dem kleinen Mädchen und dem Baby, das sie zuerst aus Lehm formte, nähergekommen. Hanna hat sich als sexuelles Wesen neugeboren, insbesondere durch die Beckenarbeit. Noch sind nicht alle Nachwehen vorbei: Linda geht es plötzlich nicht mehr so gut. Sie ist frustriert und hässig. Ich schlage für alle Massageaustausch vor und arbeite nochmals mit ihr. Leere und Sinnlosigkeitsgefühle tauchen auf. Sie will ‹nur noch gehen›; ihr Ausdruck für Selbstmord. Erst die Arbeit in der Aura, in ca. 70-80 cm Entfernung vom Körper bringt eine grosse Entlastung. Sie fühlt sich angeschlossen an etwas Grosses. Dieses Gefühl konnte sie sich bewahren.

Der letzte Tag ist angekommen: Wir tragen zusammen, halten Rückblick und Ausblick. Mit einer Meditationsreise durch die Chakren, die Körperregionen und durchs Jahr runden wir ab: Aufstieg und Abstieg, Uf und Ab. Die Frauen nehmen mit nach Hause: Neue Spuren im Schnee – starke Geburtserfahrung – die Erfahrung der Sinnlosig- und Bezugslosigkeit, die sich wandelt in ein neues Gefühl angeschlossen und aufgehoben zu sein im Grösseren Ganzen.

1994   2. Jahr:
Das Grosse Tor

Wanderung zum Altenstein (Kindlistein) Selber Impulse setzen

Selber Impulse setzen ist unser Ziel, wenn wir uns zwischen den Venusseminaren treffen – sei es zur einmal im Monat stattfindenden Meditation oder wie am Ostersonntag zu einer Wanderung. Selber Impulse setzen bedeutet, unsere weiblichen spirituellen und geistigen Gedankenkräfte in die Welt und den Kosmos hinauszuschicken. So lösen wir energetische Schwingungen aus, die uns stärken, wenn sie zu uns zurückkehren. Täglich werden destruktive lebensfeindliche Energien in Gang gesetzt, denen wir schutzlos ausgesetzt sind, an deren Entstehen wir jedoch, aus was für Gründen auch immer, beteiligt sind. Umso wichtiger ist es, unserer bewussten spirituellen und geistigen Aufmerksamkeit eine andere Ausrichtung zu geben Orientieren wir uns an Inhalten, die nicht durch patriarchal besetztes Denken definiert sind, sondern durch unsere lebensvolle frauenbezogene Erfahrung und Intuition. Die Wanderung führt uns von Thal entlang dem Klusbach hinauf nach Schönenbüel und Oberegg und soll beim Altenstein enden. Kurz vor Schönenbüel bildet das Bachbett sieben Stufen mit Vertiefungen, die im Sommer zum Baden einladen.

Die Sonne, leichtes Schneegestöber und der Wind begleiten uns auf dem ganzen Weg. Unterwegs sprechen wir über Geistigkeit und die Bedeutung von Ostern für jede. Können wir die Christusgestalt als Ausdruck der damaligen Heilenergie verstehen? Und wie geben wir der Heilenergie heute als Frauen Ausdruck? Kann der esoterische Begriff des Christus im Menschen auch für Frauen an Bedeutung gewinnen, wenn wir ihr symbolisch die Mondkraft zuordnen? Eine mögliche neue Auslegung der Mondkraft in uns? Mitgefühl, Liebe, Heilen; Fliessenlassen der Lebenskraft. Am Altenstein angelangt, empfängt uns frühlingshafte Wärme. Wir ruhen uns einfach aus und lassen den Stein und die sich wiederbelebende Natur auf uns wirken.

Der Himmel öffnet sich ...
Aufstieg – Ausdehnung/Liebe zur Macht – Macht der Liebe

Seminarbrief: «Der Himmel öffnet sich ...» ist das übergeordnete Thema unseres Wochenendes. Als Lichtbringerin, wie ich die Venus nenne, wird sie selber zum Licht und steht mit dem Himmel und dem himmlischen Feuer in Beziehung. Die sieben Plejaden sind zu dieser Zeit Begleiterinnen der Sonne.

«In der vedischen Vorzeit, vor rund drei- bis fünftausend Jahren, bildete diese Konstellation den Anfang des Tierkreises. Bei ungefähr 3° Stier (bei berücksichtigter Präzession!) können wir das Siebengestirn, die Plejaden ausmachen. ... Krittika war die wildeste der Schwestern: Sie wird als sinnlich, stark, stolz, ehrgeizig, gefrässig, tapfer, aufbrausend und kreativ beschrieben. An einer Krittika führt kein Blick vorbei, sie will die erste sein, will bestimmen und unabhängig bleiben. Sie ist die Göttin des Feuers; mit ihm teilt sie Aktivität, Energie, Wildheit, Begeisterung. Sie erhellt und verzehrt sich und ihre Umgebung – eine wilde Schönheit, immer auf der Suche nach neuer Nahrung. So wie auch das Feuer genährt werden muss, um nicht zu erlöschen. Krittika ist der vedische Prometheus, durch sie wird das Feuer auf die Erde gebracht. Reisen zum Zentrum der Seele, zum Ursprung der Kraft unterstützt Krittika.»
(aus: Indische Astrologie, die 27 Frauen des Mondes)

Was geschieht mit uns, wenn wir uns öffnen für das Licht, die Helligkeit und das Feuer des Himmels? Was geschieht mit dir, mit mir?

Zur Zeitqualität oder Zeitthematik, wie sie sich aus den Planetenkonstellationen interpretieren lässt: Es geht weiterhin ganz aktuell um die Auseinandersetzung mit verinnerlichten und äusseren Machtstrukturen. Hauptmerkmal dafür ist die Pluto/Mondknoten-Konjunktion in Opposition zur Sonne im Stier. Gerade bei konkreten persönlichen Auseinandersetzungen und Konfrontationen werden wir Gelegenheit haben, in Form von bewussten Erkenntnissen Schattenanteile zu integrieren. Dadurch können wir an alte emotionale Strukturen gebundene Energie wieder zum Fliessen bringen und immer näher zum Ursprung unserer Lebenskraft gelangen. Eine Besonderheit weist das Horoskop für das Pfingstwochenende auf: Die Aspekt-

1994 2. Jahr:
Das Grosse Tor

zeichnung spiegelt sich exakt auf dieser Pluto/Mondknoten-Achse. Sie hat die Form eines Hauses und eines unregelmässigen Pentagramms und weist eine Drachenfigur auf. Wir bauen bewusst an unserem neuen Haus. Wir sprechen über das Mysterium des geheimen/geschützten Frauenraums alter Kulturen. Dieser innere Raum entspricht auf der kosmischen Ebene dem Raum von der Sonne bis zur Erde mit dem Mond, mit Merkur und Venus im Innenraum. Der Mond schafft Verbindung zwischen innerem und äusserem Raum, er entspricht dem Sohn/Mann und dem männlichen Volk der Erde/irdischen Frau oder der Wiiber. Der äussere Raum ist besetzt von Mars, Jupiter und Saturn (Die Planeten Uranus, Neptun und Pluto wurden erst später entdeckt). Auch in keltischen Anlagen gab es einen kleinen Innenraum. Er diente als Schutzraum für Verfolgte. Wir sprechen auch darüber, dass die primären sexuellen Merkmale bei Frauen und Männern in ähnlicher Weise angeordnet sind. Wo nämlich bei Männern das primäre Geschlechtsmerkmal, der Penis offensichtlich ist, liegt jenes der Frauen im Verborgenen. Vagina, Gebärmutter und Ovarien liegen im inneren, geheimen Raum. Sie sind das Mysterium. In einer Kultur, in der Frauen autonom über ihren Körper verfügten und im Ausüben der sexuellen, spirituellen und geistigen Kraft frei waren, entsprach dieses Verborgene, das Mysterium auch einer entsprechend gewürdigten äusseren Stellung. Frauen waren die Verwalterinnen der Göttlichkeit auf Erden. Diese selbstverständliche Würde existiert in unserer Kultur nicht mehr. Sie wurde ersetzt durch die monotheistische Haltung patriarchaler Kirchen, die allein Männer zu Vertretern dieser Göttlichkeit machen. Die Ablehnung und Verächtlichmachung weiblicher Sexualität, die Frauen je länger je deutlicher durch die kirchlich/bürgerliche Moral zu alleinigen Verführerinnen und Sünderinnen machte, erschwert bis verunmöglicht die Identifikation mit Frauen-eigener Sexualität. Viele Frauen kennen das Aussehen ihrer Vagina nicht. Frühe Verbote haben ihnen auch die Berührung verunmöglicht und damit das Begreifen ihrer weiblichen Sexualität verhindert. Die Erfahrung einer eigenen Sexualität, in der erotische und sexuelle Libido frei fliessen kann, wird verunmöglicht. Die Bildung einer eigenständigen Erotik und Sexualität bleibt aus, wenn sie nur durch die Erfahrung und über die Beziehung zu einem Mann ergründet werden kann. Eine Erfahrung, die erst noch häufig genug durch mangelndes Einfühlungsvermögen des Partners erschwert wird. Von dem, wie sich sexuelle Gewalt auf das Leben einer Frau auswirkt, will ich hier gar nicht sprechen. Sexuelle, emotionelle und finanzielle Abhängigkeiten sind unausweichlich, wie auch übermässige Anpassung. Die Auswirkungen auf die gesellschaftliche Gleichstellung von Frau und Mann sind hinlänglich bekannt.

Die Auseinandersetzung mit der Frage, wie wir unsere in den Seminaren gemachten Erfahrungen im persönlichen Alltag umsetzen, zeigt uns, dass Veränderungen möglich sind. Die Frauen merken, dass sie zusehends mehr zu sich selber stehen und ihre neue Haltung sichtbar machen. Doch weniger als

früher, indem sie gegen etwas, ankämpfen, als vielmehr für etwas, was ihnen wichtig ist, einstehen. Dazu gehört bei Nora beispielsweise, in der Auseinandersetzung mit Männern weniger zu powern. Powern beruht häufig auf überspielten Enttäuschungen am Vater, Bruder, am patriarchalen Staat oder der Institution Kirche und nicht auf fundierter Selbstachtung. Aufgearbeitete Enttäuschungen erlauben bessere Abgrenzung und erfordern nicht mehr die ständige Wiederholung von Situationen, in denen frau sich dieselben Enttäuschungen von neuem holt. Nachdem wir uns viel mit der äusseren Ordnung befasst haben, geben wir am letzten Tag den persönlichen Prozessen viel Raum. Sie zeigen auf, wie sich Frauen überfordert fühlen von der grossen Verantwortung, neue Wege für sich und ihre verletzten inneren Kinder zu finden. Doch öffnet sich glücklicherweise auch langsam die Beziehung zur eigenen Herzkraft. Die Stimmung ist mild und fliessend.

... und schliesst sich wieder
Intuition – Erfüllung oder Enttäuschung – Erkenntnis

Seminarbrief: «Die innere Drachin umarmen und lieben lernen und Zeit haben, unterm Lindenbaum auszuruhen». Wir wollen das Thema der Drachin vertiefen, dem wir uns letztes Jahr über verschiedene Mythen angenähert haben. Die Linde neben dem Haus ist dabei zum Mittelpunkt unserer Handlungen geworden, als Symbol für weibliches Feuer und strahlende Lebenskraft. Sie ist wie ihr Holz und ihre Blüten – voll inneren Feuers und verfügt über heilende Kräfte. Und so denke ich auch über die Drachenkraft.

Wir befinden uns noch in der Zeit des (chinesischen) Feuerelements LI, der zugehörige Klang ist Chi und die Zahl sieben im Übergang zum Element Erde Kun, mit dem Ton Chung, dem Klang der Trommel. Zur Erde gehört ausserdem die Zahl fünf.

Luft entspricht teilweise dem chinesischen Element Metall, dem die Zahl neun zugeordnet ist und von dem es in der chin. Elementenlehre heisst, dass es «vom Himmel an neunter Stelle vervollständigt und an vierter Stelle von der Erde (der die Zahl fünf zugeordnet ist) erzeugt worden sei». Der Venus wiederum wird das Element Metall zugeordnet. In der chinesischen Astrologie gilt sie als männlich. Intuitiv ordne ich der Neun die Heilkraft zu. Menschen, die heilen können nenne ich Neunermenschen oder Metaller. Sie arbeiten mit körpereigenen Energieströmen und mit ihrer mentalen Kraft.

1994 2. Jahr:
Das Grosse Tor

Mir fällt auf, dass ich dafür keine weibliche Form benützen will. Ich bin nicht glücklich mit dem Anhängsel <-in> um Weiblichkeit auszudrücken. Sie ist damit immer durch das Männliche definiert und bezeugt unterschwellig Abhängigkeit, statt dass die Autonomie des Weiblichen gestärkt würde. Ein positives Beispiel in diesem Sinne ist Braut und Bräutigam, als der Mann noch der Frau nachfolgte. Im Zusammenhang mit Senn und Zusenn = Jupiter/Mond, aus dem Lied der Sontga Margriate und darüber hinaus, werden wir uns auch damit beschäftigen, wie die erwarteten Kometeneinschläge auf dem Jupiter sich im Sinne der Entsprechung auswirken könnten.

Jupiter
Das Bestmögliche, Zuträgliche, das übergeordnet Vernünftige
Ausrichtung, höchster Wert: Religiosität, Vernunftsmoral, sinnhafte Rückbindung zum zentralen Anliegen, die Herzenssache,

Einstellung auf das grosse Ganze, im individuellen Horoskop das Lebensoptimum
nicht nur auf Harmonie bedacht, sondern dynamisch, aktiver Lebensschwung, expansives Streben, das massvoll bleibt und gleichzeitig überschauende Ruhe.
Einsicht in Wert und Unwert, Einzelheiten werden vom grossen Ganzen aus gewertet nach Recht oder Unrecht.

Soziale Wohlfahrt, orientiert am Lebendigen
negativ: Übertreibung, hohe Erwartungen, Veräusserlichung: Menge, Ausmass
Heuchelei, Abwertung des Anderen als primitiv, minderwertig

Lebensweisheit und Güte
was als das Gute erkannt wird, wird zum Imperativ der Vernunftmoral, ethische Selbstbestimmung in Bezug auf die Eigenperson und Lebenslage im Verhältnis zu übergeordneten Werten
negativ: Fanatismus
Jupiterkonflikte sind Wertkonflikte
persönlicher Sinn und individuelle Glücksfähigkeit
Sinnhafte Rückbindung zum zentralen Anliegen = Sonne, die Herzenssache
Grundsatzfrage: Was bedeutet für dich Glück und Erfolg?

Jupiter wirkt:
regulativ auf Extreme, vermittelnd auf Merkur (Intelligenz), Mars (Energie), Venus (verselbständigten Sinnengenuss), Mond (Phantasie) und Saturn (pedantische Tatsachenfeststellung)

auch aus bescheidenem Erfolg/Ertrag Sinn schöpfen
negativ: massloser Erfolgsrausch oder Völlerei

Jupiter bezieht sich im Wachleben auf die abklärende Vernunft. In Beziehung zum Unbewussten zeigt er die empfangende Seite auf –Träume, die zeigen, wo die Anpassung den Zugang zum selbsteigenen Sinn verschüttet hat – Selbstregulierung (Tag- und Nachthaus = Schütze und Fische). Jupiter stärkt die erobernde, eruptive Seite, indem die ureigensten Anliegen ausgefochten/durchgesetzt werden. (Thomas Ring, Astrologische Menschenkunde, Zürich 1969)

Verbindung der Zahl 26 zur Venus
Die Venus hält sich im Schnitt 26 Tage in einem Tierkreiszeichen auf. Der Sonnenstein in Falera steht im Winkel von 26° (bzw. 64°) zur Erde. Das platonische Jahr dauert 26 000 Jahre (grosser Polarkreis) In der chinesischen Symbolik gibt es den Ort der 10 000 Dinge, was beispielsweise einer Hochrechnung von 10^4 SoVekonjunktionen entsprechen könnte. Die Beispiele sollen aufzeigen, wie symbolische Verbindungen über Zahlen entstehen können. Gehen wir darin weiter, finden wir auch eine Verbindung zur Erde, die als Zwillingsschwester der Venus gilt. In der chinesischen Symbolik wird sie viereckig gedacht und dargestellt. Geben wir nun diesem Viereck je eine Seitenlänge von 100 (10x10), so haben wir den Ort der 10 000 Dinge.

Diese Darstellung schafft eine Grundlage für meine Hypothese, dass bei der Spaltung der Doppelgestalt der Venus beispielsweise in männlich/weiblich oder in männlich (chin. Astrologie), die ich gleichsetze mit der Spaltung weiblicher Ganzheit, eine Verschiebung zur Erde stattfand. Dergestalt nämlich, dass die ‹höhere› kosmische Gestalt der Venus dem Männlichen und die ‹untere› irdische der Erde und dem Weiblichen zugeordnet wurde. Diese Zuordnung beinhaltete zwar durchaus Werte, doch wurde damit dem Weiblichen der Zugang zur ‹höheren› kosmischen Ordnung abgesprochen. Wie wir wissen hat sich dieser Verlust auf die Akzeptanz weiblicher Geistigkeit verheerend ausgewirkt. Wir können es in der Realität ablesen am sozialen, rechtlichen und politischen Status der Frauen auf der ganzen Welt.

Grosser Polarzyklus
Der ganze Zyklus der polaren Bewegung der Erdachse dauert ca. 25 868 Jahre. Der Grosse Polarkreis hat sieben Stationen, der sich der nördliche Pol der Erdachse im Verlauf der Jahrtausende zuneigt. Jeder Schritt zählt 3700 Jahre (aufgerundet) und entspricht einem Winkel von 51 Grad 43'.

1. Polaris Ursa minor	23 800 AC
2. Cepheus	20 100
3. Alpha Cygni	16 400
4. Wega	12 700
5. Herkules	9 000
6. Draco Caput	5 300
7. Draco Cauda	1 600 AC
1. Polaris Ursa minor	2 100 DC

Nach Dane Rudhyar, Astrologie der Persönlichkeit, München 1983, 3. Aufl.

**1994   2. Jahr:
Das Grosse Tor**

Die Frauen berichten einander, welche Veränderungen sie bei sich feststellen und werden sich damit noch deutlicher ihrer zunehmenden Kompetenz und Stärke bewusst. Nora kann jetzt richtig krank werden, mit dickem Hals und Fieber, früher war sie nur verschnupft. Linda hat den Inzest in der Familie thematisiert, der Prozess ist noch am Laufen. Sie hört auf zu rauchen, jetzt den 7. Tag (sie raucht seit damals nicht mehr). Hanna ist von ihrer Chinareise zurück, aber noch nicht ganz angekommen. Der neue Arbeitsplatz konfrontiert sie mit alten Familienängsten. Sie lernt bewusster damit umzugehen. Sandra sagt, sie sei weit von sich weggekommen.

Seit drei Jahren arbeiten wir mit der Vokal- und Klangmeditation: A E I O U und M für Mitte, in Verbindung mit Körper und Fünfstern. Auch diesmal setzen wir unsere Körperempfindungen in Malen um.

Die Inhalte drehen sich wie so oft um das Thema Selbstwert und die Erlaubnis zum Sein. Sie sind in immer neuen Aspekten der Lebensgeschichte erkennbar. Es handelt sich um Themen, die mit dem Element Feuer einhergehen, ausserdem verbinde ich sie mit dem SoVekonjunktionspunkt im Tierkreiszeichen Löwe. In meinem Meditationsbild zeichnet sich ab: «Ich nehme mein Herz in beide Hände» und «Coraggio, muratore» und «Mutter Courage».

Ein Jupiterthema kommt buchstäblich auf den Tisch. Es wird zuviel Essen aufgetischt und die Küche als Ort des Ausagierens von unausgesprochenen Ängsten, Beziehungsthemen, Frustration und Aggression benützt. Es bewirkt Unbehagen. Um dem zu begegnen schlage ich vor, dass nach der Gruppenarbeit jede zuerst eine halbe Stunde für sich bleibt und erst danach nach

Absprache in der Küche das Essen hergerichtet wird. Wir wollen achtsamer mit den Wünschen nach Nahrung, Pflege und Fürsorge umgehen und versuchen, sie offener zu formulieren. So dass nicht Beziehungs- und/oder Abgrenzungswünsche damit vermischt auf den Essenstisch gelangen.

Die neuen Inhalte überfordern die Frauen teilweise. Das führt zu einem Gespräch über das Thema: neues Lernen über den Körper. Lernen ist oft weniger eine Intelligenzfrage, denn eine Frage sozialer Strukturen und erlebter körperlicher und seelischer Gewalt in der Kindheit. Deshalb werden Fragen in dieser Gruppe nicht mit Dummheit gleichgesetzt oder durch lächerlich machen abgewertet. Wir begegnen ihnen mit Offenheit und setzen sie mit Interesse und Neugier gleich. Wir sprechen über Kompetenz und Autorität. Beides wurde uns oft abgesprochen und verhindert, dass sich unsere Fähigkeiten voll entwickeln können.

Die geleitete Meditation und die Körperarbeit gilt heute dem Doppelfeuer. Wir verbinden das Basischakra mit dem Herzchakra. In der Meditation setze ich die Kraft des Herzens mit der Sonne gleich und Jupiter der Kraft der Hüften und Lenden (dem astrologischen Körperschema so zugeordnet). Wir nennen es das Drachinfeuer der Feuerdrachin.

Thema auf der individuelle Ebene ist diesmal die prägende Enttäuschung am Vater, wie sie jede der anwesenden Frauen in irgend einer Weise erlebt hat. Wir arbeiten intensiv an der Stärkung eines neuen Frauen-Selbstbildes durch Wiederbeleben des Wissens um die Verbindung zur weiblichen Göttlichkeit. Wir verfolgen die letztesmal angesprochenen Inhalte zum Mysterium des Frauseins weiter.

Um unserem Anliegen, Raum für Frauen im engeren und weiteren Sinn zurückzugewinnen, Gewicht zu verleihen, reflektieren wir auf dem Boden des neu erworbenen Verständnisses für uns selber, das Verhältnis der Geschlechter zueinander. So kann es Frauen gelingen, aus einer neuen inneren Selbstsicherheit heraus, jene Eigenschaften an Männern, Söhnen oder Partnern zu bestärken, die Frauen – und im besten Fall Männer und Frauen – als erwünscht betrachten. Doch gehört beispielsweise wohl auch dazu, selbst aktiv zu leben und weniger zu delegieren.

1994 2. Jahr:
Das Grosse Tor

Wir sitzen auf einem Schalenstein auf den wir bei einer Wanderung gestossen sind. Linda liest aus dem Buch «Drachinnengesänge» vor. Den Text kenne ich nicht. Ich beginne die Mondschalen des Steines von Erde und Tannenreis zu säubern. Während Linda liest: «... die Wasser fliessen...» fliesst im selben Moment das Wasser, das sich in Erde und Tannenreis angesammelt hatte, an die tiefste Stelle der Mondschale. Sie liest weiter «... und wirft die Erde ...», während ich gleichzeitig das Erde/Tannenreisiggemisch über den Felsen hinunterwerfe. Es sind Augenblicke, die uns anzeigen, dass wir im Fluss sind mit der Zeit. Selbst wenn diese Erfahrungen auf den ersten Blick scheinbar unauffällig sind, es sind wichtige Erfahrungen. Mosaiksteinchen auf dem Weg zu einer ganzheitlicheren Lebenseinstellung und dem Gefühl, eingebunden zu sein in eine Grössere Ordnung.

Nebst den Erfahrungen, die uns in Bereiche eher geistiger Natur führen, sind wir auch mit sehr konkreten Auseinandersetzungen konfrontiert. Ein Wortstreit bei der Abrechnung zwischen mir und einer Teilnehmerin führt zu Reaktionen bei den anderen, die zusammengefassst heissen: «Es ist schlimm, alles bricht zusammen». Bei der Bereinigung des Konflikts stellt sich heraus, dass keine der Frauen im Elternhaus eine Möglichkeit hatte, konstruktiv zu streiten. Für die betroffene Frau hiess es jedoch in diesem Fall, ernst genommen worden zu sein in ihrem Anliegen, auch wenn es nicht völlig in ihrem Sinn erfüllt wurde.

Das anschliessende Gespräch zeigt neue Möglichkeiten auf: eine gute Mutter darf auch stark sein. Wir finden, dass die von der Entwicklungspsychologie postulierte Triangulierung, das heisst die Ablösung von der Mutter nicht unausweichlich mit ihrer Abwertung einer gehen muss. Sie darf ebenso wie der Vater stark sein, was zur Folge haben könnte, dass sich auch die (Rücken)Kraft des weiblichen Kindes entwickeln kann, ohne zur inneren und/oder äusseren Ablehnung des Weiblichen zu führen, weil die Mutter als schwach und abhängig erlebt wird und oft gleichzeitig emotional dominierend. Was oft genug und immer noch geschieht und von den anwesenden Frauen bestätigt wird.

Vertrauen in die Kräfte der Tiefe Auflösung – Umwandlung – Spiritualität

Seminarbrief: «Pandora, die erste sterbliche Frau, steht für das Prinzip der Neugierde, welche Veränderung in Gang setzt. In ihrer früheren Gestalt war sie die allbegabte Anesidora, die aus der Erde wuchs und Gaben für Mensch und Tier brachte. In der späteren Mythologie wurde Pandora von Hephaistos aus Lehm modelliert, und Athene hauchte ihr Leben ein, womit die erste Frau vollendet war. Laut Hesiod wurde sie von Zeus zu Prometheus gesandt, weil er diesen dafür bestrafen wollte, dass er der Menschheit das Feuer geschenkt hatte. Die Götter hatten Pandora eine Büchse mitgegeben, die alle Sorgen und Schmerzen, Streit und Leid enthielt, welche die Menschheit jemals plagen sollten. Sie öffnete die Büchse, so dass alles Übel in die Welt kam, und verschloss das Gefäss wieder, bevor das einzig Gute darin, der Geist der Hoffnung, entweichen konnte. Auf diese Weise wurde Pandora ähnlich wie die biblische Eva zu einer Personifikation des bösen Weibes.» (aus: Demetra George. Das Buch der Asteroiden. Mössingen, 1991. 260.)

Wie oft haben wir schon die Büchse der Pandora vor lauter Schreck über das ins Bewusstsein Drängende zu früh wieder verschlossen und uns damit um die Hoffnung und die Möglichkeit gebracht, unsere ursprüngliche Gestalt wieder entstehen zu lassen? Es ist in der Tat eine grosse Herausforderung das während Generationen verlorene Vertrauen in die Kräfte der Tiefe neu aufzubauen. Es ist auch nicht leicht, die Tatsache zu akzeptieren, dass wir nochmals Kummer und Leid (Metall), Angst und Schmerz (Wasser) durchleben müssen, um zu begreifen wie Hoffnung (Holz), Liebe (Feuer) und Mitgefühl (Erde) entstehen.

Welche Verhältnisse sind auf der Venus in Wirklichkeit vorhanden? Es ist eine Hölle! Bis zu 340° heiss. Die Atmosphäre besteht zu 96% aus Kohlendioxid mit kleinen Beimischungen von Stickstoff, Wasserdampf, Kohlenmonoxid u.a. Gasen. Kohlenwasserstoff weniger als 0,1 Teil pro Million. Die Wolken enthalten Schwefelsäure, Salzsäure und Fluorwasserstoff. Aus diesen Wolken tropft permanent Schwefelsäure. Die Tropfen verdampfen jedoch, ehe sie auf der Oberfläche der Venus ankommen. Zuerst war ich entsetzt über das reale Gesicht der Venus, das so im Gegensatz steht zu den Vorstellungen, von denen wir uns leiten lassen. Was hat es mir zu sagen? Ist sie Isis mit den sieben Schleiern? Die – durch die Satellitenbilder ihres Schutzes beraubt – ihren zerstörten Körper nicht mehr verhüllen kann? Oder will sie das vielleicht gar nicht mehr? Bedeutet es: Du sollst merken? Aber etwas ist gleich geblieben: die Auseinandersetzung mit der Venus zeigt mir Wege zu weiblichen Kraftquellen. Sie lehren mich, wie Zerstörung überwunden und zum Lebensquell werden kann! In ihrem Zyklus ist sie die Idee weiblicher körperlicher und geistiger Schöpfungskraft und Kreativität. Noch besser verstehe ich inzwischen, weshalb der Mond in unserer Arbeit immer wichtiger wurde. Neuere Untersuchungen bestätigen,

1994   2. Jahr:
Das Grosse Tor

dass sich auf der Erde ohne Mond kaum hätte Leben entwickeln können. Er stabilisiert die Erdachse. Ohne diese Stabilisierung hätte sich das Klima auf der Erde ganz anders entwickelt, vielleicht ähnlich wie auf der Venus.

Mit der Novemberwoche schliessen wir das Jahr des Grossen Tores 1994 ab. Es stand unter der Venusthematik: konkrete Erfahrungen mit konkreten Menschen an konkreten Plätze machen und der persönlichen Lebenssituation entsprechend Raum schaffen dafür. Inzwischen haben wir uns umgeschaut nach Möglichkeiten, die sich uns bieten. Wir haben in dieser ersten Phase Neues begonnen und auch Altes abgeschlossen.

Das Horoskop des letzten Meditationsabends legte ich als Ruhe vor dem Sturm aus. Das kann auch heissen: Warten auf die Geburt. Was wird geboren? Angst? Horror? Oder Lebensenergie, die sich befreit? Was bedeutet sie für jede?

Die SoVeKonjunktion am 2. November und ihr Wandel zur Morgenvenus leiten über zur zweiten Venusphase im 8-jährigen Zyklus. Es handelt sich um eine stark besetzte Konjunktion im Skorpion. Im Wesentlichen geht es darum, die konkreten Erfahrungen auf spiritueller und geistiger Ebene zu verarbeiten, zu integrieren und auf das Vorhandene anzuwenden. Mit der Rückbindung an das Vorhandene bereiten wir gleichzeitig wieder den Boden vor für die dritte Phase. Es ist eine tiefe Erfahrung bei dieser Arbeit, dass wir – in der Gegenwart lebend – immer mit den Resultaten der Vergangenheit konfrontiert sind und auch schon wieder das Kommende anlegen. Dadurch wird deutlich, dass – je mehr wir die Verantwortung für unser Handeln übernehmen – wir umso weniger zum Opfer von Umständen werden. Wir werden jedoch paradoxerweise auch erfahren, dass Vieles sich ohne unser Zutun auf gute Weise für uns fügt. Je mehr wir uns diesem Zyklus anvertrauen, desto mehr werden wir, im richtigen Moment am richtigen Platz sein. Auf diesen guten Erfahrungen baut sich mit der Zeit unser neues Vertrauen in die Kräfte der Tiefe auf, sodass wir es wieder einmal wagen können die Büchse der Pandora einen Spalt zu öffnen, um uns selber näher zu kommen.

Was die Teilnehmerinnen beschäftigt: rechtzeitig loslassen lernen, das richtige Mass finden; Begegnung mit sich selbst und dabei erlebte Einsamkeitsgefühle; neue Beziehungsformen bringen Unsicherheit und viel auf und ab; Existenzangst und Begrenzungen: wie lange muss die Büchse der Pandora geöffnet bleiben, damit auch das Gute entweichen kann? Die Nähe, in der wir hier arbeiten, erfordert auch Transparenz in Bezug auf meinen persönlichen Prozess.

Und immer wieder Körperarbeit, sanfte meditative oder dynamische und – weil es eine SoVekonjunktion ist – auch wieder Geburtsarbeit mit der Intention, dem was geboren werden will in die Welt zu helfen. Klären und Integrieren des Erlebten und Erfahrenen im Gespräch; Beziehungsthemen in der Gruppe stehen an diesem Wochenende im Vordergrund. Familiensituationen konstellieren sich und wecken alte Ängste und Verletzungen. Tabus werden sichtbar und versuchsweise neue Verhaltensweisen ausprobiert. Ich werde je nachdem zur Mutter, zum Vater, zur Schwester und bin immer auch einfach die, die ich bin. Stark und verletzlich, offen und zu, liebevoll und autoritär, hart und sanft, jedoch (fast) immer ansprechbar und präsent und dem was im Augenblick ist zugewendet.

Unsere Spiegelsitzung wird zu einer sehr intensiven Erfahrung. Wir beginnen mit Augenübungen und betrachten uns anschliessend während ungefähr einer halben Stunde im Spiegel, ohne den Blick zu fokussieren. Wichtig dabei ist, nicht durchdringend zu schauen oder erkennen zu wollen, sondern in einer Haltung des Empfangens aufzunehmen, was aus dem Spiegel entgegenkommt.

Ich selbst begegne mir dabei in vielen Aspekten, wie beispielsweise der Beobachtenden, jener die um Schmerzen weiss, auch meinem Alltagsgesicht. Mühe, Arbeit, Pflichterfüllung haben ihre Spuren hinterlassen. Kurz taucht das Gesicht einer jungen Frau auf – und der Gedanke, wie oft und wann ich Glücksgefühle erfahren hatte. Es gibt sie; doch nehme ich mir vor, diese Momente in meinem Leben weit mehr zu beachten als bisher. Sandra sieht ein Frauengesicht auftauchen, vielleicht Mutter, Tante oder Schwester – und wendet sich ab. Ist erleichtert, dass sie sich das erlauben durfte. Sie legt sich hin und spricht später von einem Gefühl der Absolution. Auch Verweigerung kann zu gewissen Zeiten im Leben sinnvoll sein. Hanna will sich nicht darauf einlassen; sie ist zu müde und legt sich hin. Nora lernt eine bisher fremde Härte in ihrem Gesicht erkennen, die sie erstaunt. Sie macht doch so viele schöne Sachen. Linda sieht vier oder fünf neue Gesichter, bis hin zur Auflösung. Es erschrecke sie nicht, es seien Zustände, die sie kenne. Neu ist, dass sie ein Gesicht bekommen haben und die Frage «Wer sind sie und wer bin ich?» deutlich im Raum steht.

1994   2. Jahr:
Das Grosse Tor

Die anschliessende Klangmeditation ist nicht nur harmonisch, sondern auch schrill und fremd. Sie löst viel Spannung auf. Mit einem gemeinsamen Körperbild – wir bilden gemeinsam den Fünfstern als Ausdruck für unser komplexes Beziehungsgefüge – schliessen wir die Runde ab.

Auch dieses Jahr schlachten wir die Wildsau; das heisst wir höhlen den grossen Kürbis aus. Mit der orangeglühenden Sonne in der Mitte überlassen wir uns geruhsam den aufsteigenden Bildern und Empfindungen. Meine drängen nach einer Weile danach geboren zu werden und ich bitte die Frauen, auch für mich einen Geburtskanal zu bilden. Ich fühle mich danach etwas leer – Platz für Neues. Für die Frauen war es eine intensive Erfahrung und hat den Wunsch geweckt, selber wieder Neugeboren zu werden.

Zum Nachtessen gibt es Kürbissuppe mit einem Tupfer Rahm in der Mitte und den Satz: Wir sind die Töchter der Sonne; wir sind das Gelbe vom Ei! Das Wetter während dieser Woche ist warm, föhnig und windig mit viel Sonnenschein – atypisch für diese Zeit. Haben wir zu grosse Hoffnungen oder unzeitgemässe Wünsche nach Wachstum? Wir übergeben die Wünsche und Hoffnungen den Elementen zur Umwandlung – ‹häng's in den Wind›. Die Räbeliechtli, als Gefäss für unsere Wünsche und Hoffnungen, bewegen sich sanft hin und her im Holunderbaum, wo wir sie an Ästen festbanden.

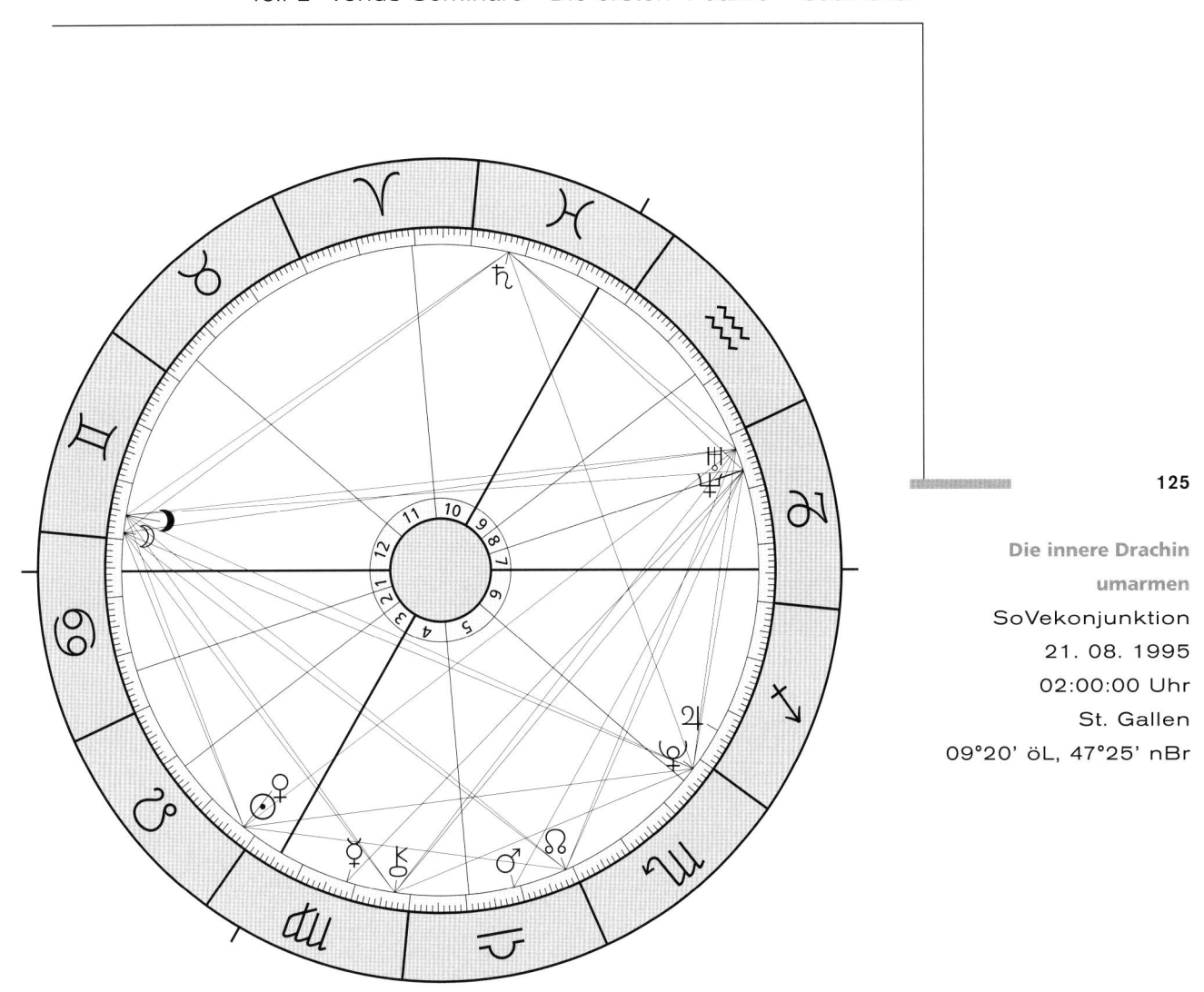

Teil 2 Venus-Seminare Die ersten 4 Jahre – Saatzeiten

Die innere Drachin umarmen
SoVekonjunktion
21. 08. 1995
02:00:00 Uhr
St. Gallen
09°20' öL, 47°25' nBr

Planeten:			
☉ 27♌29	♄ 23♓08R	☊ 28♎39R	♀ 28♌32
☽ 28♊49	♅ 27♑21R	Asc 05♋39	✶ 18♐22
☿ 18♍22	♆ 23♑18R	MC 06♓26	✺ 04♏38
♀ 27♌29	♇ 27♏51	⊕ 22♏44	✹ 09♋43
♂ 18♎47	⚷ 27♍17	✧ 29♌52	✺ 14♏38
♃ 06♈02	☽ 25♓37	♃ 23♍39	☋ 28♈39R

1995   3. Jahr:
Haben und Sein

2. Februar	Wiedergeburt ins Licht
21. Mai	Der Himmel öffnet sich …
Juli	… und schliesst sich wieder
	Magisch Reisen nach Shetland und Orkney
21. August	Die innere Drachin lieben lernen/SoVekonjunktion/M
November	Vertrauen in die Kräfte der Tiefe

Wiedergeburt ins Licht Inspiration

Seminarbrief: Sich des eigenen inneren Raumes bewusst werden, um ihn neu zur Verfügung zu haben? Was heisst das konkret? Auf der Körperebene geht es darum spüren zu lernen, dass es diesen Raum in uns wirklich gibt. Mit den Vokalübungen haben wir in der Meditation auch schon begonnen, uns über das O diesem Raum anzunähern. Hier geht es darum, die Tiefe, Breite und Höhe des inneren Raumes wahrzunehmen und Horizontale und Vertikale zu unterscheiden. Die Atembewegung lässt Körpergefühle entstehen, die diese Unterscheidung ermöglichen. Der körperliche innere Raum umfasst wichtige Zentren, die die Grundlagen für unsere Ernährung schaffen, wie zum Beispiel Lunge und Dickdarm (Metall), Nieren und Blase (Wasser), Leber und Gallenblase (Holz), Bauchspeicheldrüse, Milz, Magen (Erde), Herz und Dünndarm (Feuer). Alle fünf Elemente sind also beteiligt.

In der Meditation sprechen wir jedoch über die Vokalübungen auch die spirituelle und die geistige Ebene an. Die Töne lassen Schwingungen entstehen, die unsere spirituellen und geistigen Kanäle öffnen. Sie machen den Weg frei für aus der Tiefe des inneren Raumes aufsteigende Gefühle. Finden sie einen angemessenen Ausdruck können wir erkennen was uns bewegt und Selbsterkenntnis setzt ein. Sich selbst unmittelbar im Leiblichen zu erfahren und zu erkennen, ist der Schlüssel zu jeder weiteren Erkenntnis. Das alte Wort erkenne dich selbst verwirklicht sich auf neue Weise. Selbsterkenntnis geht jeder weiteren Erkenntnis voran. Nur sie führt uns zu unserem inneren Raum und zu jener Kreativität und Geistigkeit die es uns erlaubt, wirklich neue Grundlagen und Formen für unser Leben zu finden. Das O in der Meditation hat eine nahe Beziehung zum Mond. Ich gehe davon aus, dass der Mond gefühlsmässige Erfahrungen und Erwartungen an Geborgenheit und Umsorgtwerden widerspiegeln kann. Auch wie wir unsere leibliche Mutter erlebt haben, ebenso was uns verletzt oder gut getan hat. Der Mond ist jedoch meiner Auffassung nach nicht die Mutter selbst.

Ich gehe davon aus, dass jedes Selbstbild auf dem in der frühen Kindheit entstandenen inneren Körper-Ich oder Körperbild beruht. So ist es nicht verwunderlich, dass es wichtig ist, wie wir berührt worden sind und auf welche Weise gehalten und genährt. Alles was wir als Kind erlebt haben, hat unseren inneren Raum mit beeinflusst. Wenn wir nun als Erwachsene wieder in Beziehung kommen mit diesem innersten frühen Raum, stossen wir auf zum Teil verdrängte schmerzliche Erfahrungen. Um diese – wie es im besten Fall sein kann – nochmals auf der Körperebene durchleben und integrieren zu können, benötigen wir jedoch eine neue Ausrichtung. Denn mit den verinnerlichten patriarchalen Strukturen möchte keine von uns weiterleben. Aber was dann?

Es geht in dieser Venusphase darum, uns einen Raum zuzubereiten, in dem wir uns wohl und geborgen fühlen. Es geht darum, uns sorgsam und pfleglich darauf vorzubereiten wie wir uns und andere mit bekömmlicher Nahrung nähren, damit neues Leben in neuer Form entstehen kann – sei es auf körperlicher, spiritueller oder geistiger Ebene oder auf allen gleichzeitig.

Das individuelle Thema wird sich am Lichtmess-Wochenende für jede von uns in seiner besonderen Form aus der Tiefe des unbewussten inneren Raumes gebären. Möglicherweise stürzt es uns in neue Verwirrung – nicht umsonst wird die kommende Zeit auch die närrische genannt. Doch können wir zu diesem Zeitpunkt vielleicht leichter und mit einem kleinen Lachen damit umgehen, weil wir in der Tiefe der Dunkelzeit etwas weiser geworden sind. Mit dem zunehmenden Licht der Sonne wird deutlicher erkennbar sein, wie unser innerer Raum aussieht und was wir im äusseren benötigen und umsetzen können.

Seit dem Novemberseminar haben sich alle auf ihre Weise mit dem Thema des inneren Kindes befasst: Mehr Nähe in Beziehung lässt die Verlassenheitsgefühle eines Kleinkindes bewusst erkennen und schafft Voraussetzungen, diese Teilaspekte in die erwachsene Persönlichkeit zu integrieren; nicht ohne tiefen seelischen Schmerz. Eine Teilnehmerin hat sich daran erinnert, dass das Kind ihrer Schwester zur Adoption freigegeben wurde. Heute weiss sie, dass bisher unerklärliche Schuldgefühle darüber sie Zeit ihres Lebens belastet hatten. Eine andere erkennt, wie prägend die Beziehungen zu ihren Schwestern sich auch jetzt noch auf ihr Leben auswirken; Projektionen in Beziehungen werden nach Erkennen dieser Prägungen fassbarer, nachvollziehbar und durchschaubarer.

Wie sehr sexuelle und psychische Gewalt ihre Integrität bedroht hatte und die Rettung/Flucht in verschiedene Teilaspekte der Persönlichkeit verursachte, die hauptsächlich nachts aktiv waren, war das Thema einer weiteren Teilnehmerin. Die bewusster werdenden Aspekte ihrer Persönlichkeit nennt sie ihre 10 Kinder. Seit sie lernt, sie zu akzeptieren, kommt sie sich immer näher. Das und der neue Arbeitsplatz geben ihr das Gefühl, dass es fliesst.

1995   3. Jahr:
Haben und Sein

Die Spiegelsitzung im Novemberseminar war eine gute Vorbereitung für unser Vorhaben, diesmal mit Gesichtsmasken als Ausdrucksmittel zu arbeiten. Wir wollen uns der Frage stellen, was Masken bedeuten. Sind sie Schutz? Muster? Rolle? Spielen wir eine Rolle? Umgangssprachlich meint «keine Rolle spielen» auch, etwas ist nicht wichtig oder wird nicht wichtig genommen, nicht wertgeschätzt. Welche Rolle spielen Bezugspersonen? Wie nehmen wir die Maske bei anderen in der Projektion wahr? bei der Mutter? beim Vater? bei Geschwistern? Was geschieht, wenn wir die Masken abnehmen und unsere Schutzpanzerung Sprünge und Risse bekommt? Wenn wir uns mehr und mehr öffnen für unsere Erinnerungen, Gefühle und sich dabei unser in der frühen Kindheit entstandenes Selbstbild und unser Selbstverständnis verändert? Was geschieht, wenn die Veränderungen für uns und andere spürbar werden?

Die Angst vor neuen Verletzungen steht deutlich im Raum. Wie können wir uns bei zunehmender Öffnung schützen? Wenn wir durch Körperarbeit wieder Zugang finden zu unseren Herzgefühlen, wird uns bewusst, wie starr und unbeweglich unsere alten Schutzmechanismen und Formen der Abgrenzung uns werden liessen. Je mehr schockartige Erlebnisse in der Kindheit wir im Zustand der Offenheit erlebten, umso schwieriger wird die gewünschte Abgrenzung. Im Schockzustand ist der Schutz der Herzgefühle nicht mehr gewährleistet. Das Herz erstarrt und wir verlieren die Verbindung zu unserer Ganzheit, in der wir uns sicher und geborgen fühlen können (wenn sie denn überhaupt je erfahren werden konnte!). Schutz kann nur noch durch Panzerung des Herzens, des Körpers, der Seele und des Geistes erreicht werden oder durch übergrosse Abhängigkeiten. Alle diese Formen müssen teuer bezahlt werden durch Selbst- und Seelenverlust. Wir verlieren den Zugang zu den lebendigen Strömen unserer Lebenskraft. Erst wenn diese inneren Lebensströme wieder frei fliessen und unser Körper, unsere Muskeln und Organe sich neu energetisieren, wird der Schutz von innen sich auf selbstverständliche Weise und ohne besondere Anstrengungen neu aufbauen. Unterstützen können wir diesen Aufbauprozess durch eine ausgeglichene Lebensweise und Ernährung, die auch unsere spirituellen und geistigen Bedürfnisse berücksichtigt. In Zeiten allerdings, in denen wir uns häuten oder die zu eng gewordene Schale oder den Panzer abwerfen, sollten wir noch vorsichtiger und pfleglicher als sonst mit uns selber umgehen, indem wir uns vielleicht mehr zurückhalten, weniger nach aussen gehen und uns möglichst viel Zeit zur Erholung gönnen.

Die Arbeit mit den Masken bewirkt intensive Einsichten. So erlebt Hanna das Auflegen der Gipsmaske auf das Gesicht als Überstülpen von etwas, was sie gar nicht wollte. Beim Wegnehmen brechen heftige Gefühle von Wut und Scham auf, die übergehen in starke Körperschmerzen. Die folgende körpertherapeutische Sitzung lässt sie nochmals einen früheren Schock durchleben, der sich glücklicherweise zusehends auflöst. Auch die Körperschmerzen lassen nach. Hanna erlitt als 16-jährige beim Turnunterricht einen Sturz kopfüber von den Ringen auf die Matte am Boden. Ihr ganzer Rücken fühlte sich an wie zusammengestaucht; in der aktuellen Situation damals blieben direkte sichtbare Folgen aus. Hier nun schält sich langsam heraus, dass sie sich damals allgemein überfordert fühlte. Überfordert beim Lernen und zu Hause als Nesthäkchen. Mit einer schwierigen Beziehung zur kränkelnden Mutter, fühlte sie sich ausgeliefert; einfach wegzugehen, das verhinderte damals die ambivalente Bindung an die Mutter. Ihr wurde damals vieles übergestülpt, was sie nicht wollte. So begreift sie jetzt auch ihre Weigerung, sich auf die Spiegelsitzung einzulassen: sich selber zu begegnen löst Wut und Scham aus.

Wir bemalen die Masken. Hanna nennt ihre «Akt der Befreiung»; Sandra hätte ihre Maske lieber im «Zustand der Unschuld», das heisst weiss belassen, hat sie aber doch bemalt. Linda, die bisher wenig Reaktion auf die Maske gezeigt hat, reagiert nun mit Hitzewallungen, Niessen, Durchfall und aufwallenden Ekelgefühlen: uääk! In diesem Moment bedeutet die Maske all das, was sie von aussen bestimmt und nicht ihr selber entspricht. Das drückte sie zusätzlich mit dick aufgetragener Farbe aus. Auf die anderen wirkte die Maske ganz anders. Für uns kam vor allem die vegetative Lebenskraft, die wir an Linda so gerne mögen, zur Wirkung. Wir schlagen ihr den Namen «Vegetation» vor. Zum Abschluss feiern wir unseren Maskenbaum mit Tanzen und einem Glas Sekt.

1995   3. Jahr:
Haben und Sein

Der Himmel öffnet sich ... und es beginnt die Zeit des Oberen Tores

Seminarbrief: Die Walpurgisnacht ist der Auftakt zu dieser Zeit, in der sich der Kosmos weit öffnet. Das Sternbild der Plejaden bildet den Eingang zu diesem Tor. In der Zeit des Oberen Tores können wir uns leichter mit den kosmischen Energien verbinden und mit leichterer Hand daran gehen, unsere Wünsche zu verwirklichen. Die Grosse Zauberin Maija kann auch zu Täuschungen verführen. Gelegentlich schafft sie Illusionen, die sich in Nichts auflösen, wie die Spinnwebfäden des Altweibersommers. So prüft sie die Unterscheidungsfähigkeit jener, die sich auf ihre Kraft berufen. Die innersten Herzenswünsche erhalten Nahrung durch das Element Feuer. Erlaube ihnen zu wachsen, sich auszudehnen – gib ihnen Raum. In der Walpurgisnacht können wir energetisch den Boden zubereiten, auf dem sich innere Wirklichkeit und Wünsche besser in der Aussenwelt verwirklichen lassen. Hält die innere Wirklichkeit der äusseren stand? Reicht die Kraft aus, um unsere Wünsche in die Realität umzusetzen?

Drei Wünsche sind offen für diese Nacht: einer für das Element Erde, einer für das Feuer und einer für das Wasser. Zur Erde gehört die materielle Wirklichkeit, zum Feuer die Kraft des Herzens und zum Wasser unsere Seelenbilder.

Rituale zu Walpurgis (sog. Fest der Hexen)

Rituale erleichtern das gesellschaftliche und kulturelle Leben. Sie sind im erweiterten Sinn geschriebene und ungeschriebene Übereinkünfte sozialer, religiöser und kultureller Art. Wollen wir begreifen was Ritual meint, lohnt sich ein Blick auf die Bedeutung des Ursprungswortes. Es bedeutet aufreissen, einritzen, zeichnen. Im deutschen Sprachgebrauch wurde es vor allem für Runenritzen verwendet. Von dort hat es sich weiterentwickelt zum Wort schreiben (engl. to write) und zeichnen (schwed. rita). Rituale sind also festgeschriebene Überlieferungen. Frauengeschichte, die auf Frauenwissen beruht, wurde jedoch hauptsächlich mündlich überliefert, wo sie nicht durch die gewaltsame Unterdrückung der Frauen und erzwungene Anpassung ganz verloren ging. Ritualen ist also mit Vorbehalten gegenüberzutreten.

Das schwedische rita, bedeutet deutsch zeichnen, einritzen; es ist die Kurzform von Margerita. Auch Frauennamen geben Hinweise zum Verständnis des Wortes Ritual. Es gibt im 14. Jahrhundert die Heilige Rita, deren Gedenktag am 22. Mai gefeiert wird. Ich erwähne sie, weil Frauen, die mit Namen überliefert sind, uns Hinweise geben können auf alte Frauengeschichte. Sie sind oft Nachfolgerinnen von regionalen Göttinnen. Auch Gedenktage sind nicht zufällig gewählt: sie weisen auf überlieferte Jahresfeste hin.

Das Fest der Walpurga soll auf Walpurga von Heidesheim zurückgehen. Sie lebte im 8. Jahrhundert und ihr Gedenktag ist der 25. Februar. Eine zweite Walpurga lebte im 9. Jahrhundert; ihr Gedenktag ist der 4. März. Beide Frauen waren Äbtissinnen. Im 8. und 9. Jahrhundert wurden viele Klöster gebaut als Folge der Christianisierung. Für viele Frauen die einzige Rückzugsmöglichkeit und Sicherstellung des Zugangs zu Wissen. Schauen wir uns die erste Silbe von Walpurga Wal an, stossen wir auf u-e-l. Uel hat die Bedeutung von drehen, winden, wälzen. Sprudeln und bewegt fliessen steht auch im Zusammenhang mit Wal, wie auch das russische Wort für Welle oder das deutsche Wort Quelle. Die zweite Silbe purgis bedeutet Burg, Turm. In jeder Burg gibt es aber auch eine Quelle. Andererseits bedeutet purgis lateinisch Reinigung. Im Marienzyklus findet das Reinigungsfest an Lichtmess, am 2. Februar, statt. Frei übersetzt ist Walpurgis also zum einen ein Fest der Umwälzung, des Wandels, des Fliessens und der Reinigung und zum anderen ein Fest der Formgebung. Damit sind wir dem, was Ritual und Walpurgis für Frauen bedeuten könnte, schon etwas näher gekommen. Auf dem Land werden im Frühjahr Quellen, Brunnen und Brunnenstuben gereinigt. Es gibt aber auch Land- und Waldumgänge, das heisst, es wird etwas eingegrenzt. Auch die Burg, der Turm und das Kloster sind fest, befestigt; etwas Abgeschlossenes, Eingeschlossenes oder Eingegrenztes. Zur Walpurgiszeit gehört deshalb das Element Wasser, in Form der Quelle und des Brunnens oder der Bäche und Flüsse, aber auch das Element Feuer und Erde. Diese Zeit entspricht aus der Sicht einer matrizentrischen Kultur dem kreativ schöpferischen und lebensgebenden und formenden weiblichen Prinzip. Jeder Zeit ist auch eine Zeitqualität eigen in Form von Energie, die nach einem Ausdruck sucht. In welcher Form die erscheinen soll, können wir mitbestimmen, wenn wir uns damit befassen. Auch in meiner Erfahrung ist dieser Zeit eine magischen Kraft zu eigen.

1995 3. Jahr:
Haben und Sein

> Die Trommel ruft
> mit magischer Kraft
> zum wilden Tanz' mich
> vor dem Feuer
> bis ich erschöpft
> und atemlos
> in taufeuchten Gräsern
> versinke.
> Berauscht
> vom Kräuterduft
> der aus der Wiese steigt
> hör' ich
> die Maia flüstern.
> 1984 AM

Was heisst magische Kraft? Welche Bedeutung soll magische Kraft in unserem Leben haben? Wollen wir dieser Kraft überhaupt Raum und Bedeutung geben? Der Monat Mai hat seinen Namen von der römischen Erd- und Quellgöttin Maija, die wie alle regionalen Göttinnen noch älteren Ursprungs ist. Maia oder wie sie eben auch heisst Maga, ist die Magierin, die Grosse Zauberin, die Wilde, Mächtige. Ihre Elemente sind das Wasser, die Erde und das Feuer. Sie soll mit ihrem Zauberspiegel neue Visionen und Bilder von uns und der Welt hervorzaubern können. Maia heisst auch die Älteste der sieben Schwestern, die als das Sternbild Plejaden bekannt sind und zu dieser Zeit am Morgenhimmel gerade noch sichtbar sind.

Die Ausweitung und Bewusstwerdung unseres inneren Körperraumes schafft gute Voraussetzungen für die Entstehung unserer Seelenbilder und für unser inneres Feuer. Das innere Feuer wiederum stärkt unseren Willen und unsere Gerichtetheit. Wille und Gerichtetheit ermöglichen uns, unsere Absichten in der Aussenwelt zu verwirklichen. Auf dieser Grundlage werden sie in hohem Masse unserer Tiefenperson entsprechen und nicht nur auf Täuschungen der Maija beruhen.

Die intensiven Erfahrungen im Februarseminar haben weitergewirkt. Den eigenen Raum finden und damit in Kontakt bleiben heisst bei Nora mit ihrem Angstbündel in Verbindung sein und sich gerade dadurch am Arbeitsplatz besser abgrenzen zu können, auch wenn sie sich in Frage gestellt sieht durch ihre Vorgesetzten. Es bedeutet auch, sich des Angewiesenseins auf Menschen bewusst zu bleiben und zu spüren, wie leicht Alleinsein sie in Gefühle der Isolation und Einsamkeit treiben können. Linda spürt ihre Ängste deutlicher, ebenso ihre unausgesprochenen Erwartungen an das Team am Arbeitsplatz, sie in Krisensituationen zu unterstützen. So war es üblich früher: wenn während der Ernte ein Gewitter aufzieht, kommen alle unaufgefordert zum Helfen! Sie lernt, ihre Wünsche laut zu formulieren. Nachgewirkt hat auch das Bild, den Körper als möglichen Ort der Geborgenheit zu sehen. Hanna stösst bei der Arbeit auf Widerstand und begreift es zunehmend als eine Reifungskrise im Übergang zu grösserer Autonomie. Sie erkennt auch alte Muster: Ich habe mir zuviel zugemutet, deshalb werde ich krank.

Bei der Meditation zur Öffnung und Entspannung des Herzchakras spüren wir alle, wie jede von uns durch die angesprochenen Themen berührt wird. Den Wünschen nach Liebe und Vertrauen in uns und andere stehen oft Angst und Widerstand entgegen. Wir können diese beiden Seiten in den angesprochenen Elementen Feuer und Wasser (Margarethen-Zeit) wiedererkennen. Feuer und Wasser entsprechen den Polen Angst und Widerstand – Liebe und Vertrauen.

Magische Reise nach Shetland und Orkney, 13. – 28. Juli 1995
zu Land, auf dem Wasser und in der Luft

Was bedeutet Magisch reisen? Magie hat in unserer Erwachsenenwelt im allgemeinen keinen Platz mehr, während sie zum Beispiel für Kinder bis zu vier Jahren (bisher) zum Alltag gehörte. Ich bin nicht ganz sicher, ob Kinder in unserer fernseh- und computergesteuerten Welt wirklich noch Zugang haben zu dieser magischen Welt. Andererseits taucht der Gedanke auf, dass genau diese technische Welt Kleinkindern magisch vorkommen muss, und innere und äussere Wirklichkeit sich vermischen und Verwirrung im Denken und in der Gefühlswelt schaffen. Es ist jedoch auch eine Zeiterscheinung, dass alte Kulte wiedererweckt werden und Kraftorte zu neuer Bekanntheit gelangen. Der Wunsch, magisch zu reisen, fällt zusammen mit dem Wunsch vieler Frauen, innere und äussere Wirklichkeit vermehrt in Übereinstimmung zu bringen. Magisch reisen erlaubt Frauen, gemeinsam Erfahrungen zu machen und ihren Seelenbildern und geistigen Vorstellungen neue Inhalte zu geben. Inhalte, die sie selbst benennen. Eine unabdingbare Voraussetzung, um neue innere und äussere Frauenräume zu schaffen. Dabei wird auch unsere wieder-er-innerte Spiritualität und neu benannte Geistigkeit angesprochen. Mit unserer Inselreise versuchen wir, Gegensteuer zu geben und neue Impulse zu setzen. Die geruh-

> same Art des gemeinsamen Reisens mit Frauen lässt unsere Seele in ganzheitlicher Weise an den sinnenhaften Eindrücken teilhaben und ermöglicht, unsere Bilder und Vorstellungen neu zu prägen. Sie werden mithelfen, unsere Gegenwart im gewünschten Sinn zu verändern.

1995   3. Jahr:
Haben und Sein

Die Reise war Erweiterung, Herausforderung und Begrenzung. Erweiterung bedeutete die Unendlichkeit von Himmel und Wasser. Zusammen mit der kargen Schönheit der Insellandschaften waren es Erfahrungen von fast schmerzlicher Intensität. Die Wanderungen auf den Klippen, das Brausen von Wind und Meer, die wilden Rufe der Vögel oder die archaisch anmutenden Herden der Seelöwen, fügten unserer spirituellen Erfahrung neue Dimensionen hinzu; ebenso wie das Ineinanderübergehen von Himmel und Meer in leicht dunstiger Ferne. Die Sehnsucht nach Weite wird gestillt, wenn der Blick ohne gehindert zu werden in die Ferne schweifen kann und der Geist nicht mehr erkennen kann, wo die Welt aufhört.

Schalenstein auf Orkney

Eindrücklich waren auch die alten Stätten auf Shetland (beispielsweise Jarlshof mit den Rundhäusern und kunstvoll aufgeschichteten Steinhäusern und vieles andere) und auf Orkney: der Ring of Brogar mit den mehrere Metern hohen Steinsäulen, das direkt am Meer liegende Steinzeitdorf Skara Brae, das in der Neuzeit durch einen Sturm vom Sand freigelegt wurde. Oder Maes Howe, die Grabanlage, deren Tunnel bei Wintersonnwende den Sonnenstrahl bis in die Grabkammer einfallen lässt.

Die Reise führte uns in Anlehnung an den Sonnenbogen direkt nach Norden über Kiel – Oslo – Bergen – Shetland – Orkney über London zurück in die Schweiz.

Es war unser Wunsch, diese Reise mit möglichst wenig festgelegten Strukturen durchzuführen und Raum zu lassen für individuelle Wünsche und spontane Unternehmungen, so dass sich die Zeitqualität des Oberen Tores entwickeln konnte – unter Bedingungen, die für uns alle ungewohnt und neu waren. So wurde jede auf ihre Weise unvermittelter als sonst auf sich selbst zurückgeworfen. Die dadurch freigelegten Gefühle von Vereinzelung und Einsamkeit, verstärkt durch die Kargheit der Landschaft, machten uns aufmerksam auf unsere Abhängigkeiten und verstärkten unausgesprochene Spannungen und gegenseitige Erwartungen. Die in den Seminaren aufgebaute Fähigkeit, auch bei Konflikten in Beziehung miteinander zu bleiben, liess uns glücklicherweise ein Gleichgewicht finden zwischen unmittelbar notwendiger Klärung und dem Offenbleiben für einander und für die Anregungen zu gemeinsamen spirituellen Erfahrungen, die uns die Reise bot.

....und schliesst sich wieder

Seminarbrief: Die Zeit des Oberen Tores ist vorbei; wir sind konfrontiert mit der Realität der Ergebnisse, die uns aus der Umsetzung unserer innersten Herzenswünsche erwachsen sind. Viel ist geschehen seit damals; unsere Reise in den Norden hat uns mit vielen Erfahrungen bereichert; wir sind – jede auf ihre Weise – in vielfältige kritische, anregende, belastende, lustvolle, altbekannte und neue Situationen geraten. Es liegt an uns, daraus Erkenntnisse zu gewinnen, die uns weiterbringen in persönlicher, spiritueller und geistiger Sicht. Ein Prozess, der zweifellos noch einige Zeit dauern wird! Konntest du Wünsche, Hoffnungen in der Zeit des Oberen Tores verwirklichen? In deinem Alltag? Im Beruf? Auf unserer Reise? Bist du an Grenzen gestos-

1995   3. Jahr:
Haben und Sein

sen oder hast du sie überschritten? Haben sich Illusionen aufgelöst? Illusionen, die beispielsweise heissen können: «das kann ich nicht aushalten» oder «ich breche zusammen»; «ich brauche unbedingt» oder «ich habe nicht nötig». Haben sich Erwartungen an dich oder andere erfüllt oder fühlst du dich enttäuscht? Was ist der wahre Grund für die Enttäuschung? Dafür und für weitere Fragen und Antworten soll an diesem Wochenende Raum sein, begleitet von gegenseitiger Offenheit und Liebe.

In der Nacht vom 20. August 1995 findet zum drittenmal die SonneVenuskonjunktion im Tierkreiszeichen Löwe statt. Die Heilige Anna umfasst für mich in ihrem symbolischen Gehalt viel von der durch den Sonne/Venus/Mondzyklus angesprochenen Thematik.

Von den Vokalen ordne ich diesem SonneVenus-Konjunktionspunkt das O zu, sowie – als Ausdruck der Mitte – das M. Der Solarplexus, der durchzogen ist von einer grossen Anzahl Blutgefässen, ist grundsätzlich venerisch oder eben venusisch. Aus der Sicht der chinesischen Elemente ist es das Element Kun (Erde); ihr zugeordnet sind Magen und Milz, das Süsse, Singen und der Klang Chung oder die Trommeln, die Zahl ist fünf; als Himmelsrichtung ist es das Zentrum, die Mitte; die Farbe der Erde ist gelb; der Lebensaspekt der Erde ist verbunden mit Vorstellungen und Meinungen. Zu dieser Entsprechung gehören Gedanken, Ideen und Einsicht in die eigenen Denkprozesse. Ungleichgewicht zeigt sich in Ideen, die austrocknen, Widerspenstigkeit, Rechthaberei, streitsüchtiges Beharren und der Unfähigkeit, Gedanken zu Ende zu führen oder neue Ideen zu entwickeln.

Der Löwepunkt des Pentagramms beinhaltet insbesondere die Themen Selbstverständnis, Selbstwert und Selbstbild, die Themen Mutter und Kind. Haben und Sein. Mitte. Die innere Drachin lieben lernen.

Im Zentrum unserer meditativen Körperarbeit steht nochmals das O, das unseren inneren Raum verkörpert und das M, das uns aus der Mitte heraus verbindet mit innerer und äusserer Wirklichkeit und mit unserer Spiritualität und als Vorbereitung auf die kommende Herbst/Metallzeit das A , das uns – vom Herzchakra ausgehend – mit der Tiefe verbindet.

Auf der mehr theoretischen, auf Erkenntnis- und Unterscheidungsfähigkeit ausgerichteten Ebene der Geistigkeit – jedoch verbunden mit unseren Erfahrungen – befassen wir uns mit dem astrologischen Lerndreieck und gehen den Fäden und Zusammenhängen nachgehen, die zur Venus/Mondkonjunktion und zum Pentagramm führen.

Die SoVekonjunktion findet diesmal beim abnehmenden Mond statt. Das bedeutet auch, dass die Venus nach ihrer Unsichtbarkeitsphase als Morgenstern erscheinen wird. Frühere Themenkreise wandeln sich im Feuer der Konjunktion; sie wirkt transformierend, reinigend und erneuernd. Die Rückrunde auf die Körperarbeit in Verbindung mit Vokalen und Tönen zeigt wieder einmal deutlich die Verbindung von psychischem und körperlichem Raum auf: Sandras Stimme bricht beim M; erst mit der Zeit kann sie den Ton etwas halten. Es geht um Haben und Sein. Sissy durfte kaum sein und Stimme haben schon gar nicht. Nora merkt, dass die Mitte fehlt, die Verbindung zwischen unten und oben. Hier eine Verbindung schaffen heisst, die innere Drachin lieben lernen. Linda dauert es zu lange und ausserdem tut es weh; sie kommt an Chaos, wenn sie weitermacht. Sie erkennt, dass sie keine Schmerzen spüren will und den Atem anhält als Resultat erlebter Gewalt. Trotzdem durchatmen verhilft zu neuer Erfahrung: der Körper hält und der Schmerz wird weniger. Sandra kann diesmal die entspannende Wirkung der Übungen erfahren, über Schmerz und Anstrengung hinaus. Ihr fällt das E leicht, die anderen Vokale sind schwieriger. E geht nach aussen. Sandra orientiert sich stark aussen (für die Mutter da sein, vorsichtig sein, um nicht Ärger zu provozieren). In Wahrheit fühlt sie sich aber sehr introvertiert; die anderen Seiten (Vokale) müssen unter Verschluss gehalten werden. Sie hat auf der Reise Shetlandwolle gekauft und gestrickt. Daran erinnert sie sich jetzt. Es liess eine der wenigen guten Erfahrungen mit ihrer Mutter auftauchen: diese liess in den Kriegsjahren eine alte Matratze öffnen und fand darin einen Schatz, nämlich reine Wolle. Daraus strickte die Mutter für Sandra, ihre Schwester und sich selbst eine Jacke.

Lernen, für sich selbst eine gute Mutter zu sein. Sissy ist davon sehr berührt. Sie hat etwas Ähnliches erlebt kürzlich: Ihre Mutter flocht ihr, als sie noch sehr klein und mit ihrer Mutter noch etwas glücklicher war als später, rote Mäschli ins Haar und erst wenige Tage zuvor fand sie bei der Arbeit rote Bändeli. Vielleicht lernt sie das auch noch: für sich selbst eine gute Mutter zu sein. Hedi findet die Töne zuviel – sie könnten Kopfschmerzen machen – ihr wird und wurde oft das Reden ihrer Mutter zuviel.

Das Pentagramm, dem ich auch die Vokale zuordne, ist auch ein Körperbild mit seinen fünf Enden (Kopf, Hände/Arme und Beine/Füsse). Die Verbindung von Körperarbeit, Vokalen und Pentagramm ermöglicht den Aufbau einer mit

1995 3. Jahr:
Haben und Sein

dem Körper verbundenen Sprache, gefüllt mit eigenen Bildern und Erfahrungen.

Den Sonntagmorgen beginnen wir draussen bei hellem Sonnenschein mit einer Vokalmeditation. Wir finden unsere Freude wieder. Spontane Lust und Spielfreude erwacht – wir gehen durch das Sonnentor hindurch: im Kreis stehend sind wir Sonne und jede Frau kriecht reihum bei jeder zwischen Armen und Beinen hindurch. In neuer Form entsteht wieder der Geburtskanal für uns und unsere Themen für die kommende Zeit. In der Rückrunde verbinden wir unsere Erfahrungen mit der Gestalt der Heiligen Annaselbdritt – die ich mit dem Thema der weiblichen Dreifaltigkeit verbinde – dem Pentagramm und dem venusischen Lerndreieck. In der abschliessenden Meditation reflektieren wir die Bedeutung des Durchgangs durchs Sonnentor, mit der Reinigung, Wandlung und dem Zurücklassen des Alten.

Vertrauen in die Kräfte der Tiefe Auflösung – Umwandlung – Spiritualität
Seminarbrief: In keinem Jahr könnte das Thema der Umwandlung stärker betont sein als in diesem. Am 11.11. wechselt Pluto vom Tierkreiszeichen Skorpion endgültig ins Zeichen Schütze. Der Transit wird 13 Jahre dauern: für Pluto eine verhältnismässig kurze Zeit. Die Schnelligkeit des Transits weist auf turbulente Jahre hin und alle sich im Gange befindlichen individuellen und kollektiven Wandlungsprozesse werden dadurch verstärkt. Der Wunsch nach Ausweitung und Veränderung philosophischer und religiöser Grundsätze und Überzeugungen in allen Lebensbereichen wird stark sein. Der Drang sich vom Alten zu befreien, kann unter Umständen zu Fanatismus und Glaubenskriegen um alte und neue Dogmen verschiedenster Art führen. Unter der Voraussetzung jedoch, dass wir mit uns selbst im Kontakt bleiben, werden unsere intuitiven Fähigkeiten während dieses Transits von Pluto durch das Feuerzeichen Schütze/Jupiter angeregt und vertieft. Das Vertrauen in unsere eigenen Quellen der Weisheit und der Liebe kann sich vertiefen.

Das Bild der Heiligen Annaselbdritt begleitet mich, die Frage nach meinen Gottesvorstellungen und die Integration weiblicher Dreifaltigkeit und der Mondenergie sind im Moment wichtige Themen. Welche Vorstellungen und Bilder über das Göttliche sind in mir? Kann ich sie annehmen oder lehne ich sie ab? Was schmerzt? Was wünsche ich am meisten? Ich spüre, wie Gefühle, Meinungen, Vorstellungen, Glaubenssätze, Überzeugungen sich auflösen und Leerraum entsteht. Raum wofür?

> Auf der Ebene des Venuszyklus befinden wir uns nach der vierten SonneVenus-Konjunktion in der vierten Phase und im Jahresablauf im Übergang zum Unteren Tor. Die fünfte SonneVenus-konjunktion findet nächstes Jahr am 10. Juni statt. Ich ordne sie von den Vokalen dem I zu. Zum Kanal zu werden für Erfahrungen in Verbindung mit dem Kosmos und der unmittelbaren realen Existenz wäre eine der möglichen Auslösungen für das I. Mit dem I ist auch Richtung gemeint; auf der Körperebene ist es die Wirbelsäule und unser Auf- und Ausgerichtetsein. I bedeutet auch Ich und die Erkenntnis, in welchen Sinn- und Lebenszusammenhängen ich Ich bin.

Eine der Teilnehmerinnen hatte angenommen, das Thema Gottesbild sei ihr fremd. Sie war überrascht, im Alpsteingebiet einer Felsformation mit dem Namen heilige Dreifaltigkeit zu begegnen, vielleicht ging es auch bei ihr um die Integration der weiblichen Dreifaltigkeit? Eine andere ist fasziniert vom Thema und hat realisiert, wieviel Macht die Kirche an sich gerissen hat mit der männlichen Dreifaltigkeit.

Aus matrilinearer Sicht ordne ich der weiblichen Dreifaltigkeit Sonne, Venus und Merkur zu. Können sie uns Spiegel werden für Vertrauen, Liebe und Weisheit? Vielleicht begleitet vom heilenden Energiefluss des Mondes? Welche Bilder stehen Frauen als Spiegel für Spiritualität und Geistigkeit zur Verfügung? Gibt es ein inneres männliches Bild (Gottesbild, Vater, Bruder, Sohn, Geliebter), das ich liebe oder auf das ich mich beziehen kann und/oder welches lehne ich am meisten ab? Warum werden Frauen und Männer so sehnsüchtig und abhängig vom Angenommensein durch ihren Guru?

Nach Übungen zur Aktivierung des Pulsierens im Becken bis zum Entstehen reflexartiger Wellen sprechen wir über aufsteigende und absteigende Energien und bezeichnen sie als rot und blau oder Feuer und Wasser. Die Verbindung zur Heiligen Annaselbdritt: Ihr Mantel ist innen rot und aussen blau. Sie kann als Beispiel dienen für weibliche Dreifaltigkeit und möglicher Spiegel für Vertrauen, Liebe und Weisheit. Ein Spiegel, der Frauen einen neuen Zugang zu ihrer weiblichen Göttlichkeit schaffen könnte. Aus der astrologisch/astronomischen Zuordnung aus matrilinearer Sicht wäre die Heilige Anna die Sonne, Maria die Venus, Mond der Sohn und die Taube Merkur, der weibliche heilige Geist, der über den Wassern brauste! Und könnte uns das wieder befähigen, auch im Alltag vermehrt zu einem Spiegel der Liebe zu werden? Und für Unmut, Ärger, Wut oder Trauer neue angemessene

Ausdrucksweisen zu finden oder sie im besten Fall als eigene Projektionen zu erkennen?

Linda teilt uns mit, dass sie nur noch bis Lichtmess 1996 in der Gruppe bleiben will. Sie möchte allein herausfinden, was sie zukünftig will. Beruflich hat sie es zur Zeit eher schwierig. Nach ihrer Mitteilung ist es ziemlich ruhig; alle bedauern, dass sie weggehen will. Später fragt Nora nach, warum Linda weggehen will und auch die anderen möchten mehr wissen. Dadurch fühlt Linda sich bedrängt. Sie möchte «nur weggehen und auf den Berg». Ich frage nach den Gründen. Doch Linda spürt nur diffuse Unruhe und nicht Bescheid wissen. Sie möchte jedoch gern erkennen, was los ist. Beim Vertiefen spürt sie, dass sie ermüdet ist. Sie hat soviel mit randständigen Gruppen gearbeitet; in den letzten Jahren mit Frauengruppen. Die schon letztes Mal sich abzeichnende Enttäuschung hat sich verstärkt und jetzt ist ihr Ziel weg. Sie hatte viel zu geben und jetzt bleibt ihr nur noch ein kleines Gefäss. Das spielt mit, wenn sie hier aufhören und allein weiter gehen will.

Nora die sich seit der Reise mehr abgrenzt, doppelt hier nach: Auch für sie wird es Zeit, sich von der Gruppe abzulösen, doch nicht so rasch. In den letzten Monaten musste sie Erwartungen zurückstecken. Sie hat jedoch in Beziehungen gelernt, Projektionen zurückzuholen und zu integrieren in ihr Selbstbild. Sie erlebt ein neues Gefühl von Autonomie in ihrer Partnerschaft und sieht sich mehr gesehen. Beim Erzählen wird ihr Gesicht, weich, warm, lebendig und ist sehr da.

Die angesprochenen Themen strengen uns alle sehr an. Am letzten Tag explodiert in mir der Hass auf die Sch.... strukturen, denen wir alle ausgesetzt sind. Wir brauchen ein grosses Gefäss, um die Sch.... aufzufangen. Auch Nora zeigt ihre Wut auf GottVater, Söhne, Brüder, Ehemänner und auf Frauen und Mütter, die von ihren Männern abhängig sind. Ich hege den starken Wunsch, den grossen Kürbis in Stücke zu zerschneiden und verbinde damit loslassen, ausscheiden und verwandeln. Ich sammle die Bilder, Vorstellungen und Wünsche der Frauen, was sie mit den Stücken tun möchten:

– in den Baum zurückstellen
– die Unschuld zurückgewinnen
– zerschneiden und den Krähen überlassen
– den Bach hinunter schwimmen lassen
– mit dem Kochlöffel umrühren
– vor das Haus stellen
– nochmals Licht hineinstellen und uns bedanken

Ich frage, ob wir daraus ein neues Bild entwickeln könnten. Linda wehrt ab. Sie findet es eklig, gruusig. Und plötzlich fühlt sie, dass sie viel erlebte sexuelle Gewalt damit verbindet und auch erinnert ist, wie sie sich selber verletzt. Auch Nora beginnt zu weinen – sie will ihr Bündel loslassen. Wir alle sind auch konfrontiert mit Ängsten bezüglich neuer und alter Rituale. Es geht um alte Bilder wie der heilige Kelch, das weisse Opfer der Nomaden in der Taiga, um den Sündenbock und auch um kirchliche Opfer, wie das heilige Abendmahl. Wie können wir sowohl mit unseren Aggressionen umgehen als auch mit den Ängsten? Was für Möglichkeiten stehen uns zur Verfügung? Was wir nicht mehr wollen: sie in Form von Selbstdestruktion gegen uns selber wenden; auch nicht sie einfach gegen aussen wenden, weil sie von da zu uns zurückkehren. Hingegen möchten wir zunehmend lernen, unsere Projektionen zu erkennen und uns auf transformierende Prozesse ganz einlassen. Für heute findet sich eine einfache Lösung. Sissy hat einfach Hunger und will sich verabschieden vom Kürbis und seinen weichen Rundungen. Gemeinsam schneiden wir den Kürbis in Stücke und kochen anschliessend daraus Gemüse für das Mittagessen!

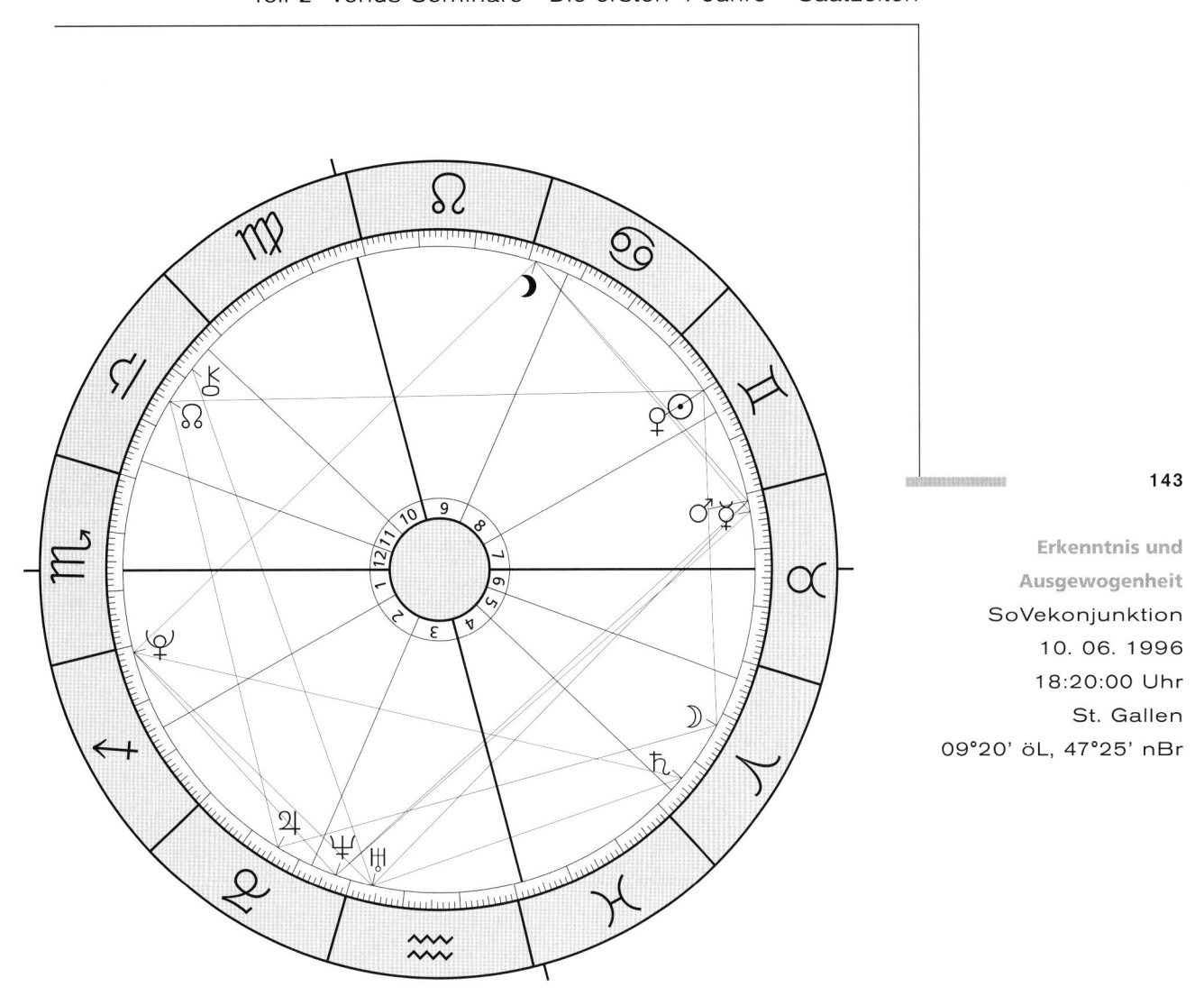

Teil 2 Venus-Seminare   Die ersten 4 Jahre – Saatzeiten

Erkenntnis und Ausgewogenheit
SoVekonjunktion
10. 06. 1996
18:20:00 Uhr
St. Gallen
09°20' öL, 47°25' nBr

Planeten:			
☉ 20♊03	♄ 06♈12	☊ 15♎05R	♀ 19♎26
☽ 17♈40	♅ 04♒09R	Asc 16♏50	⚴ 01♈20
☿ 26♉36	♆ 27♑18R	MC 01♍37	⚵ 14♍27
♀ 20♊03R	♇ 01♐14R	⊕ 27♊19	⚶ 09♏59
♂ 28♉37	☊ 07♎57	⚷ 12♏02	⚳ 09♓16
♃ 15♑37R	☽ 28♋05R	⚸ 06♐10	☋ 15♈05R

1996 4. Jahr:
Erkenntnis und Aus-
gewogenheit

9. Februar	Wiedergeburt ins Licht
17. Mai	Der Himmel öffnet sich …
10. Juni	Erkenntnis und Ausgewogenheit/SoVekonjunktion/A
	Integration der Heilerin/Kanal werden für
	heilende geistige Kräfte
21. Juli	Im Wendekreis des Krebses
31.Nov.	Vertrauen in die Kräfte der Tiefe

Wiedergeburt ins Licht Inspiration

Seminarbrief. Schon wird das Licht wieder merklich heller und die Abende länger, selbst wenn die Nebeldecke im Tiefland kaum weichen will. Veränderungen in Beziehungen und Beruf oder in unseren spirituellen und geistigen Vorstellungen, die sich im November angekündigt haben, manifestieren sich deutlicher. Die aus dem Chaos geborene neue Ordnung drängt ins Bewusstsein und neue Formen wollen in unser Alltagsleben integriert werden. Dieses Jahr treffen wir uns für das Februarseminar zum erstenmal in der Oktave zu Lichtmess, das heisst eine Woche später als bisher. Ich stelle fest, dass sich bei mir und anderen in dieser einen Woche nochmals sehr viel die Vergangenheit Betreffendes wohl endgültig aufgelöst hat und neuen Erfahrungen Platz machen will.

Im August dieses Jahres geht der Schwarzmond durch Löwe und aktiviert Themen wie Auseinandersetzung mit dem Vaterprinzip Rückkehr des Sirius (Osiris?); Abwesenheit des Vaters; Autorität – Herzgefühle; Selbstwert (SonneVenusKonjunktionspunkt in Löwe), Selbstbewusstsein.

1996 findet die SonneVenuskonjunktion in Zwillinge statt
Merkur gehört zum Zeichen Zwillinge und Jungfrau (Luft, Lernen, Kommunikation). Dieser Konjunktion ordne ich das I zu; das I als Kanal und Verbindung zwischen unten und oben, Vergan-

genheit und Zukunft, Himmel und Erde; wir als geschichtliche Wesen; Aufrichte- und Unterscheidungskraft; Die Sonne steht im Zeichen Wassermann, dem die Planeten Uranus und Saturn zugeordnet sind. Es ist die Zeit des chinesischen Elementes Holz.

Element Holz

Dem Holz entspricht die Farbe grün und der Frühling. Von den Organen sind es die Leber und die Gallenblase. Die Himmelsrichtung ist der Osten; die Körperöffnung und das Sinnesorgan sind die Augen. Dem Holz entspricht die Wut und das Schreien, die Muskeln und Sehnen und der Geschmack sauer. Die äussere körperliche Ausdrucksform sind die Finger- und Fussnägel. Das Holz verleiht die Fähigkeit zur Kontrolle; Leber und Gallenblase beeinflussen unsere Fähigkeit zum Planen, Urteilen und Entscheidungen treffen. Der Geruch ist ranzig und das Klima das mit dem Holz verbunden ist, ist der Wind. Dem Holz entsprechen aber auch die geistigen Fähigkeiten. Die Zahl ist acht und der Klang heisst Chio. (aus Dianne M. Connelli, Das Gesetz der fünf Elemente)

Merkur

Hände, Arme und Schultern sind astrologisch dem Luftzeichen Zwilling zugeordnet und diesem wiederum der Planet Merkur. Merkur hat traditionell mit Lernen und Kommunikation zu tun. Merkur wird auch der Kleinfinger zugeordnet, an dem der Dünndarm-Meridian (Element Feuer) beginnt. Der Dünndarm wiederum ist auf Körperebene dasjenige Organ, das die Funktion des Ordnens übernimmt. Kinder in chronischen Stresssituationen können mit Blinddarmreizung oder -entzündung reagieren. Persönlichkeitswerdung entwickelt sich auf der Basis von Körpererfahrung und dem daraus entstehenden Körper-Ich; auch Lernen und Verstehen beruhen darauf. Ein Kind lernt begreifen, indem es nach dem greift, was es begehrt: zum Beispiel nach der Mutter, dem Vater, anderen Menschen, nach Nahrung, seinem Spielzeug oder anderen Gegenständen. Merkur ist ausser dem Luftzeichen Zwilling (Kommunikation und Sammeln von Information) auch noch dem Erdzeichen Jungfrau (Analyse, detaillierte Wahrnehmung) zugeordnet. Merkur in seinen beiden Erscheinungen als Morgen- und Abendmerkur nenne ich die Seelenführerinnen.

Seelenführerinnen

Sie vertreten das immer schon gewusste Wissen um Tod und Wiedergeburt. Sie lassen uns begreifen woher wir kommen, wer wir sind und wohin wir gehen. Sie führen uns in die Tiefe und in die Höhe. Sie weisen uns den Weg ins Unendliche und ins irdische Leben; sie lassen uns Mensch werden und verheissen uns die Ewigkeit. Die Seelenführerinnen sind die beiden Gesichter der Weisheit. Es sind die ihr innewohnenden Gedanken der Sophia oder der älteren ruah, die von Anbeginn war. Auf dem Bild der Annaselbdritt ist es die Taube.

1996 4. Jahr: Erkenntnis und Ausgewogenheit

Entsprechungen der Seelenführinnen

Krähen, Raben sind dem Zeichen Jungfrau zugeordnet. Als Entsprechung der Seelenführerinnen geleiten sie zu den Kräften der Tiefe, weisen den Weg über die Schwelle und kennen sich aus im Reich der Göttin Ereskigal. Falken und Adler hingegen geleiten in die Höhe und ins Licht. Als mythologische Bilder sind sie üblicherweise männlich dargestellt; der Falke zum Beispiel als Horus, Sohn der Isis und des Osiris/Sirius.

Der Adler andererseits wird als die in der emotionellen Hölle gewandelte aufsteigende geistige Kraft des Skorpions bezeichnet (Skorpion gilt als männliches Zeichen). Das entspricht aus der beschriebenen matrizentrischen Sicht der Umfunktionierung der Morgenvenus zur Kriegsgöttin oder gar zum Krieger, wie in der chinesischen Astrologie. Noch heute sind weibliche Geburten in der Metallzeit (Waage, Skorpion, Schütze) unerwünscht. In der Metallzeit geborene Mädchen sollen kämpferisch sein und entsprechen damit nicht dem gängigen Bild von Weiblichkeit. Ein Morgenmerkur im Horoskop weist sodann auf eine Person mit hohem Wahrnehmungs- und Erkenntnisvermögen hin, was traditionell vorwiegend Männern zugeschrieben wurde.

Wassermannzeitalter

Die Achse Löwe, mit der dem Feuerzeichen zugeordneten Sonne und das Luftzeichen Wassermann mit ursprünglicher Zuordnung des Saturn (heute Uranus), ist aktiviert. Im neu anbrechenden Jahrtausend soll nach esoterischer Ansicht die Geburt des ganzheitlichen Menschen geschehen; das heisst auch, Menschen entdecken die Verbindung zum Göttlichen als Quelle in sich selbst. Menschen, Frauen und Männer, sollen sich in Verbindung mit dem uranischen Geist (der auch als Oktave des Merkur gilt) aus ihrer körperlich und materiellen saturnischen Begrenztheit befreien. Mythologische Bilder wie der aus dem Feuer auferstandene Phönix werden wach. Unausweichlich werden wir aber auch mit dem Thema Allmacht – Ohnmacht konfrontiert. Mit Ikarus vielleicht, der sich über die Götter erhob und ins Meer stürzte oder mit Prometheus (eine Uranus-Entsprechung), welcher der Göttin das Feuer stahl oder mit «dem Geist der stets verneint» und jeden neuen Impuls erst mal in Frage stellt.

Das Element Wasser

Die Schlüsselbegriffe des Elementes Wasser sind Flüssigkeit und Fliessen. Die Farbe ist blau oder schwarz. Dem Wasser entspricht das Fliessen des Blutstromes und der Lymphen. Es ist der Jahreszeit Winter zugeordnet; als Organe sind die Nieren und die Blase damit verbunden. Sie werden auch das Tor zum Magen genannt. Tageszeit von Blase und Nieren ist die Zeit von 15 bis 19 Uhr. Die Himmelsrichtung ist Norden und das Klima die Kälte. Der Geschmack ist salzig. Die Köperöffnungen, welche vom Wasser regiert werden sind die Genitalien, die Harnröhre und der After; das Sinnesorgan hingegen sind die Ohren. Der Körperflüssigkeit entsprechen der Speichel oder Spucke. Die Angst ist das mit dem Wasser verbundene Gefühl und der stimmhafte Ausdruck ist das Stöhnen. Den Körperteilen entsprechen die Knochen und das Knochenmark; die äusserliche körperliche Ausdrucksform des Wassers ist das Kopfhaar. Das Element Wasser verleiht die Fähigkeit zu zittern. Der Geruch ist faulig. Der Lebensaspekt, der vom Wasser regiert wird, ist die Willenskraft und der Ehrgeiz.

Traummotive in Hinblick auf das Wasserelement können sein: bei erschöpfter Nierenenergie erscheinen im Traum Schiffe und Boote oder ertrinkende Menschen ... oder man liegt im Wasser und bekommt Angst ... oder man nähert sich einer Bachschlucht oder taucht oder verweilt im Wasser. Ist die Nierenenergie üppig hat man das Gefühl, als ob Hüften und Rücken auseinanderbrächen und nicht mehr gestreckt werden können. Spezifisch mit der Blase verbunden sind Träume, in denen man Spaziergänge und Wanderungen unternimmt (oder das auch real tut. Anm. AM). Die mit dem Wasser verbundenen Nahrungsmittel sind Bohnen und Erbsen (gilt als Getreide); die Dattel, das Schweinefleisch und als Gemüse Lauch. Die Zahl ist die sechs und die Musiknote ist yu oder der Klang der 25-saitigen Laute.
(Aus Dianne M. Connelli. «Das Gesetz der fünf Elemente»)

Nora fühlt sich durch die Seelenführerinnen sehr angesprochen; in gewissen Tänzen ist der Falke der Bräutigam, der in ein neues Leben eintritt. Auch bei ihr zeichnet sich Neues ab. Sie kann in ihrer Beziehung die Veränderungen besser akzeptieren, auch wenn es ein Gefühl wie sterben ist. Ein Zusammenhang zum früh erlebten Tod der Mutter wird deutlich. Sie begreift auch besser, dass alles seine Zeit braucht, um zu werden und zu reifen; auch Wiederholungen machen Sinn. Wie bei einem Diamanten, der mit immer feineren Facetten geschliffen wird.

Hedi fühlte sich auch diesmal zuerst nicht angesprochen von den genannten Themen. Ich weise sie aber darauf hin, dass auf dem Bild eine Taube ist. Jetzt erinnert sie sich an einen Traum, bei der ein Raubvogel auf ihrer rechten Schulter sass. Bewusstheit will entstehen – und Seelenführerinnen (Falke) führen zur Bewusstheit.

Bei mir sind Körperbilder aufgestiegen. Ich muss lernen, die aufsteigende Drachin (ein Gefühl von Echse im Körper) anzunehmen. Das ist mit sehr unangenehmen Gefühlen und Empfindungen verbunden. Da waren auch die Vögel,

1996 4. Jahr: Erkenntnis und Ausgewogenheit

die aus meiner Leber die schwarzen Gedanken herauspickten – eine neue Erfahrung: meine depressive Verstimmung war hinterher aufgelöst. Auf diese Weise mit Schmerzen umzugehen, könnte das bedeuten «die Materie geistig durchdringen»? Nach Jahren der Körperarbeit sind auch meine Herzschmerzen verschwunden, die durch die Öffnung des Herzchakras ausgelöst wurden. Ich möchte mit diesen Schilderungen nicht den Eindruck erwecken, alles sei machbar oder Krankheit beherrschbar. Lernen die Materie zu durchdringen ist ein lebenslanger Prozess und mit einem Weg der (Selbst)Erkenntnis verbunden ist. Wäre dem nicht so, wären wir alle «Erleuchtete».

In der Körperarbeit wenden wir uns den Vokalen I und Yu zu. Yu entspricht der Silbe für das Element Wasser. Das Wochenende findet im Tierkreiszeichen Fische statt, dem Nachthaus des Jupiter; zum Jupiter wiederum gehören auf der Körperebene Hüften und Oberschenkel, zum Fischezeichen die Füsse. Anschliessend trinken wir den nach Grossmutter Art im Ofenrohr gekochten dunkelroten Lindenblütentee, den wir im letztjährigen Sommerseminar gemeinsam gepflückt hatten. Unsere Körpererfahrungen übertragen wir während des ganzen Wochenendes mit Wasserfarben und mit blossen Händen auf ein grosses Blatt.

Es tauchen Verstimmungen in der Gruppe auf. Nora spricht angestaute Frustrationen an. Sie fühlt sich von der Gruppe zu wenig wahrgenommen. Ich versuche, die Auseinandersetzung so zu begleiten, dass jede aussprechen kann, wo für sie Konfliktstoff entsteht. Nora bekommt einiges ab. Sie hat jedoch den Weg gebahnt, für eine klärende Aussprache und für alle werden Muster sichtbar, die ihren Ursprung in der eigenen Familienstruktur haben. Nora erkennt, dass sie mit ihrer gelegentlich provokativen Art mehr auslöst als sie verdauen kann. Sie nimmt sich vor, mit ihrer scheuen Seite künftig achtsamer umzugehen und sich womöglich nicht mehr selber zu überfahren. Dann bereiten wir den Abschied von Linda vor.

Den nächsten Tag beginnen wir mit einer Meditation im Sitzen und fügen auch diese Erfahrungen dem bisher gemalten Bild bei. Wie so oft, verdeutlichen sich dadurch viele Erfahrungen und können in der Nachbesprechung der Bilder integriert werden. Auch die Auseinandersetzung vom Vortag spiegelt sich teilweise in den Bildern und Auswirkungen werden fassbarer. So wurde vor allem Ellen an Streitereien mit ihren Geschwistern in der frühen Kindheit erinnert. Sie erlebte diese Zeit als sehr chaotisch und der aufbrechende Schmerz gibt ihr zu schaffen. Doch kann sie auch erkennen, was sie durch die Gruppe damit zurück erhält. Der Abschied von Linda stimmt etwas wehmütig, aber wir freuen uns auch über die gegenseitigen guten Gefühle, die wir gerne bewahren.

Der Himmel öffnet sich ....
Aufstieg – Ausdehnung. Liebe zur Macht – Macht der Liebe

Seminarbrief. Die kosmische Besonderheit des Oberen Tores besteht darin, dass das Sternbild des Grossen Hundes mit dem Fixstern Sirius bis ungefähr Mitte Juli nachts am Himmel nicht mehr sichtbar ist. In den Megalithanlagen und in den sogenannten Alignements früherer Kulturen sind Anfang und Endes des Oberen Tores eingepeilt. Es ist also seit jeher eine wichtige Zeit. Vorab gilt dies in frühen Kulturen für Wachstum und Fruchtbarkeit in der Natur, bezieht sich jedoch immer auch auf spirituelle und geistige Ebenen. In mir weckt diese Zeit immer wieder den Eindruck, dass uns der Himmel und die kosmischen Energien unmittelbar zugänglich sind; kein Wächter steht an der Schwelle. Zugleich empfinde ich, aus dem Wissen heraus, dass Sirius sich in der Nähe der Sonne befindet und von ihr überstrahlt wird, diese Offenheit des Himmels wie eine unsichtbare Haube. Im besten Fall eine Glückshaube oder – in Chakren gedacht – das Scheitelchakra.

Auch die sieben **Plejaden** oder **Hesperiden** befinden sich nahe bei der Sonne, sind somit am Nachthimmel jetzt nicht sichtbar. Sie werden mythologisch auch gleichgesetzt mit den Hesperiden oder, wie sie heute heissen, den Kanarischen Inseln (Gran Canaria = Grossser Hund!). Sie galten in der Alten Welt als das Ende der Welt. Hier könnte – intuitiv gesehen – einer der Orte sein, wo der in vielen Mythologien beschriebene Aufstieg in den Himmel und der Abstieg in die Unterwelt erfolgte. Möglicherweise handelt es sich auch um einen Ort der **Heiligen Hochzeit**, der Vereinigung von Himmel und Erde und der aufsteigenden und absteigenden Kräfte, wie verschiedentlich beschrieben wird. Es ist mythologisch auch der Ort, an dem die Hesperiden (die Töchter des Atlas und der Pleione) mit Hilfe des Drachen **Ladon** die goldenen Früchte eines Apfelbaumes hüten. Sie waren ein Geschenk der **Gaia** an **Hera**. Herakles brachte Atlas dazu, diese Äpfel zu stehlen (seine 11. oder 12. Heldentat). **Athene** sorgte später dafür, dass sie nach dem Raub wieder in den Garten zurückgebracht wurden. (Lexikon der antiken Mythen und Gestalten, dtv).

1996   4. Jahr: Erkenntnis und Ausgewogenheit

Die Wichtigkeit, die dieser Zeit in den Mythologien und den Kultanlagen beigemessen wird, weist darauf hin, dass es sich um eine kritische Zeit handeln muss. Von ihr hängt alles ab, Leben und Überleben in Kulturen, in denen Menschen noch unmittelbar davon abhängig waren, dass Regen und Sonnenschein zur richtigen Zeit in der richtigen Menge vom Himmel gespendet wurden. Wie die mythologischen Namen der Sternbilder und die Geschichte der Sontga Margriate zeigen, weisen diese Bilder symbolhaft bis in die Gegenwart. Sie prägen unsere Wirklichkeit mit. Indem wir uns mit ihnen auseinandersetzen, können wir versuchen, ihre Kraft und Energie in unsere persönliche frauenbezogene Wirklichkeit einfliessen zu lassen. Solange wir uns nicht gegen die kosmische Energie stellen – uns davor hüten Macht zu missbrauchen – wird diese Kraft und Energie uns stärken auf der Ebene unseres Alltags und im persönlichen Zugang zu Spiritualität und Geistigkeit.

Wir befinden uns zeitlich im Übergang vom Holz zum Element Feuer. Immer wieder erlebe ich bei mir und anderen diesen Übergang auch auf seelischer und geistiger Ebene als eine kritische Zeit. Kritisch in der Weise, dass die vorwärts- und aufwärts drängende Energie des Holzelementes sich grossenteils als körperliche und seelische Unruhe bemerkbar macht – vorausgesetzt wir lassen es zu. Insofern können wir die Zeit des Holzelementes auch als die von Mars geprägte Antriebs- und Sexualkraft bezeichnen, die uns weiter treibt und unsere Wünsche und Sehnsüchte weckt. Oft finden wir uns nach dieser Zeit innerlich und äusserlich an einem unbekannten Ort, wenn wir uns antreiben liessen, und müssen uns mit neuen, unerwarteten Situationen auseinandersetzen. Im besten Fall können wir sie für Partnerschaft und konkrete Arbeit nutzen.

Psychosomatik. Wir fühlen uns blockiert, frustriert, wenn wir für diese Antriebskraft keinen Ausdruck gefunden haben. Frühjahrsmüdigkeit, Lethargie und Depression oder Allergien weisen uns auf unsere Anstrengungen hin, diese Antriebskraft zu unterdrücken. Erkrankungen, die als psychosomatisch bezeichnet werden, sind oft Ausdruck für das Zurückhalten unserer «Triebkraft», die wir nicht konstruktiv nutzen. Die Ursache, warum wir dies nicht tun, sehe ich in unseren Lebensgeschichten, die immer wieder den Zugang zu ursprünglichen Kraftquellen und Ausdrucksmöglichkeiten blockieren. Meistens jedoch bleibt ein Anteil der Unruhe bestehen, selbst wenn wir sie konstruktiv einzusetzen wissen. Meiner Auffassung nach lernen wir mit unserer Arbeit in der Gruppe, diesen Anteil körperlich-seelischer Unruhe für unsere spirituelle und geistige Weiterentwicklung kreativ umzusetzen.

Grünkraft und Transzendenz. Die Vorbereitung für die Seminare konfrontiert mich selbst jedesmal in verstärktem Masse mit den angesprochenen Themen. So habe ich mich nochmals

1996 4. Jahr:
Erkenntnis und Aus-
gewogenheit

und verbindet sich mit der Ewigkeit.	A
Die Wurzeln meiner Angst	U
schreien zum Himmel	U
und bitten um Erlösung	U
aus der Qual des	U
lebendigen Eingesperrtseins.	U
Mein M beginnt mich	
zu nähren. Es verbindet	
die Kraft meines Herzens	
mit den Wurzeln meiner Angst	
– verbindet mich mit	M M M M M M M M
meiner Angst vor dem Leben	
und überwindet sie.	

Begegnung mir Dir:

Hedi:	Dein Boden reicht bis in die Ewigkeit	A
Sandra:	Dein Licht ist hell und weit wie der Himmel	
	und mit Leichtigkeit verbunden	I
Ellen:	In dir verbindet sich Himmel und Hölle	U
Sissy:	Deine Wasser fliessen – sind eingebunden	
	in den Kreislauf des Lebens	O
Hanna:	Dein Fühlen ist weit und Deine Liebeskraft gross	M

Mai 1996 AM

Erkenntnis und Ausgewogenheit
Integration der Heilerin/Kanal werden für heilende Kräfte

Seminarbrief. Das Juniseminar findet aus Anlass der SoVekonjunktion im Zeichen Zwillinge statt. Es ist die vierte von fünf Konjunktionen im Vierjahreszyklus, wenn wir beim Grosssen Tor zu zählen beginnen. Kanal werden für heilende geistige Kräfte. Diese Überschrift habe ich schon vor Monaten bei der Bearbeitung des Horoskops zu dieser Konjunktion intuitiv und spontan gesetzt. Die Frage blieb offen, in welcher Weise diese Integration geschehen könnte. Inzwischen haben uns die Erfahrungen in den Seminaren Hinweise gegeben, in welcher Richtung wir weitergehen könnten, um die Innere Heilerin aufzufinden. Sie zu integrieren bedeutet nicht weniger, als Aspekte der Selbstheilung auf verschiedenen Ebenen zu wecken. Den Körper von sind wie Anfang ohne Ende.

Knochen, Räume, weich, hart;
A ist Anstrengung, U ist mühsam, M ist warm, dunkel, ernst.
Nicht loslösen = gebunden.
Mai 1996 Hedi

A I U M

Das Bekannte M,

meine ganz persönliche Herausforderung.

Was denkt sich AM wieder aus?

M M M M M M M

M langsam die Augen öffnen und wieder schliessen.

M die Kraft spüren die langsam ansteigt.

M ja, jetzt ist sie da – im Gesicht – die Lippen kitzeln.

M langsam mit den Augen wandern – eigentlich ganz leicht? oder etwa nicht?

M der Hals kratzt, der Hals brennt – Schweissausbruch   M

Bei Hedi angekommen muss ich lächeln. Bin schon ganz nassgeschwitzt;

dann mache ich es mir leichter und schliesse die Augen.

Immer wieder M – ein neuer Anlauf.

M u t   –   M

eigentlich macht das Angst.

Augenkontakt – bei mir bleiben – wie geht das?

Ja, gut machst du das Sissy!

L o b muss auch sein –

und dann kommen die Tränen.

Ich bin aufgeschmissen!

Dann beruhige ich mich und merke erst

dass ich h e i l bin und es doch geschafft habe.

Bis zum nächsten Mal.

Mai 1996, Sissy

Begegnung mit mir:

Die Kraft meines Herzens sagt ja und nein   A

1996   4. Jahr:
Erkenntnis und Aus-
gewogenheit

Die Haut vor meinen Augen bewegt sich
grün vertraut
findet sie den Weg
ich weiss nicht wie
hockt sie im Bauch
wickelt sich um mich
treibt Unsinn
tut als wisse sie nichts
kokettiert
spielt mit dem Kind
wagt sich dem gegenüber zu stellen und
ist zahm.
Hat sie mich verführt
wie ist ihr wahres Gesicht
egal
sie nähert sich mir.
Mai 1996, Ellen

Sechs Frauen
sechs M's
in den Farben des Regenbogens.
Ellen gelb
Sissy ocker
AM türkis
Hedi blaugrün
Hanna weinrot
Sandra schwarz.
Sechs Frauen!
sechs M's
In den Farben des Regenbogens!
Mai 1996, Sandra

Wind im Kopf
Schmerz im Fuss
In der Mitte ist Erholung
Aber A und U

Geschwister von den Eltern geschlagen werden oder sei es erlebte Schadenfreude, weil die Mutter die Kellertreppe hinunterfällt, nachdem das Kind sehr ungerecht behandelt wurde.

Auch das Schlangenthema begleitet uns: Ich erlebe in der Meditation die Schwarze Schlange (Morgenvenus) als aufsteigende Yinkraft, die Weisse Schlange (Abendvenus) als absteigende Yangkraft. Diese letztere erhält die Bedeutung der umgewandelten, bewussten Kraft als heilende spirituelle und geistige Energie, die uns im Alltag unterstützt.

Die Gedichte, die im Verlauf dieses Wochenendes nach Vokal- und Klangmeditationen entstanden, vermitteln Einblick in die Prozesse.

        Sein – atmen – Ewigkeitsmoment;
           schwieriger Übergang
          sein mit dem was ist;
           einfach beginnen.

              In mir drin
          ausserhalb von mir
        im feinen Raum dazwischen.
   Erinnerungsbild – sie ist nicht mehr da;
    mit der Zeit integrieren – ich hoffe darauf.
 Mit ihr sprechen? sprechend mich erinnern?
erinnernd sie in mir finden – als Teil von mir?

              Wärme –
     mir selbst geben was ich brauche –
                Trost.

           Neutral? real?
         ou nei! useschreie!
         Krämpfe – seufzen
        aufsteigen – auflösen.
              huh!
         Mai 1996, Hanna

1996 4. Jahr: Erkenntnis und Ausgewogenheit

> **Element Feuer**. Die Farbe, die mit dem Feuer verbunden ist, ist rot. Die Jahreszeit entspricht dem Sommer. Die mit dem Feuer verbundenen Organe sind Herz und Dünndarm. Die Himmelsrichtung ist der Süden und der Geschmack bitter. Die Körperöffnungen des Feuers sind die Ohren; das Sinnesorgan die Zunge und die Körperflüssigkeit ist der Schweiss. Zum Feuer gehören die Gefühle Freude und Glück; stimmhafter Ausdruck ist das Lachen. Blutgefässe und Gesichtsfarbe sind vom Feuer bestimmt. Das Feuer verleiht die Fähigkeit zu Traurigkeit und Schmerz. Mit dem Feuer verbunden ist der Geruch 'verbrannt' und hitziges Klima. Der Lebensaspekt, den das Feuer kontrolliert ist der Geist (... die Wurzel des Lebens; es bewirkt die Vielseitigkeit der geistigen Fähigkeiten .... das Herz nimmt den Geist, die göttliche Eingebung auf und beherbergt sie). Die Zahl ist sieben, die zugehörige Musiknote ist **chih** und ähnelt dem Klang der Mundharmonika mit 36 Rohrblättern. Die Note ist aus der Fünf-Ton-Leiter abgeleitet. (...man muss verstehen, dass Musik aus 5 Noten besteht, ...die fünf Eingeweide Herz, Leber, Nieren, Lunge, Milz sind verbunden mit den klar unterschiedenen Musiknoten.) (Aus Dianne M. Connelli. «Das Gesetzt der fünf Elemente»)

Beim Arbeiten mit einfachen Körperübungen, den Vokalen und den Tönen sprechen wir insbesondere den Solarplexus mit seinen Organen an und auch das Brustbein bzw. die Thymusdrüse. Wir richten unsere Aufmerksamkeit darauf, dass dort der Ursprung der Abwehrkräfte liegt (Immunsystem). Ich verbinde diese Tatsache auf der psychischen Ebene damit, dass wir dort zuerst auf Körperebene unterscheiden lernen zwischen Ich- und Nicht-Ich. Man vermutet auch im unteren Darmbereich ein vergleichbares, lymphähnliches Organ, die **Bursa Fabricia**. Bei Vögeln, bei denen man das Organ entfernte, stellte man fest, dass es anscheinend gerade die dem Thymus entgegengesetzte Wirkung hat; dieser bietet bei Schwächung eine zu grosse Öffnung des Körpers für Infektionen. Fehlt hingegen die **Bursa Fabricia** werden die Abwehrreaktionen erhöht. Beim Menschen vermutet man dieses Organ beim unteren Dünndarm. Störungen in der frühkindlichen oder vorgeburtlichen Phase könnten dann auf der psychischen Ebene eine in diesem Bereich übermässige Abwehrkraft bedeuten. Beim Thymus (obere Abwehr) würde ein undifferenziertes Ja beim Dünndarm ein undifferenziertes, rigides Nein die Folge sein.

Die anlaufenden Prozesse bringen Themen der Gewalt in der Familie zutage. Seien es chaotische, gewalttätige Streitereien unter den Geschwistern oder die Erfahrung erdrückender Hilflosigkeit beim Zuschauen müssen wie mit den Visionen der Heiligen Hildegard beschäftigt und ihrem Begriff der Viridità oder der Grünkraft wie sie sie auch nennt. Um meiner grossen Unruhe eine Richtung zu geben, war ich oft stundenlang in der Natur zu Fuss unterwegs. Dabei ist mir die Grünkraft näher gekommen. Sie ist direkter Ausdruck des Holzelementes und des ersten Frühjahrerwachens in der Natur; die Lebenskraft selber ist damit gemeint. Wie diese Kraft, das Tal und die schneebedeckten Berge und das besondere Licht auf mich wirkten und was ich dabei empfand, spürte, fühlte und dachte, kann ich am ehesten mit Erfahrung von Transzendenz ausdrücken. Die Natur selbst ist transzendent; sie ist vom heilenden Geist der Lebenskraft durchdrungen an Orten, wo sie der Mensch noch nicht zu sehr gestört oder gar zerstört hat. Die Unmittelbarkeit dieser Energie jedoch, die zum Beispiel von den weiss bis lilafarbenen Krokussen übersäeten Alpwiesen ausging, kann jede nur selber erfahren.

Wir strukturieren die Welt. Wieder habe ich – in positiver Weise – erlebt, wie sehr wir unsere Welt mit unseren Wünschen und Bildern prägen. Niemals zuvor hatte ich einen Adler in Wirklichkeit gesehen. Diesmal begegnete ich auf meinen Wanderungen dem aus dem Tal aufsteigenden Adler und dank der Aufmerksamkeit meiner Begleiterin auch dem Falken, beides lebendige Symbole der aufsteigenden Seelenführerinnen. Auch die allgegenwärtigen Raben und Krähen waren präsent, die wir als Symbol für die unteren Reiche betrachten.

Sontga Margriate. Ein Tafelbild der Heiligen Margarete in der Georgskapelle in Obersaxen zeigt sie mit dem grünen Drachen, mit rotem Kleid und grünem Mantel. Die Erfahrungen dieses Frühjahres lassen sie mich vergleichen mit der Grünkraft der Hl. Hildegard. Die Hl. Margarete überführt die unruhig drängende Holzkraft in die Zeit des Elements Feuer. Sie zähmt die unausgewogene Kraft des Drachen und bringt ihn/sie nicht um – anders als die Drachentöter.

SonneVenuskonjunktion in Zwillinge. Wenige Wochen vor der bevorstehenden Konjunktion zwischen Venus und Sonne zeigen sich die Auswirkungen deutlicher. Das im letzten Seminar angesprochene Thema der aufsteigenden und absteigenden Seelenführerinnen verdeutlicht sich. Wie verschieden die Ebenen sein können, auf denen die angesprochenen Themen erfahrbar sind, deuten die vorangegangenen Texte und die Schilderung meiner persönlichen Erfahrung in der Vorbereitungszeit an.

Laut Fremdwörterlexikon bedeutet Transzendenz das Überschreiten der Grenzen der bisherigen Erfahrung, des bisherigen Bewusstsein, des Diesseits (was ist Jenseits?). Transzendieren heisst, über einen Bereich hinaus in einen anderen (hin)übergehen, transzendent, die Grenzen der Erfahrung und des innerlich Erkennbaren überschreitend, übersinnlich, übernatürlich.

Lebenskraft durchdringen zu lassen – sie fliessen zu lassen. Die durch die Venusphasen angezeigten zyklischen Veränderungen der angesprochenen Themen weisen den Weg.

Diese Venusphase ist sehr geprägt von der Tatsache, wie nahe Spiritualität und Geistigkeit verbunden sind mit der Erfahrung unserer Körperlichkeit. Sind wir von unserer Lebenskraft getrennt, werden wir krank, fühlen uns entfremdet von uns selbst, den Menschen, der Natur und dem Göttlichen in uns. In allen Seminaren dienen unsere Bestrebungen deshalb in immer facettenreicherer Ausformung der Wiedergewinnung körperlicher, spiritueller und geistiger Integrität.

Etwas überraschend für mich sind im Hinblick auf die Junikonjunktion Schlangen aufgetaucht. Überraschend deshalb, weil ich bisher wenig mit der Schlangenmythologie anfangen konnte. Ausgelöst durch den Gedanken an den Merkurstab (Merkur gehört zu Zwillinge), um den sich zwei Schlangen winden, erinnerte ich mich auch an den Schlangenstab des Heilers Aeskulap. Beiden wird heilende oder schützende Kraft, dem Merkurstab gar Zaubermacht zugeschrieben. Der Gedanke an die Schlangenkraft verliess mich nicht mehr und ich erzählte bereits von meinem Besuch im Zoo. Am beeindruckendsten war die Erfahrung der vibrierenden vegetativen Energie, die ich nach einer gewissen Zeit im Raum wahrnehmen konnte. Besonders die grosse Python, die ich während fast einer Stunde beobachtete, versinnbildlichte mir, was es bedeuten könnte, ganz im Körper sein. Die Intensität dieser mächtigen vegetativen Kraft erfüllte und umhüllte mich mit einem warm pulsierendem Wohlbefinden und ich erkannte sie als meine ureigenste weibliche Kraft. Allerdings gibt es auch die destruktive Seite dieser Kraft. Gestaute Wut, Rache, Hass, Neid, Eifersucht, Angstgefühle sind die Folgen und erdrücken uns, wenn wir sie verdrängen. Pluto, der mir schon seit langem als Symbol für das verdrängte und unterdrückte Matriarchat sprich weiblicher Lebenskraft gilt, weist im Horoskop darauf hin, wo wir am ehesten den negativen Folgen dieser Kraft ausgesetzt sind, aber auch, wo wir durch positiven Machtzuwachs bereichert werden können. Der Transit des Pluto durch das Schützezeichen zeigt an, in welchen Bereichen wir konfrontiert werden mit dem Thema Macht und Machtmissbrauch.

Seit 1995 befindet Pluto sich im Tierkreiszeichen Schütze. Bei Berücksichtigung der Präzession, befindet sich Pluto im Skorpion, dem er auch als Zeichenherrscher zugeordnet ist. Das Zeichen Skorpion wiederum hiess ursprünglich auch Schlange. Das Sternbild Ophiucchus – von mir mit Schlangenträgerin übersetzt im Gedanken an die Schlangengöttinnen von Kreta – liegt im Bereich des Skorpion. Die Schlange (damit könnte auch die Milchstrasse gemeint sein, die sich von Skorpion/Schütze zum Zeichen Zwillinge erstreckt und als Ursprung unserer Galaxie gilt) wandelt sich in den aufsteigenden Adler. Der Adler, den ich auch als Symbol für die

> **aufsteigende Seelenführerin** bezeichnet habe, könnte dann bewusst eingesetzte Macht beziehungsweise die Umwandlung unbewusster – weil unterdrückt und verdrängt – jedoch mächtiger und ursprünglicher weiblicher Lebenskraft sein. Ich will die **Schlange Macht** in ihrer ursprünglichen Form zurück haben – so kraftvoll und körperhaft wie ich sie bei den Schlangen im Zoo erfahren habe – damit weibliche **Schlangenkraft** ihre magische, heilende und schützende Kraft wieder ausüben kann. Immer, wenn ich mich einem Thema auf prozesshafte Weise nähere, häufen sich konkrete Erfahrungen, die sich darauf beziehen. Das betrifft sowohl das Schlangenthema, als auch den Bereich der Psychosomatik und ich staune, wie folgerichtig sich das Thema der **Inneren Heilerin** aus sich selbst heraus entwickelt hat.

1996   4. Jahr: Erkenntnis und Ausgewogenheit

Wir bereiten uns auf unseren Besuch im Zoo vor. Ich spreche davon, wie wir uns mit den Tieren auf energetischer Ebene in Verbindung setzen können. Wenn wir versuchen, uns auf unser Stammhirn einzustimmen, das heisst **ganz Körper zu sein und mit dem Körper zu denken**, ist es möglich, mit Tieren zu kommunizieren. Unser Besuch im Zoo gilt vor allem den Schlangen. Ich hoffte, die Frauen würden vielleicht ähnliche Erfahrungen mit den Schlangen machen wie ich bei meinem Besuch. Diese Hoffnung erfüllte sich nicht. Hingegen kam es zu einer anderen unvergesslichen Begegnung. Wir wollten uns den Schlangen spiralig annähern. Auf diesem Weg kamen wir bei den Raubkatzen, den Eisbären und den Schildkröten vorbei. Und dort begegneten wir dem sich frei auf den Wegen bewegenden **Pfau**. Kurz vorher hatte ich die Frauen nochmals daran erinnert, sich auf ihr Stammhirn einzustimmen und mit den Augen in der Weise zu schauen, dass sie das Gesehene empfangen können. Wir näherten uns ganz ruhig dem Pfau und blieben in einer Entfernung von vielleicht zwei Metern stehen. Er hatte nicht die Absicht, uns den Weg freizugeben. Und ohne uns absprechen zu müssen, versuchten wir mit dem Pfau in der vorher erwähnten Weise zu kommunizieren. Er betrachtete uns aufmerksam während drei bis vier Minuten. Dann begann er, sich ein wenig zu bewegen. Auch jetzt ging er nicht weg und an seiner Haltung konnten wir erkennen, dass es wohl nicht lange dauern würde, bis er beginnt sein Rad zu schlagen. Und tatsächlich, er öffnete sein Gefieder und zeigte sein Rad in der ganzen Farbenpracht. Was sich jetzt abspielte, war einfach wunderbar. Er begann sich hin und her zu bewegen, sich drehend und wendend – immer mit dem geöffneten Gefieder – und zeigte sich uns von allen Seiten. Kaum konnten wir es fassen, was sich vor unseren Augen abspielte. Die Szene dauerte etwa zehn Minuten, bevor er dann doch im Gebüsch verschwand.

Noch erfüllt von der Unmittelbarkeit dieser Erfahrung, empfanden wir den Besuch bei den Schlangen nicht mehr so eindrücklich. Doch wie sich hinterher zeigte, immer noch eindrücklich genug, um die Schlangenthematik zu vertiefen. Der Zürcher Zoo liegt auf der Sommersonnwende-Linie (von der Annaburg aus betrachtet) und nicht weit von der beschriebenen Mondknotenextremlinie entfernt. Ein grosser Stein beim kleinen Weiher weist Visurlinien auf, welche in die Richtung zur Annaburg weisen. Am kleinen Weiher blühten zu dieser Jahreszeit gelbe Wasserlilien. Wir gossen Wasser auf den Stein, sodass die Rinnen sichtbar wurden. An Stadtplan und Kompass konnten wir ablesen, dass die Richtung wirklich stimmt.

Wir liessen den Tag nochmals an uns vorüberziehen. Das Erlebnis mit dem Pfau hat uns versöhnt mit dem Gedanken, dass die Tiere im Zoo in ihrer Freiheit eingeschränkt sind. Die Verbindung zu den Tieren über unser Reptilienhirn ermöglichte eine ganz andere Erfahrung, die nicht mehr geprägt war durch unsere negativen Empfindungen der Enge und unsere Gefühle des Eingeschränktseins. Sie wirkte Bewusstseins erweiternd. Dieses Erlebnis ermöglichte auch Einsichten in die Art, wie wir selber unsere Welt einschränkend strukturieren.

Im Wendekreis des Krebses
Sontga Margriate und Sontga Anna – Jupiter und Saturn – Die Neuner Menschen

Seminarbrief: Für dieses Jahr, so scheint mir, stimmt die sonst übliche Überschrift «... und schliesst sich wieder» nicht. Das hat mich arg in Bedrängnis gebracht, bis ich wenigstens teilweise merkte weshalb. Einer der Gründe ist die Tatsache, dass die Sommerwoche beinahe zwei Wochen früher stattfindet als in den vier Jahren zuvor. Der Himmel hat sich noch nicht geschlossen und alles ist noch im Fluss. Bilder, Ereignisse und Erfahrungen dieser Tage gehören noch zum Thema der Junikonjunktion Integration der Heilerin und nur teilweise überschneiden sie sich mit oder gehen fliessend über zum Thema «... und schliesst sich wieder». Mutter und Kind. Haben und Sein. Mitte. Die innere Drachin lieben lernen. Der andere liegt wohl darin, dass ein vierjähriger Venuszyklus zu Ende geht. Ganz deutlich kann ich wahrnehmen, dass diese Junikonjunktion die Vollendung eines zyklischen Prozesses bedeutet und etwas Neues beginnt. Dieser Zyklus kann in achtjährige Phasen eingeteilt werden und ist letztendlich ewig. Und doch, wenn wir den Schleifen der Venus wie dem roten Faden im Labyrinth folgen, können wir eine im Körper und im Kosmos verankerte Orientierung in Zeit und Raum finden.

1996 4. Jahr: Erkenntnis und Ausgewogenheit

Sontga Margriate. Ihren Spuren folgend, habe ich eine sehr simple und doch aufregende Entdeckung gemacht. Noch heute wird auf der Weltkugel der 23. Grad nördlich, wo die Sonne im Sommer ihren Höchststand erreicht, als Wendekreis des Krebses bezeichnet, obwohl wir wissen, dass der Sommersonnwendpunkt astronomisch als Folge der Verschiebung der Sternbilder (Präzession) heute zwischen den Sternbildern Stier und Zwilling liegt (astrologisch Zwilling und Krebs). Das heisst, dass der Name Wendekreis des Krebses einen Zustand bezeichnet, der etwa demjenigen zwischen dem Jahr 2200 v.u.Z. bis 1 entspricht und somit der antiken Vorstellung der Welt. Die Bronzesiedlung von Falera und die dortigen Steinsetzungen fallen in diesen Zeitraum. Für unsere Arbeit erhellend ist die Tatsache, dass die Namenstage der Sontga Margriate und der Sontga Anna auf 28° Krebs/3° Löwe fallen, das heisst in die Zeit, die dem Wendekreis des Krebses entspricht. Interessant ist auch die Tatsache, dass der Tag der Heiligen Margarete noch heute in Falera gefeiert wird. Dass der Zeit im Wendekreis des Krebses besondere Bedeutung zukam, zeichnet sich auch im heute noch gebräuchlichen schwedischen Kalender ab. Während dieser Zeit nennt der Kalender während einer Woche für jeden Tag einen Frauennamen: Sara, Margareta, JohAnna, Magdalena, Emma, Kristina. Die Sontga Margriate wird auch von Caminada («Die verzauberten Täler») als vorchristliche Göttin erwähnt. Ob sie und Sontga Anna Sonnwend- oder sogar Sonnengöttinnen waren oder in den Erscheinungen der Venus: Töchter der (ehemals als weiblich verstandenen) Sonne?

Die Spuren haben mich bis nach Mexico geführt und zum Kalender der Maya. In meinem Büchergestell liegen schon seit etwa drei Jahren Bücher über Mittelamerika. Eines davon beschreibt die astronomischen Zusammenhänge mit den Kultplätzen der Maya und anderer mittelamerikanischer Völker, die alle einen Kalender- und ein Zahlensystem benützen, in dem die Sonne/Mond/Venuszyklen integriert sind, beziehungsweise zu Grunde liegen. Die Venus als Morgenstern wird als die männliche Gottheit Quetzalcoatl bezeichnet und in Gestalt der Gefiederten Schlange dargestellt. Obwohl der Kult der Inka, Azteken und Maya nach unserer heutigen Auffassung grausam ist, kennen sie doch den Gedanken der Wiedergeburt.

Wiedergeburt und Transzendenz. Seit Mittwoch 3. Juli bewegt sich die seit der Konjunktion scheinbar rückläufige Venus wieder vorwärts. Als Morgenvenus steht sie in Verbindung mit dem abnehmenden Mond, der symbolisch üblicherweise mit Opfer, Sterben und Tod in Verbindung gebracht und entsprechend negativ gewertet wird. Sprüche wie: «Morgenrot, am Abend tot», weisen darauf hin oder auch die Tatsache, dass Krieg nur unter der Morgenvenus begonnen werden durfte. Auch die chinesische Symbolik kennt die Venus als Krieger (Metall).

> Unterwegs auf einer Wanderung wie vom Blitz getroffen ein Begreifen: Vom Moment der Geburt an sind wir zum Sterben bestimmt und deswegen ist die im Osten aufsteigende Morgenvenus tatsächlich das Symbol für Wiedergeburt. Was aber haben die herrschenden Philosophien und die christlichen Religionen daraus gemacht? Spiritualität, die nur die Angst vor dem Jenseits kennt, Arbeit als Zwang und Beziehung als Pflicht? Das Leben ein Jammertal?
>
> Spiegel, Spiegelungen. Neue Bilder brauchen wir. Bilder, die uns in der wertschätzenden Wahrnehmung unserer Selbst und der Anderen unterstützen. Sie sollen uns stärken für die Bewältigung unseres Alltags. Ein Alltag, der uns zunehmendem Druck verschiedenster Art aussetzt; wo Angst und Gewalt auf der ganzen Welt zunehmen. Angst und das Bestreben, sie unter Kontrolle zu halten, führt zu Machtmissbrauch; Angst, Kontrolle und Machtmissbrauch gehen immer Hand in Hand. Wie können wir uns davor schützen? Vor unserer eigenen Angst und der Neigung zu Machtmissbrauch? Was kann uns unterstützen im Bestreben, angstfreier zu leben? Eine der wichtigsten Voraussetzungen ist meines Erachtens Wertschätzung und die positive Spiegelung in Beziehungen. In erster Linie natürlich die positive Spiegelung unserer frühen Betreuungspersonen, die Frauen (und Männern) oft mangelte; in besonderer Weise jedoch den Frauen, deren spiritueller und geistiger Spiegel der Weiblichen Dreifaltigkeit zerbrochen ist. Welche Bedeutung gewinnen die Erfahrungen aus dem letzten Wochenende in diesen Zusammenhängen? Was spiegelt uns der Pfau? Die Schlangen? Die Drachin? Diese und weitere Fragen werden uns im Seminar beschäftigen.

Die Ernte einbringen, erweist sich als grosse Herausforderung an die Gruppe und diesmal insbesondere an mich. Als hätte ich unbewusst voraus geahnt, wie feurig sich diesmal die Drachin und Schlangenkraft zeigen würde, empfand ich auf der Hinfahrt zum Seminarhaus heftige Spannungen und Reaktionen im Bereich von Gallenblasen/Leber- und Herz- und Dünndarmmeridian, die den Elementen Feuer und Holz der chinesischen Elementenlehre entsprechen. Sie sind unter anderem verbunden mit Ordnen, Unterscheiden, Wertschätzung und Kritik, Freude und Schmerz, mit Planen, Urteilen, Entscheiden, Wut und Kontrolle und mit Klarheit in der Wahrnehmung.

Die Absicht, neue Formen von Abgrenzung und Nähe, Selbstbestimmung und Bezogensein in dieser Gruppe einzuüben, muss in diesem vierten Jahr die Feuerprobe bestehen. Widerstand, Wertschätzung und Autonomie sind in erster Linie die Themen in diesem Juliseminar; die Krittikas sind am Werk. Und nicht zum erstenmal fällt mir auf, dass sich die Beziehungsthemen innerhalb

1996 4. Jahr:
Erkenntnis und Aus-
gewogenheit

der Gruppe, wie auch zwischen mir und den Teilnehmerinnen, ähnlich entwickeln, wie es in der Entwicklungspsychologie des Kleinkindes beschrieben wird. Konfliktherde, die ich aufgrund meiner eigenen Betroffenheit nicht gut genug erkenne, zeigen mir deutlich und manchmal auch schmerzlich meine diesbezüglichen blinden Flecke auf. Es zeichnet sich langsam ab, dass unbewusste oder nicht ausgesprochene gegenseitige Erwartungen, Enttäuschungen, Ärger und Angst vor Autonomieverlust, aber auch Beziehungsverlust sich in diesem Jahr aufgebaut haben; teils als Folge der Reise, teils weil es mehrere Wechsel in der Gruppe gegeben hat, teils wegen meiner blinden Flecke.

Nach den ersten Übungen und Prozessen, die durchaus auch positiv verliefen und berührende Erkenntnisse bezüglich der persönlichen Geschichte brachten, wurde jedoch sehr viel von Feuer, gestauter Hitze, auch von Kreuzschmerzen, einer Zahnentzündung und von Intensität, gesprochen. Und ich begann mich zu fragen, was wir wohl brauchen würden, um unser Feuer konstruktiv zum Ausdruck zu bringen.

Verstärkt durch das Tischgespräch vom Vorabend, wo buchstäblich vom «Scheissen» die Rede war – die Frauen erzählten von verschiedenen Sitten, wie sie bei der Ausscheidung von Fäkalien und Urin in Indien, China und Südamerika gehandhabt würden – beschloss ich am nächsten Morgen, das Erdfeuer zu aktivieren, das heisst Anus, Pobacken, Becken, Kreuz- und Steissbein und damit auch die Schlangenkraft.

Im Freien stellen wir uns im Kreis auf und beginnen mit verschiedenen Übungen. Bei der Aufforderung zum Tönen mit den Vokalen, beginnend bei A und M für Mitte, kommt wenig Reaktion. Ich fahre weiter, bis schliesslich klar ist, dass die Frauen sich weigern, meinen Aufforderungen zu folgen. Ich begegne fast einhelligem Widerstand und in mir läuft die ganze emotionelle Palette ab! Aber ich löse den schweigsamen Kreis noch nicht auf. Mit aller Deutlichkeit taucht das Bild einer aufgerichteten Kobra in mir auf, während unser Kreis den Schlangenkorb bildet. Ich begreife: durch die Übungen wurde wirklich bei jeder die Schlange geweckt, mit den konstruktiven und destruktiven Seiten – und beide sind notwendig.

Ich male meine Schlange – mächtig, aufgerichtet wütend und erregt – auf ein Blatt Papier. Den Schlangenkorb zeichne ich auf ein zweites. Dann fordere ich die Frauen auf, das was sie erlebt haben in konzentrierter Form bildhaft in den Schlangenkorb zu legen. Das löst den Bann. Es entsteht wieder Bewegung; mit Lust legen sie Wut, Trotz, Widerstand und Scham in den Schlangenkorb. Die Nachbesprechung zeigt, dass ich für einige zur **bösen Mutter** wurde, autoritär (ich fragte nicht nach ihren Wünschen am Morgen) und uneinfühlsam (ich spürte nicht, was sie brauchen) und eine fand, dass ich wohl überfordert sei damit, in der Gruppe zu sein und gleichzeitig Leiterin – womit sie wohl teilweise recht hatte. Später taucht nochmals in meinen inneren Bildern das Thema Arsch auf; in gewissen Kulturen ist es weniger schlimm, den Po zu zeigen, als das Gesicht; in China ist das Gesicht verlieren schlimmer als alles andere. Schuld und Scham – ein nicht endenwollendes Thema.

Die Auseinandersetzungen gehen weiter, zwischen einer Teilnehmerin und mir, zwischen zwei Teilnehmerinnen – und immer wieder geben wir uns Zeit zum Sitzen und Schweigen und übertragen das Erlebte auf unsere Bilder. Ich durchlebe innerlich Zustände von sinnloser Zerstörungswut bis Trauer und Schmerz: **Schlangenkraft** weckte in uns allen die ganze emotionelle Palette und auch die Entschlossenheit, nicht zuzulassen, dass sie das aufgebaute Vertrauen in neue Beziehungsformen ganz zerstört. Umwandlung ja – aber nicht einfach Zerstörung. Im Verlauf dieser Konfliktbereinigungen zerstückle ich die **Schlange der Macht** auf dem Bild mit acht abnehmenden Mondsicheln in neun Teile. Später übergeben wir das, was wir verwandeln möchten, dem Feuer zur Transformation; jede ihr Teil aus dem Schlangenkorb. Wie hatte ich im Seminarbrief geschrieben? «Ich will die Schlange Macht in ihrer ursprünglichen Form zurück haben – so kraftvoll und körperhaft wie ich sie bei den Schlangen im Zoo erfahren habe – damit weibliche Schlangenkraft ihre magische, heilende und schützende Kraft wieder ausüben kann.»

Vertrauen in die Kräfte der Tiefe   Auflösung – Umwandlung – Spiritualität

Seminarbrief. Es fällt mir schwer, den Seminarbrief zu schreiben. Seit dem Juliwochenende fühle ich mich wie entzweigerissen vom Bedürfnis nach Ruhe und Rückzug einerseits und meinem Wunsch, auf dem spirituellen und geistigen Weg weiterzugehen. Die Zweifel, ob die Venusseminare die richtige Form aufweisen, um Erkenntnisprozesse zu initiieren ohne wieder und wieder neue Verletzungen zu verursachen, sind gross. Im **Wendekreis des Krebses**, dem

1996 4. Jahr:
Erkenntnis und Ausgewogenheit

Thema unseres Juliseminars, sind wir den Folgen beabsichtigter und unbeabsichtigter Gewalt und des Machtmissbrauches in äusserer und verinnerlichter Form wieder begegnet. Werden Gewalt und Machtmissbrauch wirklich nie zu Ende gehen? Schwer misshandelt, ist in meinem Traum der Fischermann (König der Fischer/Suche nach dem heiligen Gral) zusammengebrochen und gestorben. Während Wochen sah ich als einzige Möglichkeit nur den absoluten Rückzug. Schmerz, Trauer aber auch Wut wechseln sich ab mit dem Wunsch, in spiritueller und geistiger Eigenverantwortlichkeit nach Erkenntnis zu trachten und nicht Schuldige zu suchen.

Der Wunsch, mir eine Seminarpause zu gönnen, war stark. Ich schlage vor, dass wir uns gemeinsam entscheiden, ob und wenn ja, in welcher Form wir weitergehen. Der richtige Zeitpunkt, die Entscheidung zu treffen, wäre meines Erachtens das Februarwochenende. Bis dahin wird es möglich sein, eine Übersicht über unsere Vorräte in Form von Erfahrungen, Wünschen und daraus resultierenden Konsequenzen zu haben und zu entscheiden, wo und wie wir unsere neue Saat ausbringen wollen. Es ist das letzte Novemberwochenende in unserem vierjährigen Zyklus. Zeit, die Ernte in Form unserer Erfahrungen zu ordnen: «die Guten ins Töpfchen, die Schlechten ins Kröpfchen» oder etwa umgekehrt?

Vertrauen in die Kräfte der Tiefe heisst das Leitthema unseres Novemberwochenendes. In den letzten drei Jahren haben wir versucht, dieses Thema mit unseren Bildern und Erfahrungen zu füllen. Das wärmende und einhüllende gelborange leuchtende Licht der grossen Kürbisse im Lindenbaum neben dem Haus und die kleinen persönlichen Lichter in Form der Räbeliechtli sind mir zum inneren Bild eines neuen Begreifens dessen geworden, was es heissen könnte, Vertrauen in die Kräfte der Tiefe zu haben. Nach diesem Sommer stellt sich mir die Frage von neuem. Was sind das für Kräfte, auf die wir vertrauen sollen/wollen/gern möchten und doch wieder nicht können?

Im Gruppenhoroskop für den 1. November gibt es ein venusisches (pythagoräisches) **Lerndreieck**. Es besteht aus einem Trigon-, einem Quadrat- und einem Quinqunxaspekt. Dieses venusische Lerndreieck wird gebildet durch die Planeten Saturn, Pluto, Mars. Sie gelten in der Astrologie als die drei Bösewichter. In der Mythologie hat **Pluto** (Hades/Reichtum) **Persephone** in die Unterwelt entführt, **Saturn** ist Hüter der Schwelle und frisst seine eigenen Kinder auf, während Mars seine Kräfte martialisch lebt, das heisst Schmerzen zufügt oder zum Tode befördert. Auch wenn ich es hier etwas salopp formuliere, ist nicht daran zu zweifeln, dass diese Kräfte uns in ihrer destruktiven Form zerstören können – auch unsere Anstrengungen, konstruktivere Beziehungsformen zu entwickeln.

> **Vokalmeditation am Tag des Vollmondes: chiro**
>
> Ich begegne dem Racheengel, dem Werwolf, wildernden Hunden, dem reissenden Tiger und dem Gottseibeiuns. Meinem Ehrgeiz, der Gier nach Ansehen und Bestätigung, meiner Wut und dem Schmerz, dem Krieg, einem Erdbeben, der Apokalypse. Der gierig geifernden Machthungrigen und der vor diesen destruktiven Mächten angstvoll in Schreck und Abwehr Erstarrten, dem alles verneinenden Geist, der mich verleugnet und bestreitet, dass ich das bin. Ich begegne meiner Jahrtausende unterdrückten ungestümen Kraft und dem Willen zum ÜberLeben, der E/Motion meiner ungebändigten Drachenkraft.

Das vergangene Jahr hat viele Turbulenzen mit sich gebracht und die im Seminarbrief vom November 1995 erwähnten individuellen und kollektiven Wandlungsprozesse sind voll im Gange. Pluto im Skorpion konfrontiert uns immer wieder mit dem Aufbrechen von alten Zwängen und Machtstrukturen. Ich habe dem oft noch wenig entgegenzusetzen und fühle mich müde und erschöpft von den grossen Veränderungen, denen ich und auch die Teilnehmerinnen teilweise ausgesetzt sind. Der Aufenthalt im Bergtal bringt uns allen Erholung. Wir geniessen das strahlendes Herbstwetter und das Goldgelb der Lärchen; es ist fast sommerlich warm.

Es bietet sich von selbst an, diesmal den gemeinsamen Weg nach draussen zu verlegen. Wir steigen am nächsten Tag über die Alpweiden zum kleinen Teich hoch, über dem im Sommer die Libellen tanzen. Und wie im Märchen von der Frau Holle, tauchen wir in den Teich ein. Das warme Novemberwetter machte ein Bad möglich. Teiche und Brunnen führen in der Mythologie von Frau Holle in die Anderswelt; sie sind die Tore dorthin. Der Teich am untern Ende der gelben Tuffsteinwand über die das oben entspringende Quellwasser fliesst, empfängt uns umfangend und bereitwillig. Der Ort weckt in uns das Gefühl willkommen zu sein. Wie neugeboren steigen wir aus dem Bad. Nach unserer Rückkehr führen wir unsere Tradition des Räbeliechtli Schnitzens weiter und höhlen auch den grossen Kürbis aus, unser Symbol für die Sonne in der Tiefe.

Dann jedoch trägt uns der nächste Tag in die Tiefe: Themen des Loslassens, der Trennung und des Abschieds verursachen Traurigkeit und Schmerzen. Unser Vertrauen in die Kräfte der Tiefe wird auf die Probe gestellt. Wieder steht die Frage im Raum, ob die Seminare weitergehen sollen. Wir entscheiden jedoch erst im Februar, wenn die Kräfte wieder langsam aufbrechen. In der Zeit des Unteren Tores ruht und reift, was wiedergeboren werden will, während Überlebtes in der Erde verbleibt. Den Kürbis übergeben wir diesmal der Erde. Wir lassen ihn in der kleinen, zufällig entdeckten Höhle in der Nähe des Hauses. Ein paar Wochen später finden wir nichts mehr davon; vielleicht hat der Kürbis einem Tier als Nahrung gedient.

1996 4. Jahr: Erkenntnis und Ausgewogenheit

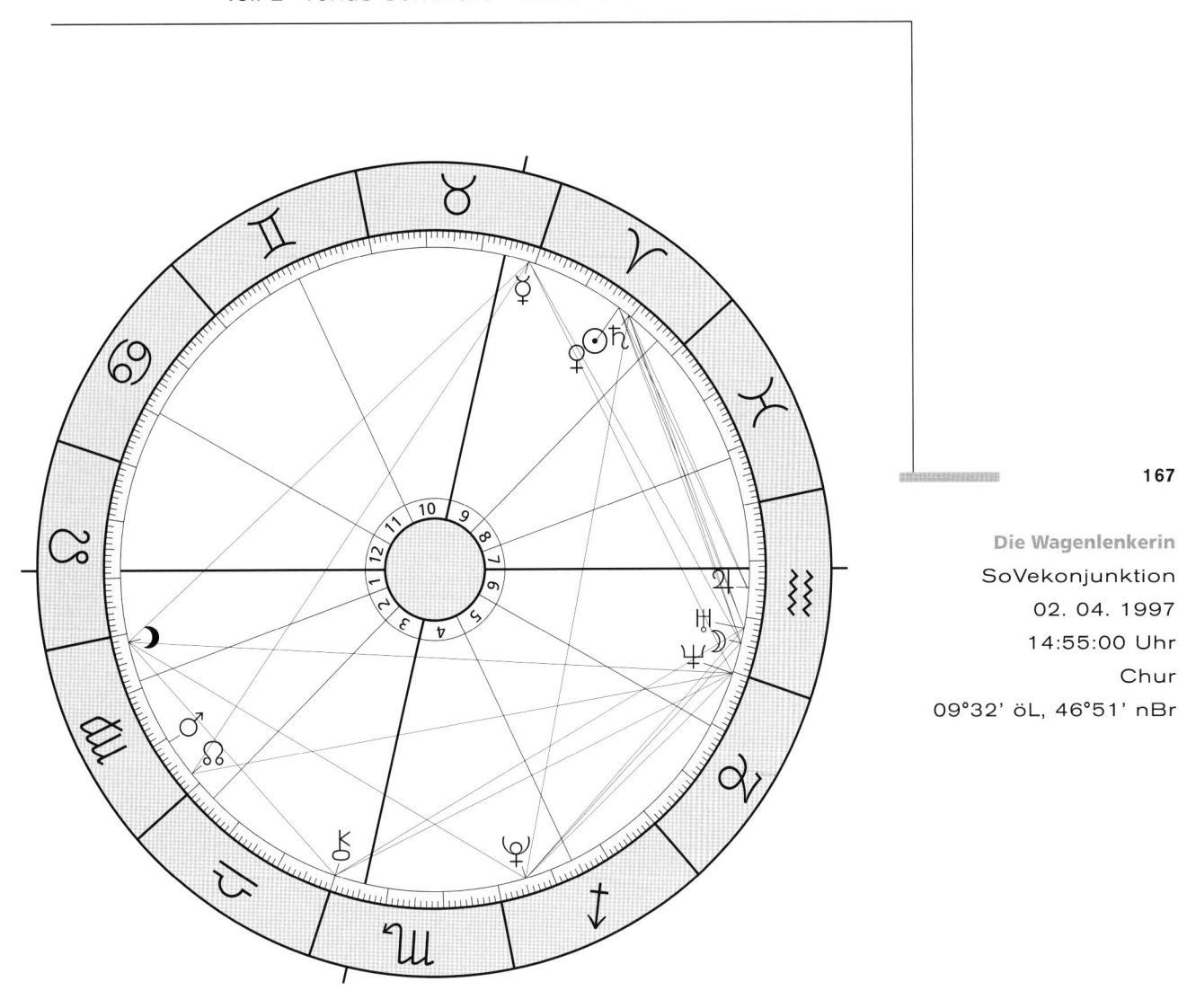

Teil 2 Venus-Seminare Die zweiten 4 Jahre – Erntezeiten

Die Wagenlenkerin
SoVekonjunktion
02. 04. 1997
14:55:00 Uhr
Chur
09°32' öL, 46°51' nBr

Planeten:	☉ 12♈49	♄ 10♈35	☊ 28♍40	⚷ 29♑33
	☽ 05♒19	♅ 07♒59	Asc 18♌39	✳ 29♉29
	☿ 01♉19	♆ 29♑43	MC 06♉31	⊕ 11♊08
	♀ 12♈49	♇ 05♐26ʀ	⊕ 09♑47	⊛ 10♌23
	♂ 20♍49ʀ	⚸ 00♏09ʀ	⚴ 13♓39	⊕ 11♏58
	♃ 15♒17	☽ 01♍36	⚵ 23♒44	☋ 28♓40

1997 5. Jahr:
Die Vorbereitung

02. Februar	Wiedergeburt ins Licht
02. April	Die Wagenlenkerin/SoVekonjunktion/M
21. Mai	Der Himmel öffnet sich ...
21. Juli	... und schliesst sich wieder
02. November	Vertrauen in die Kräfte der Tiefe

Wiedergeburt ins Licht Inspiration

Seminarbrief. Die Geburt der neuen Ordnung aus dem Chaos ist das Thema der Februarseminare. Wie Chaos fühlen sich auch meine Empfindungen, Ideen und Gedanken an, die wild durcheinander stieben und mich vorerst hindern, mich in Ruhe hinzusetzen, um diesen Brief zu schreiben. Es ist, als würde ich gegen ein Phantom kämpfen, bis sich Bilder und Erfahrungen aus meiner letzten Vokal- und Klangmeditation in mein Bewusstsein drängen. In der offenen Haltung des M spürte ich mächtige Kräfte aus dem Süden heran drängen. «Gott steh' mir bei», dachte ich. «Ich brauche die Kraft aus dem Norden, die mir den Rücken stärkt, um diesem Ansturm standhalten zu können.» Laut wiederholte ich: «Gott steh' mir bei». Zugleich fragte ich mich, wer und wie «Gott» wohl sei?

Wenige Minuten später sehe ich von meinem Fenster aus einen mächtigen Schwarm schwarzer Vögel von Süden nach Norden ziehen. Möglicherweise waren es die Bergdolenschwärme, die ich später verschiedentlich am Himmel ihren Tanz aufführen sah. Nie flogen sie jedoch so tief, wie zum Zeitpunkt meiner Meditation. Welche Mächte drängen aus dem Süden nach Norden? Mit der Erinnerung an diese Erfahrung löste sich das Phantom auf. Etwas wie ein Begreifen kommt auf: Es ist mehr als mein persönliches Unvermögen, wenn ich mich dem Chaos ausgeliefert fühle. Je tiefer wir uns in die Art unserer Arbeit hineinbegeben, umso mächtiger werden auch Gegenkräfte spürbar. Es ist gut, diesen Weg nicht allein zu gehen. Ist es der Weg der Schamaninnen? Oder wie sonst sollen wir diesen Weg nennen ausser geistig und spirituell und auf Frauen bezogen? Wer will diesen Weg gehen? Einen Weg, dessen Ende nicht abzusehen ist? Ich gehe den Weg in dieser Form. Die Entscheidung dafür habe ich vielleicht schon vor meiner Geburt getroffen. Und der Weg will uns ganz und wie wir uns auch drehen und wenden mögen, es bleibt immer derselbe Weg. Der Weg und die Wendungen der Venus oder der Lebensfaden der Spinnerinnen oder ... oder ... Und jede geht ihren Weg, mit der Vision ihrer inneren Bilder vor Augen. Auf und ab, hinaus – hinein, einatmen – ausatmen, Vergangenheit – Zukunft und die Unmittelbarkeit der Gegenwart als Weg. Und mit jeder Wende uns selber näher kommen. Und dem Himmel und der Hölle und der Erde. Der irdischen Gegenwart. Dem Alltag. Dem Tod. Dem Leben. Der Trauer und der Freude, den Tränen und dem Lachen, dem Tanzen und dem Reiten und und und.

In den letzten vier Jahren sind wir viele Wenden gegangen, sind zu Weggefährtinnen geworden und Spurenleserinnen auf verwischten, oft auch zugeschütteten Pfaden. Die Arbeit und die Zeit, die wir dafür aufgewendet und in der wir versucht haben, die Pfade wieder begehbar zu machen, haben mich in hohem Masse verändert. Unsere gemeinsame Arbeit hat mir neue Dimensionen von Spiritualität und Geistigkeit eröffnet, zeigt mir jedoch deutlich, wie sehr wir am Anfang des Wissens stehen. Doch was wir an Wissen und Erkenntnis gewonnen haben, ist mit dem reichen Schatz unserer ganz persönlichen Erfahrung verbunden. Schätze, die niemand uns streitig machen kann und die mich zum Weitergehen verlocken. Die Seminare sind Orientierungspunkte auf unserem Weg der Erkenntnis. Erkenntnis die uns bereichert an Körper, Geist und Seele.

Das diesjährige Wochenende soll der Klärung dienen, ob und in welcher Form wir weitergehen wollen. In den Wochen seit Hallowen ist meine Entscheidung für das Weitergehen herangereift. Das vergangene Jahr hat uns unter dem Thema **Die Integration der Heilerin** oft mit heftigen und intensiven Emotionen konfrontiert. Ich denke da vor allem an den **Schlangenkorb** und an die zerstückelte Schlange Macht, von der ich mir wünschte, dass sie in konstruktiver Form zu uns zurückkehrt. Das gilt noch immer. Heilerin, Grünkraft, Schlangenkraft – es ist auch die machtvoll drängende Kraft aus dem Süden, die meinen ganzen Körper erzittern liess in der Meditation. Wir benötigen guten Stand und festen Boden unter den Füssen, um ihr standzuhalten und Wahrhaftigkeit in der Auseinandersetzung mit uns selbst und anderen, wenn wir sie einsetzen und nutzen wollen. Um diesen Boden für uns zu festigen, stelle ich mir vor, in diesem Jahr keine neuen Frauen in die Gruppe aufzunehmen.

Der neue Venuszyklus, der mit der **Wagenlenkerin** (Konjunktion im Widder) mit einem rückläufigen Mars einsetzt, weist darauf hin, dass wir ausgiebig mit dem Thema unserer verinner-

1997 5. Jahr:
Die Vorbereitung

lichten Strukturen im Umgang mit Aggression und unserem Potenzial für Durchsetzung unserer Lebensziele konfrontiert sein werden. Wir werden uns auseinanderzusetzen haben mit den Erfahrungen der letzten Zeit, die durch die Rückläufigkeit nochmals aktiviert wird; in diesem Fall die Zeit von Anfang Dezember bis Anfang Februar. Wenn die Marskraft nach innen wirkt, haben wir Gelegenheit, unsere Muster bewusster wahrzunehmen. Meistens – wenn wir uns nicht freiwillig damit befassen – drängen uns Erfahrungen von aussen dazu, uns dem Thema zu stellen. Im persönlichen Horoskop betrifft es die Thematik des Hauses, in dem der Mars rückläufig wird.

Das Horoskop für das Februarwochenende weist eine Häufung von Planeten im achten Haus auf, das unter anderem interpretiert werden kann als Haus, in dem die Resultate der Beziehungen aus dem siebten Haus zum Tragen kommen. Es beschreibt recht genau die Situation dieses ersten Wochenendes, wo wir aufgrund der Erfahrungen der vergangenen Jahre uns neu aus- und einrichten wollen für den nächsten Vierjahreszyklus. Ich überschreibe ihn mit **Verantwortung und Liebe**.

Der Übergang zum zweiten Vierjahreszyklus zeichnet sich bei mir und den Teilnehmerinnen auf verschiedene Weise sehr deutlich ab. Sandra entsorgt Altlasten in Form des Nachlasses einer Freundin und fühlt sich dadurch wie befreit. Ellen wird auf einer Reise beinahe überflutet von intensiven Farberlebnissen und findet dadurch einen neuen Zugang zu ihren Gefühlen. Das wirkt sich sehr umfassend auf die Integration von Erfahrungen aus Körperprozessen aus, die mit Teilaspekten des Inneren Kindes zusammenhängen. Hanna gestaltet ihre Arbeitsbereiche neu, doch ist noch alles im Ungewissen. Nora erkennt immer deutlicher, wo ihr ihre eigenen inneren Prozesse bei der Arbeit oder durch Freundinnen gespiegelt werden und fühlt sich durch diesen Erkenntnisprozess zunehmend autonomer in Beziehungen. Auch bei mir zeichnen sich kommende Veränderungen ab; ich möchte näher mit der Natur leben und fasse einen Ortswechsel ins Auge. Nora hat bisher offen gelassen, ob sie weiterhin an den Seminaren teilnehmen will. Die Frauen fordern jetzt von ihr, dass sie sich klar äussert. Es fällt ihr schwer, zu ihrem Wunsch wegzugehen zu stehen. Der Entscheidungsfindungsprozess dauert den ganzen Nachmittag. Alle atmen auf, als es so weit ist. Um das Wochenende abzuschliessen, begeben wir uns gemeinsam zu der kleinen Höhle, wo wir im November unseren roten Kürbis hinterliessen; bei unserer Rückkehr zieht der Adler seine Kreise am Himmel.

Die Wagenlenkerin   Wunsch – Wille – Weg

Seminarbrief. Am Karfreitag läuten hier die Kirchenglocken nicht. Ein alter Brauch ist noch lebendig: drei Buben rätschen auf dem Hügel westlich vom Pfarrhaus. Die Rätsche besteht aus einer Holzkiste von etwa 70x50x40 cm. Auf einer Seite befindet sich ein Drehgriff, der im Innern der Kiste eine (nicht sichtbare) Rätsche in Bewegung bringt. Die Buben drehen abwechslungsweise, während etwa fünf Minuten vor Messebeginn den Griff, ebenso zum Abschluss. Beim zweiten Rätschen befinde ich mich in meinem Zimmer in einer Meditation und mein Körper findet sein eigenes Bild zum Geräusch der Rätsche: Eine Schlange windet sich um einen Stab (Wirbelsäule) und bringt unter meinem Schädeldach ein Rad in Bewegung. Es ist auch das Bild eines Baumes mit flacher Krone. Ich lasse die Öffnung in meinem Kopf zu, verbinde mich mit dem Punkt über mir, worauf meine Zähne zu klappern beginnen. Erst ziemlich stark, nachher in feinem Zittern. Die Vibration geht durch meinen ganzen Körper und wirkt sehr belebend. Ich erinnere mich, über das Rätschen gelesen zu haben, dass es auf den mittelalterlichen Brauch des Skelette- oder Knochenschüttelns zurückgehen soll, mit dem Ziel, die Toten wieder zum Leben zu erwecken.

Der Gedanke an Karfreitag und an das christliche Kreuz mit dem sterbenden Christus erinnert mich an dasjenige der Chamulamaya in San Cristóbal de las Casas, dessen drei obere Enden die Elemente Wasser, Luft und Feuer bedeuten oder die Himmelsrichtungen Westen, Osten, Süden und die Farben schwarz, rot, gelb. Zum Norden gehört weiss und die Mitte ist türkis. Auch das christliche Kreuz ist aus dem Lebensbaum entstanden; eine der Vorgängerinnen ist die Esche, der Lebensbaum der Kelten aus dem Lif und Lifdrasir geboren wurden: «Leben und der nach dem Leben strebende». Der Heilige Baum der Chamula im Chiapas ist der Seibalbaum, der in seinem jungen Wachstum ein Kreuz bildet und auf den Märkten findet man bunt bemalte Lebensbäume aus Keramik, in dem sich eine Frau und ein Mann befinden.

Kurz vor der SoVekonjunktion vom 1./2.4.97 transitieren Sonne und Venus über den Saturn. Der Transit des Saturn ist oft mit Trauer, Schmerz, Trennung und Tod und mit verlangsamtem Wachstum, mit Konzentration und Kristallisation verbunden. Die Frage stellt sich allerdings, was verursacht soviel Trauer und Schmerz? Da der Transit gerade jetzt zur Osterzeit stattfindet, liegt der Gedanke nahe, ihn mit Karfreitag in Verbindung zu bringen. Die Energien transitierender Planeten bereichern und verändern sich gegenseitig; Saturntransite konzentrieren die Kräfte.

Karfreitag und Ostern haben sich mir in diesem Jahr im unmittelbaren Zusammenhang mit den Elementen offenbart. Ostern erscheint mir als das Jahresfest, an dem sich alle Elemente manifestieren und sichtbar werden. Ostern verbindet uns mit dem lebendigen, mit dem diesseitigen

1997   5. Jahr:
Die Vorbereitung

Leben. Ein weiterer Gedanke hat sich in meiner Vokalmeditation nochmals vertieft, nämlich dass ich die Aprilkonjunktion zu Recht dem E zugeordnet habe. Es ist die Manifestation, das Sichtbarwerden des neuen Lebens.

Die Überschrift **Wagenlenkerin** mit den näheren Umschreibungen **Wunsch Wille Weg** habe ich vor Jahren intuitiv gewählt. Ob sie noch immer zutreffen, wenn ich die oben beschriebenen Gedanken zu Karfreitag und Ostern betrachte? Karfreitag könnte dann die Bedeutung haben, eigene Erfolge und Fähigkeiten, auch Reichtum oder Schönheit zu feiern, zu teilen mit der Göttin und den Menschen und Besitz, materiellen und geistigen, nicht zu horten. Es könnte auch heissen, den eigenen (erstarrten) Willen und damit einen Teil der Vorstellung über das wer und was wir sind, aufzugeben (das «Opfer») und zuzulassen, dass wir uns wirklich verändern. Einem Leben entgegen, das uns erlaubt, uns von den alten ausgefahrenen Wegen weg auf neue freud- und lustvollere hinzu zu bewegen in Verantwortung und Liebe für uns und alles Lebendige. Welches wirklich neue Wege sind, zeigt sich allerdings meistens erst im Nachhinein (!). Unsere gemeinsame Arbeit im Seminar soll uns dabei unterstützen, nicht den Mut zu verlieren über Ent-täuschungen, und darüber hinaus uns neugierig und mit Freude weitergehen zu lassen auf diesem Weg. Mut und Entscheidungskraft zum Weitergehen ist dem Element Holz zuzuschreiben, das zu dieser Frühjahrszeit gehört.

Diesmal beginnen wir mit der **Klang- und Vokalmeditation**, die sich in den letzten vier Jahren analog dem Pentagramm als Symbol für den Körper entwickelte. Ich habe etwas Copal von Mexico mitgebracht und räuchere damit den Raum. Ich dachte wenig zu nehmen, doch hätte ein Viertel davon genügt! Löst schon die Vokalmeditation oft viel aus, hat das geräucherte Copal noch etwas dazu getan. Mir öffnet der würzige Geruch die Lungen; mir wird warm im Gesicht und in Brust- und Bauchraum. Und eine der Frauen erinnerte sich an den Kerzensegen zu Lichtmess in der Kirche ihrer Kindheit: gekreuzte Kerzen werden an den Hals gelegt. Das lässt sie den Kopf etwas anheben und fühlt sich glücklicherweise gut an. Sie kann erstmals heute den Vokal E singen.

Wir beenden die Körperarbeit mit einer Rätsche. Das löst nochmals einiges aus: Sandra wird durch das metallische Geknatter an das Rattern der Nähmaschine erinnert, wenn die Mutter genäht hat. Sie oder ihre Schwester hätten dann meistens etwas bekommen. Doch die Mutter habe lieber gestrickt als genäht. Ellen wird an das Lärmverbot in der Kindheit erinnert. In jeder Zelle sitzt es und zieht sie zusammen. Ihre Ursprungsfamilie war sehr laut, ihre

Pflegefamilie, in der sie aufgewachsen ist, sehr leise. Niemand hat sie dort je weinen hören. Energie kommt auf, bei der Erinnerung, dass sie und ihre Geschwister durchaus mit Rätschen lärmten. Sie «findet» heute ihre linke Schulter wieder. Bei der Trennung von ihrer Zwillingsschwester in der Kindheit ging dieser Körperteil von ihr «verloren». Jetzt kann sie mit tränenerfüllter Stimme sagen: meine Schulter, mein Oberarm. Ähnliche Gefühle werden reihum ausgelöst. Der Raum ist bevölkert mit verletzten Kindern. Ich greife zu einem anderen Klangkörper. Die sanften Klänge wirken heilsam.

... und schliesst sich wieder

Sontga Margriate und Sontga Anna – Die innere Drachin lieben lernen

Seminarbrief. Die Sage von Sontga Margriate spricht viele der Seminarthemen an und fordert uns auf, uns von alten ausgefahrenen Wegen weg – und ohne den Mut zu verlieren nach Enttäuschungen – uns neugierig und mit Freude auf Neues hin zu bewegen. Dies wird dann möglich, wenn wir uns damit auseinander-setzen und sie akzeptieren. In diesem Sinne benötigen wir Aggression (aggredere = annähern), um im Alltag unser Leben wenigstens einigermassen unseren Bedürfnissen entsprechend einzurichten.

Nicht alle inneren Bilder sind uns bekannt, die uns beeinflussen und in eine bestimmte Richtung gehen lassen; viel häufiger sind es unbewusste Wünsche und Vorstellungen, die uns glauben machen, dass wir etwas aus einem bestimmten Grund täten. Das erkennen wir spätestens dann, wenn wir ein vermeintliches Ziel erreicht haben und dann enttäuscht sind über das Resultat oder wenn wir nicht begreifen können, warum ein anderes Ziel unerreichbar bleibt. Und es könnte geschehen, dass wir verunsichert in unserem Selbstausdruck, immer mehr von uns zurücknehmen und uns zurückhalten, unsere vitalsten Impulse abblocken und vor uns selbst oder anderen unsere (innere) Wirklichkeit verbergen. So wie das auch die Margriate tut, wenn sie sich als Mann verkleidet, damit sie unbehelligt auf der Alp arbeiten kann. Die Ursache ist allerdings nicht allein in ihrer individuellen Lebensgeschichte zu suchen. Sie liegt ebenso im kulturellen, religiösen und gesellschaftlichen Wandel, der die Frauen vieler Rechte beraubt hat. Sie ist eine Entwurzelte; so wie viele Frauen dieser Zeit in gewissem Sinne Entwurzelte sind. Diese Tatsache gab und gibt uns die Chance, kreativ mit unserem Entwurzeltsein umzugehen. Die schmerzlichen Erfahrungen in unserem persönlichen Leben können sich wandeln in Mitgefühl. Sie lassen uns auch autonomer werden und unabhängiger in unserem Selbstausdruck.

Heute steht in meiner Agenda als Sinnspruch: «Wohin du auch gehen magst, immer begegnest du Gott. Gott ist, was vor uns ist.» (André Gide) Was liegt denn zur Zeit vor mir? Was liegt vor dir? Wohin zieht es dich? Worin siehst du dein Glück? Oder die Erlösung? Wohin trägt dich deine Sehnsucht und dein Herz? Wir können uns auch fragen, wohin es die Sontga Margriate trägt, wenn sie von der Alp weggeht und was sie hinter sich gelassen hat. Hat sie dort Gott gefunden in der Enttäuschung über das Verhalten des kleinen Sennen? Oder macht sie sich auf den Weg, um ihn anderswo zu finden? Ist das überhaupt ihre Absicht? Was wir wissen ist, dass sie sich verabschiedet und weitergeht auf ihrem Weg. Ist es ihr Weg? Geht sie ihn freiwillig? Wohin trägt uns unser Herz? Wohin wird der Weg führen? Wie erkennen wir, ob und wie wir Gott da begegnen? In uns selbst? In unserem Gegenüber? In der Natur oder im Kosmos?

1997 5. Jahr:
Die Vorbereitung

Das Grosse Tor beginnt im Januar 1998 und endet im November 1998. Aus der Sicht der Venusseminare wäre es ein Orientierungspunkt für die Fragen des Wohin. Aus unseren bisherigen Erfahrungen wissen wir, dass damit wirklich etwas Neues beginnt. Es kann die Erfahrung einer Kehrtwende sein in unserem bisherigen Verhalten. Der sich ewig wiederholende Wechsel von der Abend- zur Morgenvenus macht uns darauf aufmerksam, dass es immer um beides geht, Altes zu Ende zu bringen und Neues zu beginnen. Allerdings scheint es, dass diesmal ein grösserer Zyklus (zum Beispiel jener der Jahrtausendwende) endet und neue Erfahrungswelten sich anbahnen.

Erfahrungen können uns belasten oder beglücken und erfreuen. Immerhin glaube ich, dass viel von unserer Einstellung abhängig ist, wie und womit wir uns konfrontieren auf unserem Weg und damit selber mitbestimmen können, wie wir Momente des Glücks oder der grossen Trauer erfahren. Sind es vielleicht diese Momente, wo wir Gott in uns erfahren? Ist dann diese momentane Erfahrung Gott? Oder sind es der und die Andere, durch die wir eine Erfahrung machen? Ist es das, was wir mit ‹ausserhalb› oder mit ‹Nicht-Selbst› bezeichnen? Oder ist das Streben nach der Erfahrung eines ‹himmlischen Gottes› die Folge der Enttäuschungen mit irdischen Begegnungen? Oder sollen wir die Erkenntnis gewinnen, dass das Leben aus beiden besteht? Aus Enttäuschung und Erfüllung? Aus Leid und Freude? Und dass uns diese Erkenntnisse die Momente des Glücks bescheren, die uns an die Existenz einer Göttin/eines Gottes glauben lassen?

Möglicherweise dienen jedoch die Momente unserer persönlichen Erfahrungen dazu, uns erlittene Enttäuschungen näher zu bringen. Vielleicht gerade dann, wenn wir unseren übermüdeten Körper spüren und es uns Mühe macht, den Rücken gerade und den Kopf oben zu halten oder Hunger und Überdruss immens werden. Die Erkenntnis vielleicht, wie sehr wir uns von unseren Vätern, Brüdern, Onkeln, Ehemännern oder Söhnen im Stich gelassen fühlten, nicht gesehen oder anerkannt – nicht unterstützt in unserer Rückenkraft. Oder sind es ähnliche Erfahrungen, die wir mit unseren Tanten, Schwestern, Töchtern gemacht haben und dient die Erkenntnis des mangelnden Umsorgt- und Gehaltenwerden durch unsere Mütter dazu, uns unsere Enttäuschungen zu verdeutlichen? Und dass darin unsere Beweggründe für das Suchen und Streben nach der Erfahrung eines himmlischen Vater zu finden sind? Und liegt insbesondere für Frauen der Wunsch nach dem Auffinden der Göttin darin, ebenso einen Spiegel im Göttlichen zu finden, wie das für Männer eine Selbstverständlichkeit ist? Eine weitere, damit verknüpfte Ent-Täuschung kann darin liegen, dass wir als Frauen versuch(t)en ebenso gute Söhne zu sein wie unsere Brüder und dabei übersahen, dass wir dafür niemals die Anerkennung unserer Väter und Mütter bekommen würden? Nämlich ganz einfach deshalb, weil wir keine Söhne, sondern eben Töchter sind? Haben wir uns tief in uns dafür entschlossen, ein Sohn zu sein, liegt es klar auf der Hand, dass wir nur Zurückweisung erfahren werden. Ob wir uns nun mit einem schwachen oder starken Vater identifizierten. Das letztere entscheidet höchstens darüber, ob wir diese Rolle des Sohnes als Opfer oder als Held zu leben versuchen! Oft handelt es sich hier weniger um die sexuelle Identifizierung denn um die soziale.

Hauptsächlich die amerikanische Frauenbewegung hat zur **Genderfrage**, das heisst zur Auseinandersetzung mit dem sozialen Geschlechter- und Rollenverständnis, viel grundsätzliche Erkenntnis und Bewusstwerdung ermöglicht. Doch denke ich, dass die Genderfrage noch nicht zu Ende diskutiert ist. Die neue Sprache muss über einen neuen Körper entstehen, sagt Luce Irigaray. Diese Tatsache ist seit Beginn unserer Arbeit in die Seminare mit einbezogen und ihr gilt ein Grossteil unserer Aufmerksamkeit. Wir wissen sehr gut, dass die in den Zellen gespeicherten Erfahrungen mit der Erkenntnis allein nicht zu verändern sind.

Viele Fragen sind mit der Auseinandersetzung ‹Wer oder was ist Gott› verknüpft und jede kann ihre Antworten nur selbst finden. Das soll uns jedoch nicht hindern, uns gemeinsam damit zu befassen. Uns gemeinsam im Geschehenlassen zu üben und Antworten, wenn auch vorläufige, in diesem Geschehenlassen vielleicht leichter zu erkennen. Mehrere Ohren- und Augenpaare hören und sehen mehr als eines. Wir haben schon viel erreicht, wenn wir unterscheiden können, wie oft unser alltägliches Verhalten von unerfüllten tief im unbewussten verborgenen (Kinder)–Wünschen und Sehnsüchten geprägt ist, und wie oft unsere Motivation zu irgendwelchem Tun von diesen verborgenen Defiziten geprägt ist. Dies zu erkennen, kann uns das Loslassen von irrealen Wünschen, deren Erfüllung uns oft mehr schadet als nützt, erleichtern. Keineswegs bedeutet das jedoch, dass sie sich in jedem Fall negativ auswirken! Jedoch wird es uns immer besser gelingen, uns auf das Wesentliche auszurichten, wenn wir verbunden sind mit unserem primären innersten Sein.

1997   5. Jahr:
Die Vorbereitung

> **Verantwortung und Liebe**, so habe ich die nächsten vier Jahre des Zyklus überschrieben. Das Wesen dieser Liebe entsteht nur aus der innigen inneren Beziehung zu uns selbst; die Verantwortung wird aus dieser Liebe geboren. Nur in dieser aus der Liebe geborenen Verantwortung finden wir zu unseren Idealen und können uns einer Ethik verpflichten, die wir nicht als übergestülpt oder auferzwungen empfinden und sie deshalb annehmen können. Sie erlaubt uns, unsere Kreativität zu leben und wir werden freiwillig, unsere Wünsche und Handlungen danach ausrichten. Verantwortung, die aus der Liebe geboren wird, ist mehr als Pflichterfüllung, ist mehr als Zwang. Sie hat wenig mit dem traditionellen Bild von Verantwortung zu tun, das uns geprägt hat. Sie erfüllt mich mit Freude und ich folge ihr aus freiem Willen. Es ist freiwilliger Dienst an unserem eigenen Selbst und beinhaltet in gleichem Mass Liebe und Verantwortung gegenüber den Anderen, gegenüber dem Leben, den Menschen, Tieren und Pflanzen, gegenüber Allem was in uns und ausserhalb ist. (Nicht zu verwechseln mit ‹alles für gut zu befinden›!) Sie öffnet unseren Blick zum Weitblick, unsere Sinne zur Sinnhaftigkeit und zur Kreativität. Sie verhindert uns nicht, sondern ermöglicht Entfaltung. Hier fallen das Innerste und das Äusserste zusammen; das Zentrale und das Periphere; hier berühren sich das Höchste und das Tiefste oder um in Bildern der Mythologien zu sprechen: hier vereinen sich Himmel und Erde. Es ist der Ort wo Sterben stattfindet, Geburt und Wiedergeburt sich vorbereiten. Hier beginnt sich der Kreislauf des Lebens und Sterbens abzuzeichnen und weiter zu schreiten.

Ein Spaziergang über die auf der höher gelegenen Alpweide noch wunderbar blühenden Blumen bringt mich auf die Idee, in diesem Jahr die alte Tradition des Kränzewindens mit den Frauen für einmal aufzunehmen. Kränzewinden als Symbol für den Übergang von der Margareten- zur Annazeit bietet sich als stimmiges Mittel an, diesen Übergang aus dem lebendigem Tun heraus zu erleben. So geniessen wir nochmals den Sommer mit den Blumen und erleben gleichzeitig den Beginn der Schnitterinnenzeit, den die Margriate mit ihrem Abschied von der Alp einleitet. Als Leitfaden hat sich das jupiterhafte Wesen der Sontga Margriate und ihr aufsteigendes Yin herauskristallisiert und die Saturnhaftigkeit der Heiligen Anna mit der absteigenden Yangkraft. Ausserdem gehen wir dem Thema der patriarchalen männlichen Machtübernahme nach, die sich im Widderzeitalter (-2200 bis 0) stabilisierte.

Im Zwischenbericht einer Teilnehmerin wird das Schlangenthema nochmals aufgegriffen: Ich bin sehr glücklich, ich habe den direkten, alten Weg zwischen dem Dreischlangenstein und der alten Kirche gefunden. Wurde getrieben, geführt, angezogen. Ich sitze beim Dreischlangenstein und meditiere. Ich sehe eingeringelte Schlangen. Sie zeigen in Richtung des Sonnenfinsternis

Steins. Ich öffne die Augen. Dann Flügelschlagen über mir: Vier Krähen fliegen dicht über mich; ziehen Kreise, Schlaufen, tanzen zu zweit. Ich sehe ihnen nach und nehme einen Weg wahr der Krete entlang. Er führt mich in den Wald hinein, und ich merke, dass es nicht nur eine Wildwechselspur, sondern tatsächlich ein Weg ist. Zwischendurch zwar viel Dickicht, aber ich finde den Weg immer sofort wieder. Und bald bin ich sicher, das es derselbe Weg ist, den ich früher von oben her ausprobierte, der aber damals im Nirgendwo endete. Ich war und bin noch sehr gerührt, habe das Gefühl eine uralte Spur, Weg, Ritualweg zwischen Dreischlangenstein und alter Kirche gefunden zu haben. Früher wäre ich wahrscheinlich Priesterin – Heilerin – Kräuterfrau geworden, Morgaine aus dem Buch «Die Nebel von Avalon». Ich habe auch in der heutigen Welt das Gefühl, ich hätte viel heilende, helfende Intuition, aber wie kann ich damit und davon leben? Ich spüre viel Vorwärtsgetrieben sein, aber irgendwo ist ein Widerhaken drin, Zweifel, Selbstzweifel, Widerstand, Zurückhaltung. Mein Selbstvertrauen ist schwankend in Bezug auf meine Gesundheit und Kraft bespielsweise, die alten Familienmuster ... Und doch: ich spüre, dass Vergangenes mich nicht mehr so stark in Bann zieht wie früher, mich nur noch interessiert in Bezug auf Gegenwart und Zukunft. Ich kann nicht mehr zurück, muss vorwärts – Heimat in mir selbst finden und selbst aufbauen im Aussen. Und: Ich möchte meiner schöpferischen Kraft, meinem träumerischen Wesen, meinem Idealismus wieder mehr Raum geben. Vielleicht schaffe ich es dann, Idealismus und Realismus wieder mehr miteinander zu verbinden. Wenn ich das schreibe, fühle ich in mir viel Kraft, Mut und Vorfreude – ja, ich werde es schaffen, langsam aber sicher!
Hanna, Juli 1997

Wir steigen zur Bergwiese auf, um unsere Kränze zu winden. Dieses Tun lässt uns die Tiefe der Symbolkraft des Kränzewindens zu dieser Zeit umfassender begreifen. Und fühlt sich an fast wie Glück, so der Kommentar der Frauen. Es ist der Abschied von der Sontga Margriate und zugleich die Transformation zur Sontga Onna, die die Verantwortung übernimmt dafür, dass die Ernte eingebracht und verwaltet wird. Stolz tragen wir unsere nach frischen Kräutern duftenden Kränze nach Hause.

Über die Körperarbeit stellen wir die Verknüpfung her zwischen Venus – Erde – Fünfstern – Mitte – Schildkröte – Anna und Solarplexus. Sandra, die sich zur Zeit etwas depressiv fühlt, reagiert stark auf den im Rückblick von Hanna erwähnten Schlangenstein. Sie erinnert sich, dass im Juli 1996 auch etwas mit den Schlangen war. Sie wollte damals aus dem Erlebnis mit dem Schlangenkorb heraus, etwas zusammenstellen über Kleopatra. Kleopatra hat sich umgebracht, indem sie sich von einer giftigen Schlange beissen liess, um dem Aufgeben ihrer Autonomie zu entgehen. Sandra führte ihre Absicht nicht aus, weil ihre linke Brust heftig zu schmerzen begann dabei. Sandra äussert den Wunsch nach neuen Vorbildern von Frauen, die kreativ alt geworden sind. Sie erkennt sich auch selber mit ihren starken Saturnkräften in Verbindung mit der Anna und ihrem eigenen inneren Wissen darüber, wie frau kreativ alt werden kann, etwas erstaunt zwar, da sie sich bisher mehr mit ihrer kämpferischen Margaretenseite identifiziert hatte. Wir erzählen uns Geschichten über unsere Grossmütter.

*1997   5. Jahr:
Die Vorbereitung*

In einer Meditation taucht bei mir Trauer auf. Bilder von Trauerzügen aus meinem Heimatdorf, mit dem Totenwagen, dem Pferd mit der schwarzen Decke, die ich durch das verrostete Gartengitter zum Friedhof vorbeiziehen sehe. Ich sehe auch die Kirche mit dem kleinen schwarz gedeckten Tisch mit der Urne für die Karten. Unsere Erzählungen über Anna, die Schnitterinnenzeit und Grossmütter weckt unbewusste und nur teilweise bewältigte Trauer in der Tiefe. Doch spüren wir auch eindringlich, dass wir mit unserer Trauer an kollektive Schichten weiblicher Sozialisation gelangen, die mit dem Verlust weiblicher Autonomie einher geht.

In Körperübungen mit Vokal- und Klangarbeit verbinden wir M – O – A – U und mit den eigenen Händen haltend und kreisend die Mitte bis zum Unterbauch. Das erdet und lässt jede deutlicher spüren, wo sie sich gerade befindet. Ellen erinnert sich an einen Traum: Eine ehemalige Vorgesetzte zeigt auf ein kleines Boot und sagt, sie könne auch das nehmen. Es ist zwar eher für ruhiges Wasser geeignet, findet sie, aber immerhin ein Boot. Ihre Körperwahrnehmung führte sie in ihrer linken Seite zu dicken Drahtseilen, die sich schliesslich als Bild einer Zither erweisen. Die Drahtseile führen zurück zu ihrer Pflegemutter, die am besten Zither spielte und ihr keine Chance liess, es jemals auch zu können, nicht zu reden von besser können. Die Zither befand sich bei ihrer Grossmutter. Sandra hat die Körpermeditation als Marathon erfahren. Der ganze Körper tut weh und ist verspannt. Schmerzen am Nacken, in der Mitte und am Kreuzbein. Sie hat jedoch plötzlich begriffen, Vertrauen in die Kräfte der Tiefe bedeutet Vertrauen in ihren Körper zu gewinnen. Sie fühlte sich sehr verunsichert. Hanna fühlte sich immer kleiner und schutzbedürftiger werden. Vielleicht etwa zwei Jahre alt. Grosse Kälte steigt von den Füssen bis zum Unterkörper hoch. Es dauert lange, bis sie sich entspannen kann.

Alle diese Gefühle und Erfahrungen hängen mit einer Art Tod und Gestorbensein zusammen, wie es sich auch im Lied der Sontga Margriate spiegelt. Der Sommer hat seinen Höhepunkt überschritten. Es ist Ernte- und Schnitterinnenzeit in vielschichtiger Bedeutung. Frühe Kulturen legten das Königsopfer auf diese Zeit. Zu Hallowen wurden die Könige in den Grabkammern besucht und auf die Wiedergeburt im Frühjahr vorbereitet. Auch unser Schmerz und die Trauer um die inneren Königsopfer werden in den nächsten Wochen – nachdem sie berührt und benannt worden sind – in der Tiefe ruhen um sich im besten Fall in neue Lebensenergie zu verwandeln.

Ich erwache früh. Das gibt mir Zeit zu einer ausgiebigen Meditation. Nach einer eher unruhigen Nacht, mit Träumen und vielen Menschen drin und mich immer wieder arg in Aktion erlebend, ergibt sich über die Körpermeditation ein ganz anderes Bild. Zuerst fühle ich mich weit weg von mir und leer. Dann steigen Tränen hoch und das Gefühl von Sterben und Tod. Die schwarze Trauerdecke legt sich nochmals über mich, die ich gestern erinnert habe. Ich lasse mir noch etwas Zeit bis ich spüre, dass die Arbeit weitergehen kann. Wir tragen die Ernte zusammen. Bis zum nächsten Seminar im November haben unsere aufgewühlten Gefühle Zeit, sich zu setzen und zu klären. Trotz schwieriger Themen fühlen wir uns in Übereinstimmung mit Zeit und Raum, darauf vertrauend, dass die Kräfte der Tiefe uns tragen.

Vertrauen in die Kräfte der Tiefe Auflösung – Umwandlung – Spiritualität
Seminarbrief. Wärme, Geborgenheit, Harmonie, Schönheit; Reinigung, Klärung; Tiefe, Vertrauen, Loslassen, Auflösen; Sterben, Wandlung, Erneuerung; Jungbrunnen, Quelle, Höhle; November, Metall, Lunge, Dickdarm. Ausserdem ist bei Seminarbeginn Neumond.

Meine spontane Idee, das Thermalbad Vals zu besuchen, zerschlägt sich: Es ist geschlossen. Ich empfinde ein Gefühl der Leere. Und die Frage kommt auf: Was ist Leere? Die Abwesenheit von Fülle? Oder entsteht erst in der Leere Raum für Auflösung, Umwandlung und das Neue? Und wie oft führt uns die Leere zuerst in den Zustand der Depression und in Gefühle des Verlustes und der Sinnlosigkeit? Oder macht uns je nach persönlichem Befinden wütend, zornig oder misstrauisch? Aus diesem Gefühl der Leere erwachsend, entsteht in mir die Frage nach der Zeit. Was ist Zeit? Wie entsteht Zeit? Und dann die Erinnerung an meinen ersten Flug nach Mexico. Das seltsame Gefühl beim Begreifen, dass ich auf dem Flug nach Mexico in die Vergangen-

1997   5. Jahr:
Die Vorbereitung

heit zurückkehre oder gar in der Zeitlosigkeit lebe und wie relativ Zeit und Zeitbegriffe sind. Zeit wird erst wirklich, wenn ich wieder Fuss fasse auf dem Boden. Zeit benötigt die manifeste Erscheinung des Irdischen, der Erde, der Menschen.

Im Zusammenhang mit dem Venuszyklus hat mich nebst der Frage nach der Zeitqualität immer wieder auch jene nach dem Zeitbegriff beschäftigt. Aufgezeichnet im Tierkreis in Form des Fünfsterns, erscheinen die Jahreszahlen nach den Sonnenjahren gezählt aufsteigend im Uhrzeigersinn. Die Planeten, auch der Mond, bewegen sich hingegen im Tierkreis im Gegenuhrzeigersinn. Schon im I Ging heisst es: «Das Vergehende zu zählen, beruht auf der Vorwärtsbewegung. Das Kommende zu wissen, beruht auf der rückläufigen Bewegung. Darum hat das Buch der Wandlungen rückläufige Zahlen.» Ich beziehe diese Form der rückläufigen Bewegung, die nach dem I Ging zur Zukunftsdeutung benützt wird, auf die Bewegung der Venus in der kombinierten Darstellung von Tierkreis und Fünfstern (sie meint nicht die sogenannte scheinbare Rückläufigkeit der Venusphasen). Interessanterweise benützen die Mayas zwei Kalender; den Sonnenkalender von 360 und 365 Tagen und den Venuskalender von 260 Tagen. Der Sonnenkalender dient der Zählung der sichtbaren Realität, die am Ablauf der Jahreszeiten und der Abfolge von Tag und Nacht sichtbar wird. Der Venuskalender (Tzolkin) ist der spirituelle oder Ritualkalender, der auch der Voraussagung dient. Es gibt also bei den Mayas zwei verschiedene Zeiten. Sind es auch verschiedene Realitäten? Eine offensichtliche, sich manifestierende und eine geheime, in der sich das Mysterium abspielt? Was jedoch ist Mysterium? Ist es das Leben, das in jedem Moment neu entsteht? Und damit in jedem Moment vergeht? Und wie gehen wir um mit diesen zwei Realitäten? Orientieren wir uns mehr am Entstehen oder am Vergehen? Am Leben oder am Sterben? An der Freude oder am Leid? Die Entscheidung für das eine oder das andere ist auch kulturell bedingt. In Mexico wird noch heute Allerseelen als ein fröhliches Fest auf dem Friedhof mit Essen und Trinken gefeiert. Die Menschen, insbesondere die Indigénos scheinen beides, Leben und Sterben, gleichermassen zu würdigen – zumindest an diesem Tag. Schon im April habe ich darauf hingewiesen, wie sehr sich in unserer vom Christentum geprägten Kultur die Auffassungen über Leben und Sterben von ihrer unterscheidet. Und obwohl die Maya ebenfalls davon beeinflusst wurden, haben sie mir auf meiner zweiten Reise noch deutlicher vor Augen geführt, wieviel von ihrer ursprünglichen Religion sie in die christliche integriert haben, wenn sie nicht überhaupt bei ihrer alten geblieben sind, wie die Menschen im Dorf San José de las Chamulas. Die natürliche Freundlichkeit und ihr herzliches Lächeln haben immer wieder überraschend mein Herz erreicht. Sie strahlen Leichtigkeit und Freude aus, unbesehen um ihr – aus westeuropäischer Sicht – oft hartes Leben in grosser Armut. Ich wünsche mir, trotz immer wieder anstehender innerer und äusserer Krisen, solche Leichtigkeit des Herzens und der Freude.

Der Schritt über die Schwelle zum Unteren Tor hat uns in den letzten Jahren immer wieder in die Anderswelt geführt. In unserer Arbeit bedeutet sie auch unsere psychische Welt und damit den Zugang zu unbewussten Bereichen unseres Seelenlebens. In diese Anderswelt und in die daraus entstehenden Prozesse Vertrauen zu finden, wie es die Überschrift Vertrauen in die Kräfte der Tiefe signalisiert, fällt uns nicht immer leicht. Und doch scheint es, als könnten wir in der Zeit des Unteren Tores die manchmal unverständlichen Wege unserer Seele besser begreifen oder auch nur akzeptieren. So scheint mir im Rückblick, dass unser Novemberseminar oft vom Gefühl der Wärme und der Geborgenheit getragen war – selbst im Wissen, dass uns die äussere Realität bald wieder härter anpacken würde. Und so ist mein zweiter Wunsch in diesem Brief der, dass wir in unserem Vertrauen, von den Kräften der Tiefe getragen zu sein, weiterhin gestärkt werden.

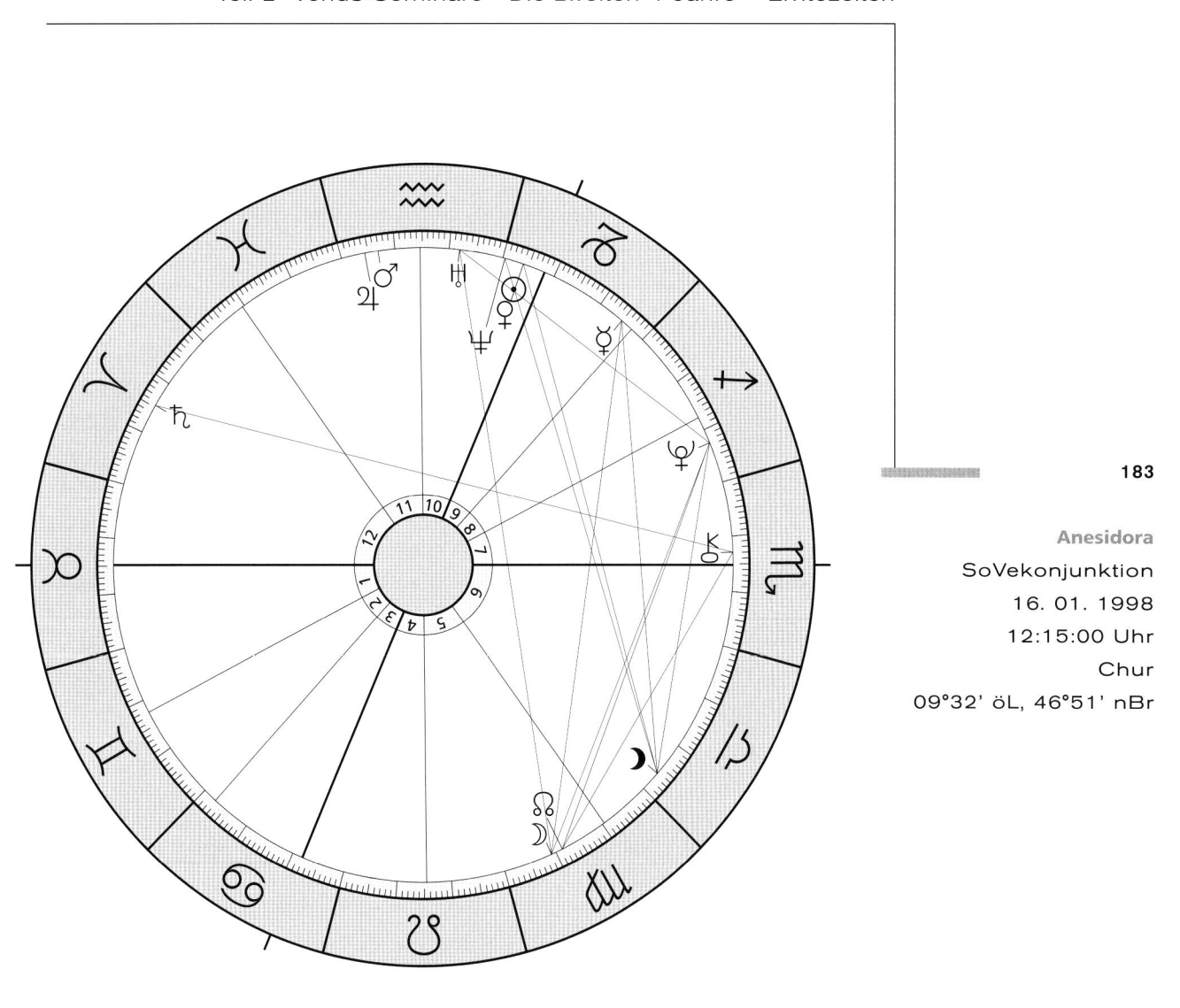

Teil 2 Venus-Seminare Die zweiten 4 Jahre – Erntezeiten

Anesidora
SoVekonjunktion
16. 01. 1998
12:15:00 Uhr
Chur
09°32' öL, 46°51' nBr

Planeten:				
	☉ 26♑07	♄ 14♈24	☊ 11♍15 R	⚴ 15♒49
	☽ 08♍56	♅ 07♒59	Asc 14♉28	⚸ 06♎22
	☿ 04♑54	♆ 29♑31	MC 22♑12	⚘ 27♐17
	♀ 26♑07 R	♇ 07♐15	⚶ 18♎33	⚳ 06♉00
	♂ 22♒58	⚷ 16♏56	⚵ 22♈44	⊕ 11♈22
	♃ 25♒36	☾ 03♎37	⚴ 17♓35	☋ 11♓15 R

1998   6. Jahr:
Das Grosse Tor

17. Januar	Anesidora/SoVekonjunktion/A
31. März	Wanderung
21. Mai	Der Himmel öffnet sich …
21. Juli	… und schliesst sich wieder
2. November	Vertrauen in die Kräfte der Tiefe/SoVekonjunktion/M

Wiedergeburt ins Licht – Grosses Tor Inspiration

Seminarbrief. Vor vier Jahren haben wir erstmals zusammen das Grosse Tor durchschritten und können inzwischen auf eine ganze Reihe persönlicher und gemeinsamer Erfahrungen zurückblicken. Wie ihr wisst, findet die SoVekonjunktion nur jedes vierte Jahr am selben Konjunktionspunkt statt. Einmal in der oberen und einmal in der unteren Konjunktion. Immer nach der oberen Konjunktion ist die Venus als Abendstern, nach der unteren als Morgenstern sichtbar. Nach der unteren Konjunktion am 16. Januar 1998 wird sie nach ungefähr 45 Tagen am Morgenhimmel sichtbar werden.

1998 ist wiederum ein Jahr des Grossen Tores; das heisst, es finden in diesem Jahr zwei SoVe-Konjunktionen statt. Im Jahr des Grossen Tores werden oft die Folgen von bewusst oder unbewusst getroffenen Entscheidungen erkennbar, die grosse Veränderungen einleiten. Für die beiden vierjährigen Zyklen – von der Venus einmal als Abend– und einmal als Morgenstern initiiert – könnten **zwei fünfgängige Labyrinthe** als Symbol stehen. In der Mitte – als verbindendes Zentrum der Erneuerung – die Sonne. Die beiden Labyrinthe können auch als liegende Acht oder **Lemniskate** betrachtet werden. So gesehen, stellen diese Symbole die Bewegung der Venus um die Sonne und ihr hin und her als Morgen- und Abendstern dar. In dieser Bewegung ist auch das Thema von Geburt und Wiedergeburt enthalten. Ich gehe davon aus, dass Geburt von der Abendvenus und Wiedergeburt von der Morgenvenus symbolisiert wird. Hinweise darauf finden wir in den Mythen verschiedener Kulturen.

Unter dem Einfluss der Abendvenus entsteht Neues; neugierig und gelegentlich etwas naiv lassen wir uns auf das Neue in unserem Leben ein und werden dabei eher von den entstehenden Formen geprägt, als dass wir sie prägen. Unter dem Einfluss der Morgenvenus wird Altes zu Ende geführt. Geprägt von den gemachten Erfahrungen sind wir nun dabei, sie auszuwerten und einzubringen. Wir möchten unsere angefangenen Werke zu Ende führen. Im besten Fall geniessen wir die Ergebnisse dessen, was wir errungen haben in den vergangenen vier Jahren; manchmal jedoch haben wir belastende Folgen zu tragen, die wir durch Unterlassungen oder Irrtümer verursachten. Vielleicht wünschen wir auch, uns von alten Formen zu befreien, welche uns durch soziale, gesellschaftliche und religiöse Zwänge aufgedrängt wurden. Der in diesem Jahr beginnende Zyklus endet im Jahr 2001. So rechne ich damit, dass insbesondere die Veränderung der bisher gültigen Formen im Vordergrund stehen wird, da wir schon mitten im Übergang zum vielbesprochenen Wassermannzeitalter begriffen sind.

Das auf die SoVeKonjunktion bezogene Gruppenhoroskop weist unter anderem ein kleines venusisches Lerndreieck auf. Uranus, Hausplanet des Wassermannzeichens und im Wassermann stehend, verbindet sich im Sextil mit Pluto im Schützen und mit einer Quinqunx zu Mond/Mondknoten in der Jungfrau. Die Interpretation dieser Aspekte könnte etwa so zusammengefasst werden: Reformerinnen in einer schicksalbestimmenden Verbindung unter dem Einfluss starker schöpferischer Kraft, treffen sich zum Gedankenaustausch über Neuerungen und Neuanfänge. Sie suchen nach Möglichkeiten, sich zu stärken in der Fähigkeit, die volle Verantwortung für ihr eigenes Leben zu übernehmen und trotzdem Teil eines grösseren Ganzen zu sein. Aufgabe und Ziel ist es (könnte sein), die eigenen Ideale und Visionen innerhalb der Gesellschaft zu verwirklichen. Die Integration dieser Ideale und Visionen im Berufsleben und am Arbeitsplatz mit den bisherigen Mitteln dürfte jedoch schwierig werden. Nur wenn wir lernen, unsere geistige Kraft (von der die Lichtforschung sagt, dass sie als Licht in den Zellen messbar sei) neu auszurichten, werden wir uns freuen können am Erreichten. Das Jahr 1998 steht unter dem Regime von Merkur, der geistigen Kraft. Ich nenne es *Jahr der Erkenntnis und Akzeptanz des Unabweislichen*. Wir befinden uns in der Zeit des Elementes Wasser. Ein Besuch des Thermalbades in Vals ist geplant. Das Bad ist in einer Weise angelegt, die mich stark an die Geschichte von *Inanna* und *Ereskigal* erinnert, also sehr passend zu unseren Themen von Geburt und Wiedergeburt. So etwa könnte der Besuch in Vals symbolisieren das Eintauchen in die Dunkelheit, das Ablegen aller unnötigen Schichten und die Erfahrung tiefer Reinigung in der Unterwelt bis zum Auftauchen ins Licht der hellen Bergwelt im Aussenbad.

Bei unserer Ankunft im Thermalbad findet gradgenau die SoVeKonjunktion statt. Die Frauen freuen sich. Ich schlage vor, dass sie selber auswählen, ob sie allein in die Tiefe steigen möchten oder in der Gruppe oder beides. Ich verliere beim schwarzen Schwitzstein in eigenartiger Weise das Zeitgefühl und bleibe dort sehr lange. Noch nicht realisierend, auf welch tiefe Reise ich mich begeben habe, verlasse ich nur ungern den Raum mit dem Stein. Später finden wir uns dann gemeinsam im kleinen Sprudelbad und singen dort unsere Vokale, in der Art unserer Klangmeditation; das Tönen macht Spass und die Leute wundern sich etwas über uns. Dann begeben wir uns gemeinsam hinaus ins Freibad ins helle Licht der Bergwelt und fahren später zusammen an unseren Bestimmungsort.

1998   6. Jahr:
Das Grosse Tor

In diesem Seminar kommen **die stummen Kinder** zum Zuge, das heisst wiederentdeckte Persönlichkeits- oder Schattenanteile. Hanna erzählt von einem Traum. Es geht darum, dass sie endlich die Wut zu sich nehmen kann und ihren Exfreund die Treppe hinunter wirft. Das erschüttert sie sehr: «Es war Vergewaltigung, was er mit mir gemacht hat und ich konnte mich nicht wehren, war hilflos ausgeliefert. Er hätte es doch merken müssen.» Ich frage sie, ob sie sich Unterstützung von jemand wünscht. Ja, von Ellen Rücken an Rücken sitzend. Ellen übernimmt das und erzählt später, dass es für sie eine absolut schöne und neue Erfahrung war, in dieser Weise Unterstützung geben zu können. Hanna erinnert sich auch nochmals an die Szene mit ihrer Mutter, die von ihrem Liebhaber tätlich angegriffen wurde und der dabei die kleine Hanna rückwärts über den Haufen geworfen hatte. Notfalltropfen und in die Aura eingefächelte Rosenessenz mildern die wieder erinnerte Schocksituation.

Sandra ist sehr betroffen und kommt auf ihre eigene Wut zu sprechen. Sie erinnert sich, wie sie von einem Jungen sexuell bedroht wurde. Glücklicherweise suchte damals ihre Tante sie, bei der sie in den Ferien weilte. Doch statt sie liebevoll zu unterstützen, schimpfte sie mit Sandra, weil sie nicht sofort nach Hause gekommen war. Sandra hatte schon bei ihrer Mutter gelernt, dass es besser war, nichts zu sagen – denn wer glaubt mir schon, wenn ich das erzähle.

Romy fühlt sich sehr offen und beinahe überwältigt von der Pracht des nächtlichen Sternenhimmels. Zögernd, mit unsicherer Stimme, sucht sie nach Worten – ihr sprachloses Staunen wird spürbar und in gewisser Weise hörbar. Ihre

Augen leuchten und ihre Freude greift auf uns alle über. Wir gehen zusammen auf das frisch verschneite Feld und gehen ein doppeltes fünfgängiges Labyrinth im Schnee.

Erst im Nachhinein begreife ich meine Empfindungen in der dunstigen Wärme auf dem schwarzen Schwitzstein im Bad: Ich fühle, wie ich mich auflöse und verschmelze mit dem schwarzen Stein – zuerst etwas abwertend verbunden mit dem Gedanken des Selbstopfers, Opfertod, Sündenbock, Erlösung von den Leiden und meine Dunkelheit, von der ich oft glaube, sie weder mir noch andern zumuten zu können. Dann erinnere ich mich, was ich über Kirlianfotografie las. Die Aura von verletzten oder sterbenden Pflanzen leuchtet heller auf als bei andern Pflanzen; mit andern Worten, im Sterbeprozess wird Licht frei. Damit hatte ich auch eine neue Antwort gefunden auf meine Frage, worauf wir denn Vertrauen beim Vertrauen in die Kräfte der Tiefe. Ich begreife neu: Lichtwellen haben heilende und ordnende Wirkung und leiten Information weiter.

Der Himmel öffnet sich ...
Aufstieg – Ausdehnung. Liebe zur Macht – Macht der Liebe

Seminarbrief. Seit fünf Jahren treffen wir uns zum Thema der Himmel öffnet sich. Wie ein roter Faden ziehen sich die selben Themen durch die Briefe und die Jahre hindurch. Es ist spannend für mich, die Ebenen zu vergleichen, auf denen sich die Themen abspielen. Und auch zu sehen, wo wir (ich) Schwierigkeiten und Konflikte gelöst haben oder eben nicht und wo sie sich wenigstens zum Guten hin verändern.

Vor fünf Jahren beschäftigten mich zum Beispiel Vater und Sohn und die Angst vor Abhängigkeit von Seelsorgern und geistigen Führern. Ich freue mich, dass ich inzwischen versöhnlicher gestimmt bin. Auch die Befürchtung, dass meine Kraft nicht ausreiche, um weiterhin den gewählten Weg zu gehen, ist geringer geworden. Meine Hoffnung, dass wenn ich mich für die Öffnung des Himmels öffne, mir auch die Kraft zum Verständnis des neuen Geistes wachsen würde, realisiert sich zunehmend. Das Licht, das durch viele Sterbeprozesse freigeworden ist und von denen ihr einen der intensivsten im Januar miterlebtet, erhellt zur Zeit mein Leben. Natürlich gibt es auch dunklere Stunden und Zweifel, doch sind sie in keine Weise vergleichbar mit früheren. Und so sind die Seminare und die sich abspielenden Prozesse einerseits nicht von meinem eigenen Erleben zu trennen und doch geniesse ich jetzt gleichzeitig eine sehr ange-

> nehme Distanz dazu. Die geistige Kraft des Merkurjahres wirkt und es bleibt ein Jahr der Erkenntnis und Akzeptanz des Unabweislichen.
>
> Am letzten Samstag habe ich meinen zweiten Saturnreturn gefeiert. Die dritte Runde mit dem Aspekt des Freiwählbaren hat begonnen. Ich hoffe, dass ich fähig sein werde, diese Freiheit weise einzusetzen, auch im Bestimmen, was in meinem dritten Lebensalter für mich noch wichtig sein soll. Den Tag habe ich mit einem Gang auf den Pez Mundaun, dem Weltenberg dieser Gegend verbracht. Der Gang führte mich auf den alten Alpwegen an Enzian übersäten Alpweiden vorbei. Die königsblaue Farbenpracht hat mich bis tief in die Seele hinein berührt. Saturn- und Jupiterprinzip begegneten sich in harmonischer Weise.

1998   6. Jahr: Das Grosse Tor

Wir erden uns für die kommenden Tage. Wir zeichnen die Füsse auf ein grosses Blatt Papier und werden darauf eintragen, was in den nächsten zwei Tagen geschieht. Der Ursprung des U des Oberen Tores liegt im Element Wasser im Steinbock. Wenn wir uns für die Kräfte des Himmels öffnen brauchen wir einen guten Boden unter den Füssen. Bei Romy ist ein tiefer Prozess in Gang gekommen. Sie erwähnt wieder ihre Leere und den Verlust einer eigenen Sprache; es taucht viel Dunkelheit auf, die – wie sich im Verlauf dieser Arbeit herausstellt – auf die Trauer ihrer Mutter zurückzuführen ist. Sie hatte um den zweieinhalbjährigen Bruder von Romy getrauert, der zwei Wochen vor Romys Geburt gestorben war! Romy wurde aus der Dunkelheit in die Dunkelheit geboren und bekam von ihrer Mutter kein Echo auf ihr Sein. Im Körperprozess, in dem ich ihr Gebärmutter und Geburtsweg werde, wird sie zur uralten Schildkröte mit Kragenhals, dann zum Urschrei, bzw. ihr Kopf fühlt sich an wie ein Penis, der in mich eindringen, ein Same der sich einnisten, wachsen und geboren werden will. Ich erde die Neugeborene mit meinem Körper, wie das Baby, das auf den Bauch der Mutter gelegt wird. Auch bei Hanna werden Kindheitserinnerungen geweckt. Als Jüngste wurde sie von ihren älteren Schwestern überall hin mitgenommen: auf Parties, Treffen mit Freunden, Tanzanlässe. Sie fühlte sich jedoch oft überfordert, von dem was sie dabei an erotischen Situationen miterlebte. Vor allem durfte sie zuhause nichts davon erzählen. Kürzlich, als sie sich beim Singen üben im Spiegel kontrollieren sollte, fiel ihr auch auf, dass sie nicht wagte richtig hinzuschauen. Gleichzeitig erinnerte sie sich auch an die hasserfüllten Blicke der Mutter. Während des Geschehens mit Romy spürte sie eine ähnliche Verunsicherung, ob sie denn überhaupt hinschauen darf.

Am Nachmittag wandern wir zum Dreischlangenstein und den Steinkreisen auf dem von Hanna wieder entdeckten direkten Waldweg, der unterhalb der Kirche abzweigt. Zuerst sitzen wir am Waldrand oberhalb der Steinkreise und ich erzähle über die Steine und die Verbindungslinien, die sich über die ganze Surselva erstrecken. Dann gehen wir hinunter und weil Sandra neugierig ist auf einen mit Moos bedeckten Stein, finden wir eine Vulva, das heisst einen tiefen Spalt, und Wasserrinnen, die von der grossen Schale ausgehen. Wir giessen von dem mitgebrachten Wasser auf den Stein. Beim Schlangenstein liegen wir etwas an der Sonne und horchen ohne Absicht auf das, was geschieht. Beim Zurückkommen baden wir unsere Füsse. Auf der Bank vor dem Haus sitzend, tauchen wir sie in Essenzen. Es macht Spass und tut gut. Die Füsse sind dem Zeichen Fische zugeordnet.

Am nächsten Tag fühle ich mich gut und der Morgen ist wunderschön. Ich pflücke im Garten etwas Lavendel, Salbei und Minze und lese zwei Steine auf, einen weissen und einen grauen in Fünfsternform. Spontan hatte ich am Samstagmorgen auf mein Bild geschrieben steps – Schritte. Wohin führen sie uns? Ich stelle die Heilkräuter zusammen mit den beiden Steinen, die aussehen wie zwei Schlangenköpfe, auf mein Bild. Schlangen, Spalt, Sehen, Wasser, Heilen, Heilerinnen. Es ist ein Heilbild geworden.

«Mannigfache Sagen melden auch von gekrönten Schlagen, sogenannten Schlangenköniginnen. Es waren dies grosse, schöne, meist weisse Tiere, die ein güldenes Krönlein von feinster Arbeit auf dem Kopf trugen. Wenn sie in einem einsamen Waldbach ein Bad nahmen, legten sie ihre Geschmeide ab, auf einen Stein oder ein dürres Blatt, wie auch das Gift, das sie in eine Felsenritze versteckten. Gelang es dann einem Sterblichen, das Krönlein zu erhaschen und in Sicherheit zu bringen, so war er reich genug für sein Lebtag. Wenn er aber das Gift wegnahm, so war es um die Schlange geschehen, da sie ohne dasselbe nicht leben könnte.»
«Einige Schlangenarten sollen an Stelle der Augen wertvolle Edelsteine getragen haben, die durch ihren magischen Glanz Menschen und Tiere zu bannen vermochten. Nach einer anderen Sage soll sich im Gehirn der Königsschlangen ein Steinchen von grosser Zauberkraft befunden haben ...»
«Ebenso tragen in den Tälern der italienischen Alpen die Älpler noch heutzutage ein Stücklein Schlangenhaut als Amulett gegen allerlei Ungemach auf der Brust ...»
(aus: Georg Luck. Rätische Alpensagen. 3. Aufl. Chur 1990. 53-54)

Anhand des grossen Fünfsternbildes lässt sich die Anordnung der Vokale: EVA/ AVE/IE(H)OVA gut erklären. Auf dem Hintergrund unserer bisherigen Erfahrungen ist es, als könnte der Weg von der archaischen Göttin, die noch im Vollbesitz der ihr zugeschriebenen sexuellen, spirituellen und geistigen Kraft gewesen war, zum alttestamentlichen saturnischen Gott und zum Marienzyklus der katholischen Kirche abgelesen werden.

... und schliesst sich wieder

Sontga Margriate – Sontga Onna Die innere Drachin lieben lernen

1998   6. Jahr:
Das Grosse Tor

Seminarbrief. Manchmal habe ich mich gefragt, warum wohl die Sontga Margriate über den Kunkels nach Osten verschwindet und nicht nach Süden. Als Vegetationsgöttin, wie sie Caminada beschreibt, hätte sie in meiner Vorstellung eher in südlicher Richtung weggehen müssen, obwohl ich sie andererseits klar als Morgenvenus identifiziere. Ich habe dafür inzwischen eine einfache Erklärung gefunden. Wenn die Venus am östlichen Morgenhimmel im strahlenden Glanz aufgeht, sieht man sie etwas später langsam am Osthimmel verblassen, bis sie im Tageslicht ganz verschwindet. Wirklich einfach, nicht wahr? Als Morgenstern ist die Sontga Margriate, auch eine Wiedergeborene. Wiedergeborene kommen mit einer Aufgabe auf die Welt, die sie zu Ende führen müssen; eine Aufgabe, die in ihrem früheren Leben ihren Ursprung hat. Sie kommt, um ihre (Auf)-Gaben und Fähigkeiten zu höchster Reife zu bringen oder Angefangenes zu Ende zu führen. Danach kann sie loslassen und weggehen – vielleicht mit einer neuen Vision vor Augen.

Oft macht dieses **Loslassen und Weggehen** Mühe. Vielleicht weil wir unsere (Auf)Gabe noch nicht gelöst (erlöst) haben? Auch unbewusste Erwartungen können uns dazu verführen, am Altgewohnten über die Zeit hinaus festzuhalten. Doch kann es in der Folge geschehen, dass die äussere berufliche oder private Situation unhaltbar wird und uns zum Loslassen und zu Veränderungen zwingt. Die äussere Situation erzeugt soviel Druck, dass der innere Stress nicht mehr bewältigt werden kann. Wir werden krank, antriebslos, scheinbar grundlos traurig oder resignieren. Wir kennen uns nicht mehr aus mit uns selbst. Unser Selbstbild zerbricht und fassungslos stehen wir vor dem zerbrochenen Spiegel. Zerrspiegel habe ich ihn vor Jahren genannt. Ein schmerzlicher Prozess, der oft Jahre dauern kann, weil wir überhaupt erst bereit sein müssen, zu erkennen, dass es sich um einen Zerrspiegel handelt. Und während wir glauben, dass wir nun wirklich bei uns selbst angekommen sind, kündigt sich schon die nächste Wandlung an. **Stufen der Wandlung** – liessen sich unsere Seminare auch überschreiben. Und dass es wirklich Stufen sind und nicht einfach Wiederholungen, zeichnet sich immer deutlicher ab. Dafür allerdings müssen wir uns immer wieder von unseren alten Glaubenssätzen verabschieden – auch von unserer Überzeugung, zu wissen wer wir sind. Wie wird der nächste Glaubenssatz heissen, den wir loslassen wollen? Eine neue Frau wird zu der Gruppe stossen. Mit jeder neuen Teilnehmerin entsteht eine neue Dynamik. Fragen zu stellen ist eine der wichtigsten Voraussetzungen, damit wir diese neu entstehende Dynamik zu unserem gegenseitigen Vorteil nutzen können. Neugier, auftauchendes Unbehagen oder auch Nichtverstehen haben Raum. Meine Fragen: Was genau gereicht uns zum Nutzen? Oder zum Glück? Was gibt uns das Gefühl glücklich zu sein? Was schlussendlich ist der Schatz, den wir im innersten des Labyrinths zu finden hoffen?

Eine der Antworten – in einem übergeordneten Sinn – könnte Sontga Onna sein. Die Kränze, die wir vor einem Jahr geflochten haben, sind mir zu einem starken Symbol geworden sowohl für die Zeit der Heiligen Anna und ihre Kraft, als auch für die der Sontga Margriate. So bedeutet mir das Weggehen der Sontga Margriate auch den Wandel und die Transformation zur Sontga Onna und ebenso den Wandel vom Morgen- zum Abendstern. Diesen Wandel habe ich erlebt beim Pflücken der Blumen und dem gemeinsamen Gestalten des Kranzes inmitten der Bergwiese. Der Gedanke, dass die Farben verblassen und der Duft bleibt, kam mir vor wie ein Versprechen für die Erneuerung des Lebens. Oder für ein Weiterleben, gewandelt und doch gleich. So ergeht es mir mit mir selbst. Wenn ich zurückblicke auf die vergangenen Jahre, sehe ich, ich habe mich verändert und bin doch immer noch dieselbe. Wenn wir ausserdem auch nochmals dem Namen Anna nachgehen, gewinnen wir weitere Einsichten. Schon einmal – nämlich bei der grossen Konjunktion im Januar 1994 – haben wir uns ausführlich mit ihren Qualitäten befasst. Viele der damals aufgetauchten Begriffe haben sich konkret umgesetzt und sind durch unsere Erfahrungen lebendig geworden, beispielsweise durch das Ritual des Kränzewindens.

Am Pfingstwochenende hatte bei hellem Sonnenschein die ungestüme Morgenbise die Giesskanne umgeworfen; das Wasser ergoss sich über den ganzen Balkon – «der Wind, der Wind, das himmlische Kind». Die nordöstlich vor meinen Augen liegende Bergkette, die ich Sontga Onna nenne, hat einen Brautschleier bekommen über Nacht – ganz frisch und neu. Sie ist leicht mit Schnee bedeckt. Südlich davon liegt das Günerlückli. Ich überlege mir, ob «Güner» möglicherweise von «Gyne» kommt; dann würde das Günerlückli Frauenlückli heissen. Das gefällt mir.

Auf einer Wanderung sind wir einem Prachtsexemplar von Schlange begegnet; wunderschön gezeichnet, schieferfarbig und so gross und stark, wie ich noch keiner in Freiheit begegnet bin. Ich entdecke regenbogenfarbene Wolken am Nachmittagshimmel; sie ziehen von Süden nach Nordosten, während hier unten der Wind ziemlich frisch von Nordosten nach Süden weht. Die Regenbogenwolke hat die Form einer Harfe, einer Schlange oder des südlichen Mondknotens.

1998 6. Jahr:
Das Grosse Tor

> Eine Chronik erzählt: «Am 4. Meyen .....hoch im lufft nit wyt vom Mon ein knüwend menschenbild mit zemen ufgehebten henden gesechen. ... Sölichs ist zum driten mal beschechen, darab bei ein grossen schräcken empfangen.» Das erinnert uns lebhaft an die Sage vom offenen Himmel, die man auch in unsern Tagen dann und wann von Leuten erzählen hört, die das wunderbare Phantom mit eigenen Augen gesehen zu haben behaupten. So hörten wir von einem derartigen Fall, der vor fünfzehn Jahren in einem Dorfe des Mittelprättigaus zugetragen haben soll: An einem milden Sommerabend sassen einige Mädchen vor dem Schulhaus auf Sägeblöcken in bester Eintracht und sangen Kinder- und Volkslieder. Auf einmal fiel gerade auf diese friedliche Gesellschaft ein heller Schein vom Himmel herab. Unwillkürlich schauten alle in die Höhe und sahen das Himmelsblau an einer Stelle durchbrochen und in der Lücke lauter golden strahlendes Licht. Mitten in diesem Glanze sahen sie einen Engel schweben, eine wunderbar schöne Gestalt mit blonden Ringelhaaren und prächtigen Schwingen. Er schien mit Wohlgefallen auf die erstaunten Menschenkinder hernieder zu schauen. Doch bald verschwand er in dem überhellen Lichte und darauf erblich auch der Glanz und dessen Widerschein auf den Gesichtern der Mädchen.
> (aus: Georg Luck. Rätische Alpensagen. 3. Aufl. Chur 1990)

Wenn wir uns die **Öffnung zum Himmel** auch auf der Körperebene erlauben, steigen aus der Tiefe des Beckenraums oft bisher unbewusste Seeleninhalte auf. Sie erlaubt jedoch auch neue Erfahrungen spiritueller Verbundenheit zu erleben. Das zeigen deutlich die Äusserungen der Teilnehmerinnen. Lea empfand eine elementare Verbundenheit, als nach der Beerdigung ihrer Schwiegermutter sich über dem Haus ein wildes Gewitter entlud und hinterher ein doppelter Regenbogen das Haus mit der Landschaft verband. Sie spürte, dass eine neue Qualität der Wahrnehmung im Entstehen begriffen ist. Bei Sandra brechen Gefühle des Nichtgenügens, Nicht-gut-genug-Seins, von-Feinden-umgeben-Seins wieder auf. Ihr Horoskop (Computeranalyse) spiegelt ihr viel. Ist es also keine Schuld, kein Nichtgenügen, sondern nur die Wirkung der Sterne? fragt sie sich etwas skeptisch. Oder wie kann ich das einordnen? Was sie verletzt, ist die Tatsache, dass man ihr kein rechtliches Gehör schenkt und sie den Eindruck hat, dass bei den Verursachern kein Gefühl für das begangene Unrecht vorhanden ist.

Das löst rundum Betroffenheit aus, wir alle kennen ähnliche Erfahrungen. Wenn – vor allem in der Kindheit – öfter die eigene Wahrnehmung über das, was ich als gerecht empfinde, übergangen, unterdrückt oder manipuliert wird, entsteht verständlicherweise grosse Selbstunsicherheit und Verwirrung oder wir schämen uns vielleicht für etwas, was wir gar nicht begreifen. Solange wir dazu keinen bewussten Zugang haben, sind wir auch als Erwachsene über die Gefühle manipulierbar und werden oft selber zu Manipulierenden. Romy berichtet über somatische Beschwerden und eine wieder auftauchende Krebsangst und ein Brennen im unteren Bauchraum. Sie ist auch auf eine tiefe Resignation gestossen, die ihr in diesem Ausmass nicht bewusst war. Gleichwohl hat ein Besuch bei der Ärztin ergeben, dass das früher diagnostizierte Myom nicht mehr auffindbar ist. Sie erlebt insgesamt ihren Körper merklich deutlicher als weiblichen Körper, allerdings auch mit vielen Beschwerden. Wird es zuviel? Sie ist sich nicht im Klaren, ob sie weiterhin im Seminar mitmachen wird. Sie wünschte sich, die Gruppe wäre ihr behilflich in diesem Entscheidungsprozess. Im November wird sie sicher noch teilnehmen.

Vertrauen in die Kräfte der Tiefe Auflösung – Umwandlung – Spiritualität

Seminarbrief. Kurz nach Erscheinen der neuen Mondsichel besuchte ich den Franziskaner Dom in Überlingen. Von aussen wirkt er sehr unproportioniert, von innen jedoch hell und leicht und besitzt eine starke Ausstrahlung. Mein besonderes Interesse galt dem Rosenkranzaltar, erbaut von den Gebrüdern Zürn, 1631 datiert. Kommentar im Kirchenführer: «Die Himmelskönigin hält, von Engeln umspielt, ihr Kind auf freiem Arm. Medaillonkranz mit 15 Reliefs der Freuden und Leiden Mariens» (vgl. Seite 56).

Einen Tag später befindet sich die zunehmende Mondsichel auf meiner Venus; ich erlebe also meine persönliche VenusMondkonjunktion synchron zu obiger Entdeckung. In meiner Meditation erinnere ich mich, dass mein neuer Wohnort ein Haus ist, welches zur Zeit der Gegenreformation ein Kloster war. Oft fragte ich mich in letzter Zeit, warum mich die Gestalt der Maria beschäftigt? Ein Gedanke dann: ob der ganze Weg zurück zu den noch auffindbaren Anfängen weiblicher Göttlichkeit und zurück in unsere Zeit, sich mit einer «Gegenreformation durch Frauen» vergleichen liesse? Als gegeben setze ich voraus, dass in die Gestalt der Maria Bereiche jener archaischen weiblichen Göttlichkeit eingeflossen sind, die die Christianisierung überlebt haben. Sie wird auch heute noch in Litaneien als Morgenstern angerufen. Das rege Interesse, das seit einigen Jahren an der Schwarzen Madonna wieder aufkommt, wie schon einmal um 1890, weist aber auch darauf hin, dass weibliche Spiritualität und Geistigkeit nach Vollständigkeit rufen. Unsere Arbeit mit den Venusphasen ist in diesem Zusammenhang zu verstehen und als ein möglicher Weg zu unmittelbarer Erfahrung kraftvoller weiblicher Spiritualität.

**1998   6. Jahr:
Das Grosse Tor**

In der Astrologie wird derzeit dieser Bereich der Lilith oder Schwarzmondin zugeschrieben und ihr Eigenschaften wie wild, unzugänglich oder auch eine gewisse Gnadenlosigkeit beigeordnet. Es sind ähnliche Eigenschaften, wie sie Ereskigal aufweist. Beim Schwarzmond handelt es sich um einen errechneten Punkt, der im Zusammenhang steht mit dem Mond/Erdumlauf. Es ist also kein wirklicher Planet. Der Zusammenhang zu unserer Auffassung erweist sich jedoch als real, wenn wir bedenken, dass Venus und Mond einen gemeinsamen Zyklus aufweisen!

In psychologischer Sprache könnte man diesen Ruf nach Vollständigkeit als Ruf zur Erfahrung des Inneren Selbst bezeichnen. Allerdings bin ich der Auffassung, dass es nicht allein um die Erfahrung geht, sondern darum, dass wir dieser Erfahrung auch einen Ausdruck geben. Sie soll in unseren Alltag einfliessen und sich in konkreten Werken umsetzen. Venus steht in der Astrologie als Symbol für Schönheit, Kunst und Harmonie (Waage), aber auch als praktisches Wissen und Erfahrung (Stier); beides kann Ausdruck spiritueller Erfahrung sein. Es zeigt sich darin unsere geistige Haltung, oder kurz gesagt unsere Geistigkeit. Kunst verstehe ich allerdings nicht als etwas was durch einen Experten zur Kunst erklärt wird, sondern als das, was Menschen aus sich selbst heraus kreativ erschaffen (créer) Kunst hat mit Können (lat. potere) zu tun und deshalb mit Potenz. Ich halte es für ausserordentlich wichtig, dass jeder Mensch seinen Ausdruck findet für die Erfahrung seines Inneren Selbst und sich der eigenen Potenz bewusst wird. Für Frauen ist der Zugang eher erschwert; der Begriff ist sehr als männliche Eigenschaft besetzt. Deshalb rege ich in den Seminaren immer wieder an, den persönlichen Erfahrungen einen Ausdruck zu geben. Frauen, die wie wir einen neuen Zugang zur Spiritualität suchen, sind oft enttäuscht von herkömmlichen bestehenden Formen sozialer, gesellschaftlicher und religiöser Art. Der Wunsch, unsere Kraft, Wildheit und Sexualität zu leben und uns auch die Schwächen einzugestehen, lässt uns neue Möglichkeiten finden, die unsere Lebenskunst zum Ausdruck bringt. Nicht immer entspricht das, was dabei herauskommt unseren manchmal idealistischen oder sonst überhöhten Vorstellungen. Das fordert heraus, uns mit den von uns geschaffenen Werken oder Tatsachen auseinanderzusetzen und zu integrieren. Idealvorstellungen werden sich dann an den Gegebenheiten neu ausrichten. Wir können uns mit unserer Realität und der anderer anfreunden, ohne sie fest zu schreiben. Und schon morgen möchten wir vielleicht unsere innere Welt auf andere Weise sichtbar werden lassen. Eine offenere Weltsicht entsteht und wir fühlen uns lebendiger.

Auf einem Spaziergang nach Überlingen sah ich eine offene Muschel auf einer Parkbank liegen. Ich nahm sie wahr, ohne mir weiter Gedanken zu machen. Später erinnerte ich mich wieder und sah sie plötzlich als doppeltes fünfgängiges Labyrinth. Immer deutlicher erkenne ich es als kunstvolle ordnende Struktur, die stabilisierend wirkt, auch und gerade in Zeiten der

Orientierungslosigkeit und so fühle ich mich gut vorbereitet zum Durchschreiten des Grossen Tores und voller Neugier auch auf neue Erfahrungen in den zweiten vier Jahren. Am Martinstag (11.11.) beginnt übrigens vielerorts die fünfte Jahreszeit (Karneval), die im Februar zu Ende geht!

Aus den Berichten von zwei Teilnehmerinnen:
Heimreise nach einem sehr erfüllten Wochenende. Erfüllt - gefüllt - Gefühle, aufgewühlt. Eigentlich hätte ich noch einen ganzen Tag für mich allein gebraucht. – Ankommen. Das Erlebte klingt in mir nach. Nähe – Distanz. Ich spüre eine spezielle Kraft und Energie in mir. Dann entschliesse ich mich am Montag zu einem Telefongespräch mit meinem Vater. Das nach mehrwöchiger Schweigezeit. Oberflächlich, kein Tiefgang und doch möglich! Distanz? Nähe? Dazwischen taucht die Diskussion aus dem Seminar auf. Wo stehe ich, neu dazugekommen? Mittendrin, dazwischen, eingeklemmt. Ich zapple wie eine Mücke im Wasser, finde meine Insel (Mitte). Ausruhen, Kräfte sammeln, neue Impulse in mir aufnehmen, spüren, Altes loslassen. Wo stehe ich nach jahrelangem Ringen? Ein besonderes Kraftfeld habe ich an Pfingsten bei einem Treffen mit behinderten Menschen gespürt. Dankbar für diese Erfahrungen. (Lea)

Endlich wurde wahr, was ich mir schon lange gewünscht hatte. Ich wollte mein Durcheinander ordnen und spürte nicht nur die Verpflichtung dazu. Fast tut es mir leid, damit nicht gleich weiterfahren zu können. Es gäbe noch so Vieles zu tun, aber diesmal bin ich sicher, dass ich es auch werde anpacken können. Erst als ich das wieder lese, sehe ich, dass dies ja ein Thema am Seminar ist: Ballast loslassen. Ich glaube, ich werde dazu fähig. Ob das meine Vorbereitung für den Winter ist? Die Bäume vor meinem Fenster sind schon fast durchsichtig, so viele Blätter haben sie schon fallen lassen. Bedeutet das, mich fallen lassen und mich den Kräften der Tiefe anzuvertrauen? Ich bin wieder ein Fragezeichen, aber diesmal eines, das Antworten ahnt. (Sandra)

Ich erzähle von meinen Meditationsbildern. Zwei Frauen gehen aufeinander zu, umarmen sich und verschmelzen zu einer Person. Diese steht dann allein auf der Sanddüne und geht zum Meer, steigt in ein Boot und beginnt zu rudern. Sie rudert und rudert immerzu, es wird dunkel, sie ist müde. Sie legt die Ruder ins Boot und übergibt sich und das Boot voller Vertrauen dem Wasser. Es wird hell und ich sehe, wie das Boot am Ufer landet und die Frau erwacht. Sie steigt aus, bindet das Boot an; sie will sich ans Ufer begeben, dreht sich aber wieder um. Sie bindet das Boot los – sie benötigt es nicht mehr. Das Boot wird von den Wellen weggetrieben und die Frau geht auf das Land oder die Insel zu.

**1998 6. Jahr:
Das Grosse Tor**

Wir begeben uns auf eine geführte Phantasiereise: Wir liegen am Wasser, gehen spazieren, finden eine Muschel, die sich wie von Zauberhand öffnet. Sie enthält eine weisse und eine schwarze Perle. Die beiden Perlen führen uns auf eine Reise, in der wir erfahren, was sie für jede bedeutet. Dahin reist jede allein; ich werde sie dort wieder abholen. Wir sprechen nicht über die Erfahrungen auf der inneren Reise, sondern gehen gleich zu Bett. Denn wir werden uns um drei Uhr früh wieder treffen. In den Schlaf gebe ich drei Fragen mit: 1. Zu welcher Perle fühlst du dich näher hingezogen, mit welcher identifizierst du dich? 2. Was bedeutet dir die andere Perle? 3. Was möchtest du, dass heute nacht bei der Konjunktion für dich geboren wird, das sich verwirklichen soll in den nächsten zehn Mondmonaten?

Drei Uhr früh. Wir verbringen die Zeit der exakten SoVekonjunktion im Gruppenraum. Ich erzähle meinen apokalyptischen Traum, in dem Pech und Schwefel vom Himmel kommen und eine Stadt am Wasser in Feuer und Asche legen. Daran schliesst sich ein von Zweifeln geprägtes Gespräch zwischen Sandra, Lea und mir an über die Kriegshandlungen der NATO, um Milesovich zu stoppen. Hier im Seminar versuchen wir, auf geistiger Ebene zu wirken und unsere Gedankenkraft zu entwickeln. Anschliessend schweigen wir. Nach einiger Zeit beginnt Hanna mit einer Vokal/Klangmeditation und wir setzen mit ein. Fast eine halbe Stunde überlassen wir uns den Klängen. Sie bewegen uns, lassen mich fühlen, wie mächtig und stark das O in mir ist. Lea umarmt alle voller Freude. Nach einer Tasse Tee gehen wir schlafen. Lea fühlt sich durch die Muschelgeschichte ganz direkt angesprochen. Sie erinnert sich an die Zeit, als sie ihre Tochter zur Adoption abholte. Sie ist zur Zeit in der Ablösung von ihr begriffen. Lea wünscht sich sehr, dass sie sich mit ihrer Tochter wieder besser versteht. Wir vertiefen das Thema; dabei kommt sie ihrer eigenen inneren Zerrissenheit näher, die sich nach Ganzwerdung sehnt. Während der Schwangerschaft ihres jüngsten Sohnes ist ihre Bauchdecke wirklich entzwei gerissen! Romy hat eine sehr intensive Zeit hinter sich. Zweimal war ihr Rücken völlig blockiert. Sie war eine Woche in Italien mit ihrem Mann. Dort erlebte sie eigenartige Zustände, die – wie sich später herausstellte – mit dem Sterbeprozess ihrer Mutter zusammenfielen. Eine seltsame Empfindung von Schwäche, Herzflattern und dem Gefühl zu sterben, zeitgleich mit dem Tod ihrer Mutter. Während des Sterbens wurde eine noch bestehende energetische Verbindung aktiviert.

Später arbeiten wir mit dem Doppellabyrinth als ordnender, kunstvoller Struktur. Ich stelle weitere symbolische Bezüge zum Doppellabyrinth her. Das links vor mir liegende Labyrinth ordne ich der Morgenvenus zu. Ihr entspricht die Waagevenus und damit auch der Karte Gerechtigkeit im Tarot, während das rechte Labyrinth die Abendvenus und die Karte Hohepriesterin (der Liebe) repräsentiert. Die Gerechtigkeit ordne ich auch der ägyptischen Schicksalgöttin Maat zu. Das Bild der Schwarzen Perle gehört zur linken Seite des Labyrinths, die rechte Seite zur Weissen Perle. Betrachten wir das Labyrinth als inneres Bild, spiegelt es unsere beiden Gehirnhälften wieder. Nach aussen projiziert, führt dann die Morgenvenus als Gerechtigkeit das Schwert in der rechten Hand und die Abendvenus als Hohepriesterin und Zauberin die linke Hand zum Orakel. Ein Beispiel für die komplexen Zusammenhänge symbolischer Zuordnungen zur Venus.

Hanna erzählt einen Traum mit einer Badewanne voller Kleinkinder; es wird deutlich, dass es um die vielen Dinge geht, die sie zur Zeit nebeneinander macht. Sie findet Zugang zu einem lange verschlossenen Bereich. Sie erinnert sich, dass sie mit Puppen spielte bis sie ins Gymnasium kam. Es war eine kleine Puppe, die sie füttern konnte und die sich auch nass machte. Damals beschloss sie bewusst, ab sofort nicht mehr mit Puppen zu spielen und schloss damit viele kreative Seiten aus. Dass sie die Muschel nicht öffnen konnte, scheint ihr treffend aufzuzeigen, wie es ihr in Beziehungen ergeht. Auch bei Lea geht es um Kindergeschichten. Sie war sehr enttäuscht, weil sie nicht die Puppe bekam, die sie eigentlich gewünscht hatte. Nie bekam sie das, was sie sich wünschte, dann, wann sie es sich gewünscht hatte, sondern vielleicht erst Jahre später. So war es auch mit einer Mokkatasse und einem Hulahoop-Ring. Als ob es für ihre Wünsche zu früh wäre. Sie erinnert sich, das sie auch nicht auf ihre Menstruation warten wollte, sondern sich Medikamente verschreiben liess, weil ihre Freundinnen sie schon hatten. Diese Erfahrung barg viel Enttäuschung in sich! Lea erkennt, dass hier ein roter Faden durch ihr Leben läuft.

Unser wiederholtes Juli/Augustthema Die innere Drachin lieben lernen scheint durch die totale Sonnenfinsternis angesprochen, die am 11. August 1999 stattfinden wird, wenige Tage vor der SoVekonjunktion am 20.8. Die innere archaische Wildheit der Drachin zu befreien und zu integrieren, könnte eine mögliche Auslösung für die Finsternis sein. Den Schwarzmalereien vieler

Astrologen nicht folgend, wollen wir versuchen, unseren Möglichkeiten entsprechend den durch die Finsternis frei werdenden Kräften eine konstruktive Richtung zu geben, indem wir uns frühzeitig darauf einzustellen beginnen. Bilder von Dinosauriern vor Augen, sprechen wir über Evolution, Drachenkraft und die Bedeutung für unsere menschliche Rücken- und Aufrichtekraft. Wie entsteht sie? Wir streifen dabei auch die Einwirkung elterlicher Vorbilder beim Entstehen der Rückenkraft, die wir auch als Durchsetzungskraft bezeichnen könnten. Mit einer Rückenmassage runden wir den Nachmittag ab. Die Wirbelsäule übertragen wir bildhaft auf die Drachen/Labyrinthzeichnung, die uns als persönliches Protokoll durch das Wochende begleitet.

Astroarchäologischer Zugang

Bei der Feedbackrunde am Sonntagmorgen kommt einiges in Gange. Sandra träumte vom Rumpelstilzchen. Beim Durcharbeiten erkennt sie, wie stark ihr Vater auf sie Einfluss genommen hatte. Kernsatz: Ja, der Vater war ein Prahlhans (der Müller im Rumpelstilzchen) und zeigte grossen Stolz auf seine Tochter. Sie (die Tochter) setzt alles daran, um diesem Stolz gerecht zu werden. Den Gestalten des Märchens Rumpelstilzchen lassen sich nach der matrilinearen Ordnung die Planeten zuordnen. So kann der Müller als Saturn, der König als Jupiter, die Müllerstochter als Venus, die Sonne als Königinmutter und Schloss betrachtet werden. Der Mond könnte das Kind der jungen Königin und Merkur Rumpelstilzchen sein, oder einfach abgespaltenes Wissen mit dem Wunsch nach Kommunikation und Beziehung. Mars ist unbewusster Antrieb des ganzen Geschehens.

Für Romy verknüpft sich das Gefühl der Leere mit ihrer Erfahrung mit dem Drachen (Wirbelsäule) im Labyrinth. Statt die Wirbelsäule mit der Struktur (dem Weg im Labyrinth) gleichzusetzen, setzte sie die Wirbelsäule ins Leere. In der Vertiefung stellt sich eine Verbindung zu ihrer Mutter her, die sie in ihre Trauer um den verstorbenen Bruder ins Leere laufen liess. Zu Beginn ihres Lebens fehlte Romy eine Mutter, die ‹gut genug› war. Lea ist sehr betroffen vom Satz «Man gibt kein Kind fort», den Sandra sagte und der mitten in ihre Lebensgeschichte hinein trifft.

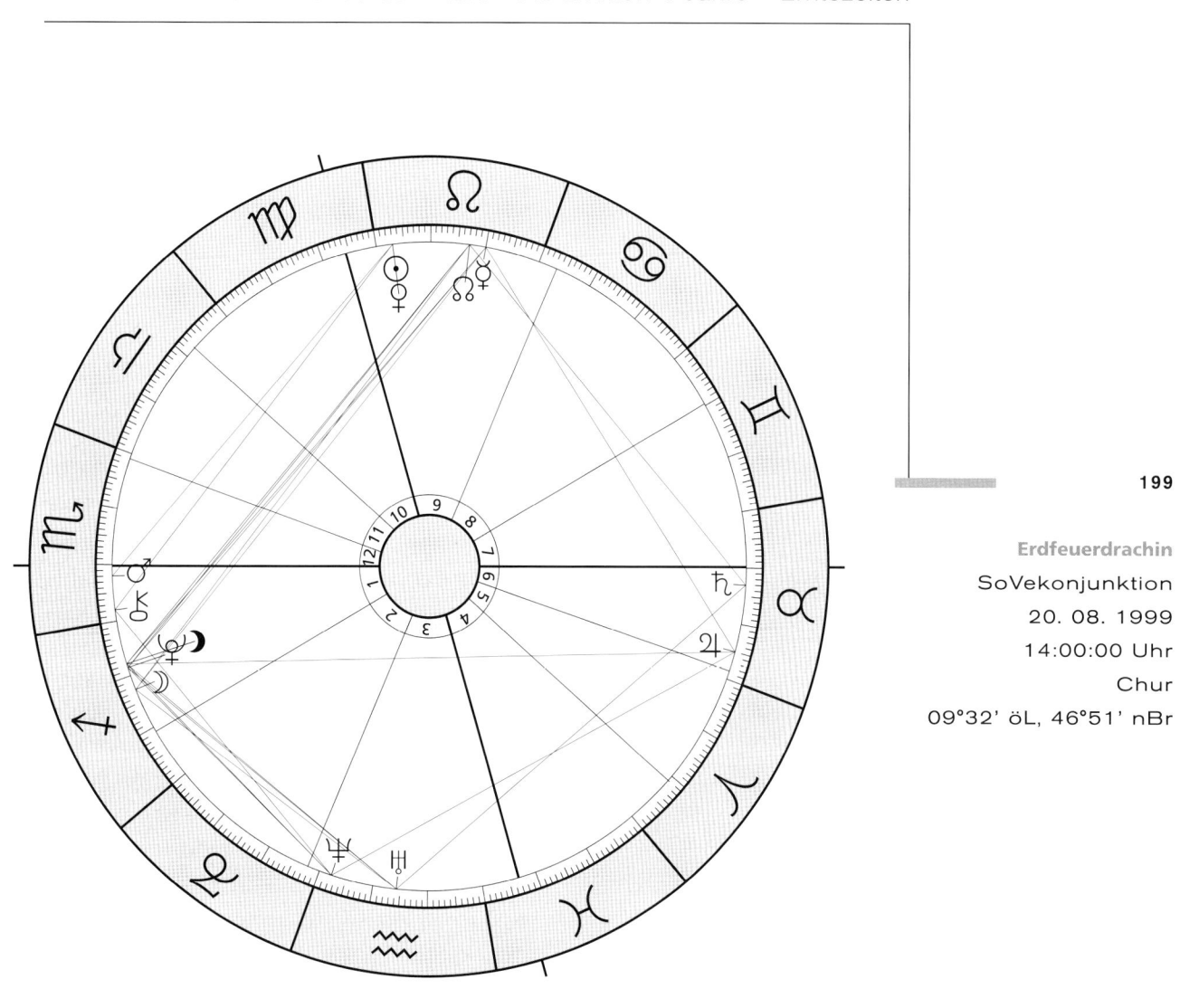

Teil 2 Venus-Seminare Die zweiten 4 Jahre – Erntezeiten

Erdfeuerdrachin
SoVekonjunktion
20. 08. 1999
14:00:00 Uhr
Chur
09°32' öL, 46°51' nBr

Planeten:

☉ 27♌02	♄ 17♉06	☊ 12♌53	⚴ 00♋52
☽ 12♐36	♅ 14♒19ᴿ	Asc 20♏18	⚶ 28♏11
☿ 09♌54	♆ 02♒20ᴿ	MC 06♍09	⚳ 05♓52
♀ 27♌02ᴿ	♇ 07♐44	⊕ 01♋43	⚵ 08♏19
♂ 21♏57	⚷ 28♏00	⚸ 26♏13	⊗ 15♉54
♃ 04♉57	☾ 08♐31	⚴ 13♌01	☋ 12♒53

1999 7. Jahr:
Haben und Sein

2. Februar	Wiedergeburt ins Licht
21. Mai	Der Himmel öffnet sich ...
21. Juli	... und schliesst sich wieder
20. August	Erddrachin/SoVekonjunktion/M
	Totale Sonnenfinsternis in Europa am 11.8.
12. November	Vertrauen in die Kräfte der Tiefe

Wiedergeburt ins Licht Inspiration

Seminarbrief. Seit langem versuche ich zu begreifen, in welcher Form die geistige Ordnung uns ihre Botschaften dartut. Astrologie ist eine von vielen Möglichkeiten, diese Ordnung in ein beschreibbares System zu bringen. Allerdings bleiben wir im Abstrakten hängen, wenn wir astrologisch/astronomische Daten nicht in die Sprache unseres Alltags, unserer Erfahrungen, Bilder und Vorstellungen übersetzen. So ist es auch mit den verschiedenen Orakeln, wie Tarot und I Ging. Sind es beim Tarot die Bilder auf den Karten, die ja auch von menschlicher Intuition und Vorstellungskraft geschaffen wurden, so sind es beim I Ging Sprachbilder. Doch auch sie bedürfen wieder einer Interpretation beziehungsweise Übersetzung, damit wir sie verstehen. Wir können uns dabei an die tradierten Interpretationen halten oder uns von unserer eigenen Intuition leiten lassen. Sinnvoll scheint mir, beide Ansätze anzuwenden und die Resultate miteinander zu vergleichen. Immer müssen wir uns jedoch darüber klar sein, dass sie auf persönlicher subjektiver Erfahrung beruhen, wenn es auch durchaus möglich ist, dass viele Menschen ähnliche oder gleiche Erfahrungen machen. Ihren Wert für uns erhalten sie dann, wenn wir sie im Alltag umsetzen können, wenn sie uns – und sei es auch nur eine vorläufige – Antwort auf unsere Fragen geben können.

Wenn wir davon ausgehen, dass auch unsere Innenwelt sich im Aussen spiegelt, so kann uns eigentlich alles zum Orakel werden. Orakel (lat. oraculum) heisst wörtlich Sprechstätte; das heisst ein Ort, an dem zu uns gesprochen wird. Allerdings wird 'es' erst zu uns sprechen, wenn wir unsere Aufmerksamkeit darauf richten. Wir entscheiden also, wer oder was wann und wo zu uns sprechen soll. Zwar entscheiden wir uns nicht immer bewusst; manchmal zwingen uns äussere Bedingungen, unsere Aufmerksamkeit auf ein bestimmtes Problem oder einen Konflikt zu richten und darin die geheime Botschaft zu erkennen, die uns auf eine mögliche Lösung hinweist. Es kann auch eine Krankheit oder ein Verlust sein, die dasselbe von uns fordern. Das richtige Mass an Achtsamkeit aufzubringen, scheint mir jedoch keine einfache Sache zu sein. Unaufhörlich in allem den geheimen Sinn erkennen zu wollen, würde uns wohl paranoid werden lassen; die Botschaften der geistigen Ordnung ganz zu verneinen, würde vielleicht unseren Geist spalten oder ihn erstarren lassen. Doch wie dem auch sei, seit ich in den Bergen wohne, beobachte ich auch das Wetter, die Wolken am Himmel, ihre Formen und ihre sich wandelnden Gestalten. Manchmal sind es auch Vögel, die mich aufmerksam werden lassen oder die Blumen oder der Berg. Die Bergdohlen sind näher gekommen; der Hunger hat sie ganz nahe herangebracht, denn seit drei Tagen schneit es ununterbrochen. Zuerst zu zweit, dann zu fünft, zu siebt und zu neunt haben sie sich auf dem Balkongeländer um ihr Futter gestritten. Ein Bild, das mir Herzklopfen verursacht in seiner Unmittelbarkeit. Der Überlebenskampf kommt näher und wird härter. Nicht nur bei den Bergdohlen! Er lässt aber auch neue Verhaltensweisen entstehen. Die kleinste der Dohlen hat keine Chance an die faustgrosse Fett-Samenmischung heranzukommen, die auf dem Geländer liegt. Sie ersinnt einen Ausweg. Es gelingt ihr, an das kleine Netz mit dem Futter für die Meisen zu kommen, das an einer kurzen Schnur am Balken hängt. Ich staune über diese innovative Leistung und die Geschicklichkeit, mit der die Dohle mit einigen Flügelschlägen hochsteigt, sich flügelschlagend am Netz festhält und so zu ihrer Mahlzeit kommt. Ausserdem führt sie mir leibhaftig den Satz vor Augen, dass Lösungen nicht auf derselben Ebene gefunden werden.

Seit Beginn der Seminare leitet mich der Gedanke, wie wir – wie die Bergdohle – **zu neuen Ebenen des Verhaltens** gelangen können. Zu Ebenen, die uns erlauben, von alten, eingefleischten und uns behindernden Verhaltensweisen wegzukommen. Sie hinter uns zu lassen und uns für etwas, für uns, für die Liebe, für eine heilere Erde und für liebesfähige Menschen einzusetzen. Nicht mehr gegen, nicht mehr aus einer Opferhaltung heraus zu handeln, sondern **selber Impulse setzen**, war immer auch das Leitmotiv der Wanderungen oder der Reise nach Orkney. Ich konfrontiere mich zur Zeit mit den dunkeln Seiten unserer Gesellschaft; ich will nicht daran vorbeischauen. Doch verstärkt es meine Fragen nach neuen Möglichkeiten, damit umzugehen. Einen spirituellen Weg gehen heisst auch, die mentale Kraft einsetzen zu lernen. Denn dass sie wirkt, steht fest. Für mich ein besonders eindrückliches Beispiel ist die Tatsache, dass mein Leitstern mit einer hellen und einer dunkeln Seite im Wappen der Surselva enthalten ist.

1999   7. Jahr:
Haben und Sein

> Es ist noch nicht lange her, dass ich beinahe fassungslos darauf schaute und erst in diesem Moment begriff, dass es (auch) das Resultat meiner Imagination ist, dass ich mich hier in der Surselva aufhalte. In den letzten Jahren habe ich erfahren, dass es so etwas wie frei fluktuierende Energien im Kosmos gibt, die – wenn wir sie ansprechen – uns hilfreich zur Verfügung stehen. Nichts anderes tun wir, wenn wir uns mit der Sontga Margriate oder der Sontga Onna beschäftigen. Ich spüre auch, dass ich nicht ins Leere spreche, wenn ich Estu und Ritu, die alten Göttinnen der Ostalpen anspreche oder Castor und Pollux oder Sogn Giusep. Andere sprechen von Heiligen, Engeln oder von Gott; von Christus, Buddha, Brahman oder Allah. Mein Verständnis des «positiven Denkens» (das ich als zu vereinfachend ablehne) hat sich dadurch erweitert. Unsere mentale Kraft kann tatsächlich Negativität überwinden. Aber nicht indem wir sie einfach verneinen, sondern indem wir durch die Hölle der Negativität hindurchgehen und sie mit unserer Geisteskraft durchdringen. Ähnlich, wie es auch die Geschichte von Inanna und Ereskigal schildert. Inanna musste selber nackt in die Unterwelt hinabsteigen und sich dabei aller Kleider und ihres Schmuckes entledigen, um als Wiedergeborene ins Licht zu gelangen. Von jetzt an kann sie unerwünschte Geister wegschicken. Für mich allerdings gilt, dass ich da noch viel zu lernen habe! Doch wenn es mir gelingt, fühle ich mich glücklich, stark und dem Leben verbunden.

In den Gesprächen dreht sich vieles um Unsicherheit und Suchen, aber auch um Sinnlosigkeit und Resignation. Ich spüre sie auch in Bezug auf die Seminare. Seit meinem Erlebnis im Bad von Vals verändert sich meine Wahrnehmung. Ich merke, dass die alten Abgrenzungen nicht mehr stimmen und auch nicht mehr funktionieren wie früher. So fällt es mir schwer zur Zeit, zu unterscheiden, ob es ausschliesslich meine Gefühle der Sinnlosigkeit, Hoffnungslosigkeit oder Resignation sind oder ob ich sie in Resonanz zur Gruppe und zur Zeitqualität aufnehme. Ich gehe davon aus, dass von allem etwas zutrifft. Die bevorstehende Jahrhundert-Sonnenfinsternis kündigt den Beginn von Neuem an, auch auf der sozialen und gesellschaftlichen Ebene. Was aber wäre das? Für mich bleibe ich dabei zu versuchen, dieses Neuland Schritt für Schritt zu erkunden, um herauszufinden was das jeweils Neue ist. Das gilt auch für die Seminare. Um diesem Neuen eine Möglichkeit zu geben, sich ohne vorgefasste Meinungen und Erwartungen zu manifestieren, werden wir in diesem Jahr unsere Erfahrungen, beruhend auf Körperempfindungen, mit Malen bildhaft und farbig protokollieren.

Ellen skizziert auf ihrem Bild, was an Beziehung in der Gruppe läuft. Wie würde dieses Beziehungsgefüge aussehen, wenn man es von aussen anschauen könnte? Daraus entwickelt sich ein Gespräch über die verschiedenen Ebenen, die wir im Seminar versuchen voneinander zu unterscheiden: Die Persönliche ist am einfachsten zu benennen. Wo zeigt sich jedoch die Spiritualität? die Geistigkeit? der Geist? Für mich verbinden sich diese Ebenen, bei spontanen Erlebnissen wie beim Kränzewinden oder dem Verbrennen der Kränze. Wenn unser Erleben so spontan, dicht und intensiv wird, ist alles darin enthalten. Auf diesen gemeinsamen Erfahrungen der letzten fünf Jahre wachsen die neuen Bilder, mit denen wir alte Symbole mit neu erfahrenen Inhalten neu füllen. Daraus erwachsen neue Stärke und Identität. Und für den Moment ist damit die Frage nach dem Sinn unserer Arbeit beantwortet. Romy fragt sich, ob sie auf diese Weise auch wieder Zugang zu Symbolen findet, von denen sie sich entfremdet fühlt, weil sie nicht im Weiblichen verwurzelt sind. Hanna begegnet sehr dem Wasserthema. Es bewegt sie die Frage nach dem Geist oder einer neuen Geistigkeit. Der Brief hat die Erinnerung an ihren Freund geweckt: Angst vor Verlust. Sein Tod hat eine grosse Wende in ihrem Leben eingeleitet. Leas Blatt ist leer, obwohl sie schon Fragen hätte. Sie hat Migräne. Wie ein Pfeil eingefahren ist ihr meine Frage nach der (existenziellen) Realitätsbewältigung. Das rührt an ihre Abhängigkeit, die ihr schlagartig bewusst wird und den Migräneanfall auslöst. Ich fordere sie auf, ihre Fragen als Fragezeichen auf das Blatt zu setzen. Es macht deutlich, wie oft sie ihre Fragen, Gefühle oder was auch immer zurückhält, statt sie nach aussen zu bringen. Sandra ist unzufrieden, weil ich wegen der vereinbarten Zahlungsweise anderer Ansicht bin. Ich frage sie, ob nicht andere Gründe ihren Ärger verursacht haben. Ich erinnere sie an einen nicht eingehaltenen Termin, den sie auch nicht absagte. Ich vermute, dass sie über etwas verärgert ist und dass es im Sommer angefangen hat. Sie wird jetzt wütend und sagt, dass ich sie nicht interpretieren soll, wenn es nicht Zeit sei dafür. Doch jetzt lasse ich nicht mehr locker. Sie ist jetzt wirklich verärgert und ich frage sie, ob sie wütend ist auf mich? Ja, ziemlich ‹hässig›. Hässig oder wütend? Nein, wütend. Was tut sie, wenn sie wütend ist? Das ist jetzt einfach so. Ich frage weiter. Am Schluss sagt sie, sie würde sich verweigern. Ich verstärke ihre Aussage, indem ich ihr verdeutliche, dass ihre Abgrenzung oft auf Verweigerung beruhte, worauf sie wütend nach oben geht. Ich komme mir hart und uneinfühlsam vor, bin auch selber wütend. Lea hat sich schon vorher entfernt, um sich wegen ihrer Migräne niederzulegen.

1999   7. Jahr:
Haben und Sein

Die anderen fordere ich auf, zu sammeln, was sie am Sonntag bei der Grotte ins Feuer werfen möchten.

Am andern Tag beginnen wir mit Entspannungsübungen, um die Verbindung zum Körper zu gewährleisten. Die wahrgenommenen Gefühle, Gedanken und Empfindungen übertragen wir anschliessend auf das Bild. Der Weg vom Körper aufs Bild wird sichtbar durch Form und Farbe. Wo es zuerst keine Worte gibt, können sie nun gefunden werden über die ausgedrückte Form. Was auch bedeutet, Sprache mit eigenen Inhalten zu füllen. Verbindungen zu gestern sind hergestellt worden. Leere, Nichts, Geborgenheit, mangelnde Geborgenheit, Gefühle, Bewegung. Es ist immer wieder spannend zu sehen, was übers Malen geschieht.

Nachmittag. Tanzen zu Klezmermusik mit farbigen Seidentüchern und Musikinstrumenten. Anschliessend Körperreise in Bauchlage: Körper als Fünfstern gedacht, mit imaginärem Umrissen nachzeichnen. Harfenmusik. Ich führe sie rundum, um die Symbolik des Pentagramms körpernah zu erleben. Die beiden Arme und der Kopf liegen an den SoVekonjunktionspunkten für April, Juni, August, vielleicht den alten Frauenfarben rot, weiss, schwarz entsprechend oder Annaselbdritt. Die Füsse liegen an den Stationen der Torwärterinnen. Sie wachen über Eingang und Ausgang und wissen Bescheid über die unteren Kräfte. Ich führe auch den Mond ein. Spreche das innere Kind an. Betone, nur sie könnten ihrem Kind Geborgenheit geben. Fordere sie auf, es zu fragen, was es braucht und bei wem es sich, was es braucht, holen könnte. Anschliessend malen wir den Fünfstern auf das Bild und schauen uns an, welche Bereiche integriert worden sind und was noch ausserhalb liegt. Als Folge der gestrigen Auseinandersetzungen spricht Hanna mich darauf an, ob ich (unausgesprochene) Erwartungen hätte an die Gruppe oder an Sandra. Ich finde die Frage nach der gestrigen Auseinandersetzung berechtigt und versuche eine Antwort zu finden. Mein Traum von letzter Nacht gibt Hinweise: Alte Frau, hart, böse klopft mit einem Stock auf den Boden, als würde sie sagen: «Warum gehen die weg, die haben hier zu bleiben, sie sollen nicht weggehen.» Hier erkenne ich Erwartung und Forderung.

> Der Hexe Bann hält mich im Zauberkreis gefangen,
> hemmt eifersüchtig jeden Schritt,
> wenn leise tastend
> ich versuch ihr zu entkommen.
> Sie duldet nicht Verrat;
> unerbittlich lässt sie mich schuldig werden.
> Bestraft mit grauen Nebelängsten.
> AM 1984

Es ist eine sehr alte Gestalt in mir, die in Träumen nicht zum erstenmal auftaucht. Einmal als Aspekt meiner selbst, gelegentlich in der Projektion. Für mich bedeutet sie auf der persönlichen Ebene Saturn am absteigenden Mondknoten (da wo wir herkommen). Manchmal denke ich jedoch, sie ist älter als ich jetzt bin. Die alte harte Frau trägt viel Bitterkeit und Enttäuschung in sich; das Leben hat sie hart angefasst und sie musste ihre Macht abgeben (beispielsweise von der matrizentrischen zur patriarchalen Familienstruktur). Ein Aspekt der kollektiven plutonischen Grossen Mütter, vertritt sie in Familien oft mit grosser Macht unbewusst manipulierte Strukturen. In der Astrologie durch Pluto vertreten, bewirken die Grossen Mütter – als kollektiver Ausdruck unterdrückter matrizentrischer Strukturen – Hass, Rache, Neid, Missgunst, Verrat bei Frauen und Männern. Es ist dieser in vielen Bereichen unbewusste kollektive Anteil, den die alte Frau in mir durchblicken liess – Frauenpower, wie ich sie nicht mehr leben oder weitergeben möchte. Meinen persönlichen Anteil darin zu erkennen und anzuerkennen ist und bleibt eine Lebensaufgabe. Die Arbeit in den Seminaren nötigt mich immer wieder, mich mit diesen archaischen Anteilen zu befassen. Bewusst gewählte und gestaltete Möglichkeiten dazu bieten mir und den Teilnehmerinnen diese Seminare. Der Traum berührt auch das Thema das eigene Schicksal lenken in der Auseinandersetzung mit der Göttin über Leben und Tod. Es geht um das Untere Tor und um die Hüterinnen der Schwelle. Ich sehe den Traum als Warnung an mich, dass unsere Arbeit grosser Einsicht und der Liebe bedarf. Ein freundlicheres Bild zu der alten Frau: sie ist der Winter, der geht. Im Grunde ein natürlicher Verlauf. Der Winter kann hart sein, man muss um sein Überleben kämpfen

1999 7. Jahr:
Haben und Sein

und doch geht es darum, der von unten drängenden Lebens- und Grünkraft den Weg zu öffnen.

Sandra meint, sie hätten schon früher einmal in der Gruppe über Väter und Mütter sprechen sollen. Sie wollten erst nicht. Als sie es dann aber taten, erschütterte es sie zu sehen, wie sehr sie für die jüngeren Frauen in der Übertragung zur Mutter wurde. Jetzt begreift sie, dass auch die Übertragung auf mich gestern ihre Wirklichkeit beeinflusste und dass trotzdem ihr Herzeleid Realität ist. Das tat wahnsinnig weh. Sie möchte auch im religiösen Bereich jetzt einfach eine Priesterin, die sagt, dass sie unschuldig ist. Sie sieht, dass ihre bisherigen Erfahrungen mit intellektuellen Erkenntnisprozessen sich verändern und meint, sie nützten wenig, wenn sie nicht mit Gefühlen verbunden sind. Hanna meint, dass gerade so die grossen Abhängigkeiten in religiösen Gemeinschaften oder Sekten entstehen. Unsere Arbeit hier soll jedoch die Unabhängigkeit fördern. Dafür sind diese Erkenntnisprozesse notwendig. Wenn wir zuviel Macht an eine Person oder Gruppe abgeben, und ihr gar das Recht zugestehen, uns zu entschulden, entsteht das Gegenteil.

Wieder erlebte Trauer und Schmerz lassen alte Selbstbilder ins Wanken geraten und ermöglichen neue Verhaltensweisen. Sandra wirft ein, dass der Schmerz sie schrecklich isoliert habe. Es ist genau das, was ihr auch mit ihrer Mutter passierte. Der Schmerz entspricht dem, den sie damals erlebte. Es war ihre innere Realität als Kind, zu dem sie jetzt Zugang hat. Diese innere Realität zu akzeptieren, fällt nicht leicht und oft sind wir damit mehrmals konfrontiert, in verschiedenen Situationen. Und doch sehe ich nur den Weg, diese inneren Realitäten zu akzeptieren, wenn wir zu unserer wirklichen Lebenskraft kommen möchten. Sandra wundert sich, wie es möglich war, dass sie das Wort Krise geschrieben hat, stundenlang bevor all das geschah. Sie ist erschüttert, wie sich ihre innere Wahrheit durch alle Verstandesfilter hindurch einen Weg bahnt. «Wie konnte mein Körper das wissen, ehe ich abreiste (sie hatte ein geschwollenes Auge), dass ich auf ein schwieriges Wochenende zugehe?»

Der Himmel öffnet sich ...
Aufstieg – Ausdehnung. Liebe zur Macht – Macht der Liebe

Seminarbrief. Das Leitthema dieses Wochenendes heisst: Liebe zur Macht – Macht der Liebe. Kein einfacher Sommerauftakt dieses Jahr und kein erfreulicher Ausblick auf den Jahrtausendwechsel: Der Krieg in Jugoslavien und Kosovo ist nah und noch kein Ende in Aussicht. Ich werde dieses Thema in unsere Arbeit mit einbeziehen. Im Horoskop zeichnen sich auf der kollektiven die negativen Seiten dieser Zeit deutlich ab (Pluto): Machthunger, Autoritätsprobleme, Fanatismus, Streben nach materieller und geistiger Macht. Themen, die in unserer Auseinandersetzung im letzten Seminar schon kräftig angesprochen waren. Ganz stark kommt das Thema der Auseinandersetzung mit Religion, Philosophie, Glauben, Moral und Ethik zum Ausdruck. Oft wiederholen sich in der Interpretation Begriffe wie Wechsel, Veränderung, Trennung, Reisen, Auswanderung. Je nachdem, in welchen Zusammenhängen wir leben, tritt die eine oder andere Thematik stärker in den Vordergrund.

Im Blick auf unser Wochenende gelten die Inhalte der kollektiven Ebene jedoch auch für uns. Umgesetzt auf unsere persönliche und spirituelle Ebene, zeichnen sich die Themen ab, mit denen wir uns seit Jahren befassen: Mystik, Religion, Philosophie, Zukunftsvision, Aufarbeiten und Integrieren persönlicher Defizite und Verletztheiten. Unsere freundschaftliche Verbindung und Ideale, die wir teilen, kommen ebenso zum Ausdruck, wie mögliche Konflikte und Auseinandersetzungen. Es zeichnet sich unser gemeinschaftliches Streben ab, neue Bedingungen und Werte für uns persönlich und gleichzeitig über uns hinaus zu schaffen. Unsere persönlichen Themen sind mit Schwierigkeiten im gesellschaftlichen Leben und Selbstausdruck angesprochen. Womit natürlich noch nicht gesagt ist, um welche genau es sich handelt. Doch da Pluto in Opposition zu Sonne/Merkur mitmischt, wird das Thema unsere tiefste Lebenskraft und damit auch unsere Sexualität betreffen. Ein nie zu Ende gehendes Thema, das durch die beiden Seelenführerinnen (Merkurqualitäten von AC/MC = Jungfrau/Zwillinge) zur Bewusstwerdung drängt. Und – so wie es sich mir zeigt – in fast archaischer Weise. Das erinnert mich an mein persönliches Bild der Echse, Schlange, Reptil aus dem letzten Seminar. Es erinnert mich jedoch auch stark an unsere Erfahrungen im Zoo: an die Schlangenkraft und an die Erfahrungen mit dem Pfau. Die Merkurqualitäten von Jungfrau/Zwillinge werden in meiner matrizentrischen Zuordnung der Planeten den Seelenführerinnen zugeordnet, wie sie uns beispielsweise in Gestalt der Kore und der Persephone begegnen.

Kurz zur Erinnerung: Pluto raubte Persephone, die Tochter der Demeter/Ceres und entführte sie in die Unterwelt. Ehe er sie auf Drängen von Demeter, die lange nach ihr gesucht hatte, wieder in die obere Welt gehen liess, gelang es ihm, Persephone (oder Kore) zu veranlassen

1999   7. Jahr:
Haben und Sein

einige Granatapfelsamen zu essen, was den Vollzug der Ehe bedeutete. Damit war sie an ihn gebunden und verpflichtet, wieder zu ihm zurückzukehren. Gebunden an die Unterwelt, an Leidenschaft, Sexualität, Eifersucht, Hass, Liebe, Freundschaft und Feindschaft, an Leben und Tod. Gebunden war sie aber auch immer noch an die Mutter. Innerlich zerrissen. Pluto ordne ich verdrängtes Wissen um ehemalige matrizentrische Gesellschaften zu. Krieg und alle exzessiven Auswüchse von religiöser, sexueller und sexualisierter Gewalt sind die Folge der Verdrängung von hasserfüllten, zerstörerischen Gefühlen über den Verlust von Macht und Unterdrückung sowohl bei Frauen als auch bei Männern. Krieg als Folge davon steht in der Verantwortung von Frauen und Männern, wenn auch von verschiedenen (lebens)geschichtlichen Entwicklungen her. Es scheint mir, dass es mit den von mir entwickelten symbolischen Entsprechungen zwischen den Planeten und einer matrizentrischen und matrilinearen Gesellschaftsordung gelingt, einen Boden schaffen, um neue Formen des Umgangs mit diesen schwierigen Themen zu finden. Auch der **Umgang mit Sprache** – mit der wir uns unter anderem über die Vokal- und Klangmeditation befassen – beziehungsweise mit dem Verlust von Wörtern, die unsere innersten Erfahrungen stimmig wiedergeben, wird wohl wichtig sein an diesem Wochenende. Das Horoskop ist fast zur Hälfte vom Element Luft geprägt. (Hoffentlich setzt sich diese Energie nicht nur als Luftangriffe um!). Auch Sprache kann zu Luftangriffen verwendet werden, wenn sie vernichtend eingesetzt wird: Zum Beispiel als intellektuelle Überlegenheit, Überredungskunst, Verleumdung, Schweigen. Ein Konflikt zeichnet sich ab zwischen unserer herkömmlichen Sprache und dem was uns intuitiv bewegt. Ich hoffe, es wird uns gelingen achtsam damit umzugehen, damit wir die Sprache zur Verständigung einsetzen können und sie nicht zu neuen Verletztheiten und Missverständnissen führt.

Mit **Erkenntnis und Akzeptanz des Unabweislichen** habe ich den neu begonnenen Venuszyklus überschrieben, der mit dem Grossen Tor im Januar 1998 begann. Zu erkennen und zu akzeptieren hatte ich einiges seit letztem Jahr. Zum Beispiel die sich seit langem ankündigende Veränderung meines Gottesverständnisses und damit der Bezug zum Männlichen als dem Anderen, aber auch eine Verdeutlichung dessen, was weibliche Spiritualität für mich bedeutet und ihre Verbindung zur Sexualität. Als unabweislich erkenne ich mein neues Selbstverständnis von mir als Frau und mein auch Bezogensein auf Männer als dem Anderen, Männlichen. Ich erkenne an, dass ich nicht weiss und dass ich durch dieses Nichtwissen oft in neue Verunsicherungen stürze. Dann fühle ich mich desorientiert und innerlich zerrissen von den verschiedenartigsten Bedürfnissen und Ideen, sehe ich mich oft damit konfrontiert – unterbrochen von wenigen Tagen der Zufriedenheit und des inneren Friedens. Ich wünsche mir nichts mehr, als mich meiner inneren Welt zu überlassen. Gleichgültig wohin sie mich führt. Meine inneren Bilder sind überwältigend stark und gegensätzlich. Der Wunsch, meinen Bildern zu folgen, drängt und alle rationalen Überlegungen führen mich nur tiefer in die Bedrängnis. Vor zehn Jahren fiel die Berliner Mauer. Heute, einen Tag vor Vollmond, fällt meine Mauer. Nichts will ich mehr aufhalten, was ohnehin nicht aufzuhalten ist und ich werde im Herbst wieder in die Stadt zurückkehren.

Eine Veränderungen bahnt sich auch auf der Symbolebene an. Bisher habe ich mich auf den Fünfstern konzentriert, der das ursprüngliche Symbol für Venus und Göttin ist. Ganz spontan tauchte nach dem Februarseminar der **Siebenstern** auf. Fast scheint es, dass sich – was sich lange Jahre vorbereitet hat – durch das Erscheinen auf der Symbolebene neue Lebensgewohnheiten ankündigen. Der Weg der Erkenntnis bricht nicht ab. **Die Alte** aus dem letzten Seminar will beachtet werden. Auch die Böse Alte, die hart und oft unerbittlich streng, aber auch stur und erstarrt in ihren Erfahrungen festgefahren ist. Und schon zeigen sich unerwartete Verbindungen zu unserer bisherigen Arbeit. Die Böse Sieben – schafft Verbindung zu den Plejaden. Etymologisch führt der Ausdruck zu Aussondern oder eine untaugliche Personen entfernen. Im Lexikon von Barbara G. Walker fand ich unter Plejaden spannende Angaben aus neuerer Zeit zur **Siebenzahl:** Die Ostfriesen glaubten, dass von sieben Schwestern mit Sicherheit eine ein Vampir oder ein Werwolf sei. Oder dass die siebente Tochter einer siebenten Tochter immer eine Hexe sei. Die Zahl sieben ist von vielen Religionen als Symbol aufgenommen worden. Gott schuf die Welt in sechs Tagen und am siebenten liess er sie ruhn – oder auch der siebenarmige Leuchter der jüdischen Tradition. Die Beispiele liessen sich sicher vermehren. Übrigens setzten die Maya für ihr platonisches Sternenjahr fünf Stationen, während die europäische Tradition von sieben ausgeht (Polaris ursa minor, Cepheus, Alpha Cygni, Wega, Herkules, Draco caput und Draco cauda)! Die sieben Plejaden gelten als Beginn und Bezugspunkt der planetarischen Bewegung und könnten hinweisen auf den erfolgten Paradigmawechsel von einer von Frauen geprägten Gesellschaftsordnung zum Patriarchat. Die Plejaden werden auch mit den Hesperiden weit im Westen gleichgesetzt, die mit Hilfe des Drachen Ladon die goldenen Früchte eines Apfelbaumes hüteten.

Eine Forschergruppe des archäologischen Museums in Guìmar geht davon aus, dass schon viel früher Menschen von den Kanarischen Inseln nach Südamerika fuhren. Im Dreieck, das der Golfstrom mit seiner Bewegung bildet, wird auch das versunkene Land Atlantis vermutet. Vor dem Museum ist ein nachgebautes Modell der Kontiki zu bewundern. Diese Entdeckungen sind wie eine Bestätigung für das von mir vermutete venusische Dreieck, das von Orkney (bzw. Nordspitze von Grossbritannien) über die Kanarischen Inseln nach Mexico und wieder zurück nach Orkney reicht. Dieses venusische Dreieck hatte ich vor einigen Jahren – einem spontanen Einfall folgend – auf der Karte eingezeichnet. Dieser Verbindung folgte ich mit meinen Reisen nach Orkney, Mexico und Tenerifa.

1999 7. Jahr:
Haben und Sein

Auch diesmal beginne ich mit Körperübungen im Liegen und frage zuerst nach dem emotionellen Gestimmtsein: Welche Stimmung nimmst du wahr im Körper jetzt und was für eine Farbe hat sie für Dich persönlich? Welche für Stimmung und Farbe in Bezug auf das Seminar und das Wochenende? In Bezug auf den Seminarbrief? Zum Schluss: Welches ist die Stimmung jetzt in deinem Körper? Dann setzen wir, ohne darüber zu sprechen, die Wahrnehmungen in Farbe um. Nach einer Pause besprechen, wir die aufgetauchten Themen und beginnen sie zu integrieren. Es ist jeweils sehr viel; und es geht weit und tief. Hannas Bild zeigt viele kleine, bewegte Wellen in den Farben grün und blau. Wie viele kleine Schälchen (grün), wo der Körper aufliegt. Die Wellen sind dazugekommen; bleibt mit allem im Wasser. Von der linken Hand kam ganz wenig rot, verbunden mit den Themen: sammeln von Eindrücken. Rot wirkt etwas fremd, bringt aber Dynamik in Gange. Sandras Bild ist klar strukturiert: roter Berg, tiefblauer See, grün. wie Wiese dargestellt, meint jedoch die Auflösung von rot und grün durch Wassers. Rot ist ihr Zorn und ihre Auflehnung gegen die Übungen am Boden. Mein eigenes Bild zeigt die Intensität meiner Stimmungen der letzten Wochen. Angefangen mit sehr zartem hellblau von meiner Körperstimmung her. Dann mit Blick auf das Seminar leichtes helles gelb; die Frage nach dem Brief löst eine kurze Angstreaktion in schwarz aus. Bei der Frage nach dem jetzt: tiefes blau und etwas rot. Zwischendurch ein Regenbogen. Das bleibt nicht ganz schwarz, sondern durchdringt die rechte Seite, von der aus ich gemalt habe. Gibt einerseits etwas Halt, andererseits von links, wo die Intensität herkommt, sieht es aus, als breche die Welle ab. Es tut sich etwas ähnliches wie ein Loch auf, das ich kenne. Von oben das helle Gelb, das ich erkenne als Möglichkeit, die Angst zu durchdringen und aufzuhellen und meine Welle von Intensität weiterfliessen zu lassen. Es ist in den Farben stark mitgeprägt vom Meer in Tenerifa.

Romy hat links zwei Strichfiguren gezeichnet, nach einem Traum, in dem eine grosse Frau sie in ihrer Angst bei der Hand nimmt und sich mit ihr in grossen Sprüngen durch die Aura der Erde bewegt, verfolgt von Dämonen als Ausdruck ihrer Angst. Eine Spirale in der Mitte, darunter ein fester Punkt, definiert sie als Fragezeichen, das gleichzeitig sehr zentrierend wirkt. Der Punkt ist ihr sehr wichtig. Er erinnert mich an den Tantrapunkt Bindu, wo fortwährend Neues im Entstehen begriffen ist. Oder an Prakriti, den Zustand der andauernd vor der Manifestation stehenden Erscheinung. Ganz rechts etwas ähnlich einer Mondsichel, daneben ein riesengrosser gelber Planet, den sie im Traum explodieren sah. Hinterher war nur noch Wüste und sie fragt sich, was daraus wird. Wir arbeiten heraus, dass es um eine allgemeine Transformation des Menschen geht. Es sind einerseits persönliche Bereiche angesprochen und andererseits der Mensch als Wesen, das von dieser Zeit geprägt ist und im Bild auch Überpersönliches zum Ausdruck bringt.

Jacqueline malte viel Gelb, Schwarz und eine Menge rotbrauner Pünktchen. Schwarz sei etwas von der Hölle von Pluto, der Persephone geraubt hat. Gelb komme häufiger vor in letzter Zeit. Bisher schätzte sie es wenig. Vielleicht sind es die Möglichkeiten der Veränderungen, die ihr bisher einfach passiert sind und die sie vielleicht auch bewusster angehen könnte. Sie meint die Geschichte von Persephone habe ihr Eindruck gemacht. Sie habe gedacht: na gut, dann schuster' mal schön in der Hölle (schustern: Geschlechtsverkehr). Ich sehe im Bild sie selber, wie sie am Ofen lehnt, die rotbraunen Pünktchen als Granatapfelsamen. Hanna sieht eine Mutter, die ihr Baby hält. Die Themen treffen zu; es sind in diesem Jahr ihre Themen: Sexualität und selber eine Mutter mit Kind sein. Auf Ellens Bild ist in der Mitte helles Grün – es sind die Bäume auf dem Weg hieher; unten lila und oben weiss, links und rechts etwas hellblau. Das Weiss deutet viele Gesichter an, eines ist gefüllt. In das ganze hinein: Goldkringel. Mit den Gesichtern meint sie auch die Gruppenteilnehmerinnen, jene die kommen und jene die gehen. Sie sieht sie von hinten und sieht sie von vorne. Im Bild, das sie im Februarseminar gemalt hatte, stand sie ausserhalb, jetzt befindet sie sich mitten in der Gruppe. Hanna erzählt einen Traum: Sie und eine andere Frau in einem Bett. Sie bekommt Menstruation, nicht sehr stark. Sie will das Bett nicht beschmutzen. Es ist jedoch der Kopf, der blutet. Eine Verletzung im geistigen Bereich möchte heilen. Sie hat den Eindruck, dass ihre Mens abnimmt und sich ein neuer Lebensabschnitt anbahnt, in dem auch ihr geistiges Feuer Raum haben will. Romy nimmt den Faden auf und beschreibt nochmals ihr Gefühl von Verlorenheit wie auch ihr Dasein. Ich sage ihr, dass es auf mich wirkt, als würd es ihr in diesem Bereich an Boden mangeln. Das bestreitet sie vehement. Sie ärgert sich. Ich spüre es und spreche es an. Sie grenzt sich ab. Ich sei zu schnell und ich müsste ihr den Raum für ihren Prozess lassen. Ich akzeptiere ihre Abgrenzung. Später taucht die Böse, alte Frau auf. Ihre Schilderung bezieht sich auf einen Traum, in dem ich auch beteiligt bin. Die Vertiefung zeigt auf, dass sie dabei ist, die Böse Alte vom letzten

Seminar in sich selber zu entdecken. Konkurrenzgefühle, Scham und Stolz sind angesprochen.

Wir besprechen die Entwicklung der vier Stufen: **Liegen, Sitzen, Stehen, Gehen**. Liegen ist Begegnung mit der Ernährerin, Sitzen Begegnung mit der Mentorin, Stehen ist Begegnung mit der materiellen und spirituellen Welt und Gehen ist Bewegung, Kreativität und führt zur Wanderschaft. Bezogen auf die ersten vier Jahre des Zyklus und auf das fünfgängige Labyrinth sind wir jetzt innen angelangt und gehen während der nächsten vier Jahre hinaus. Von aussen sind wir unserer Mitte nähergekommen, unter neuen Voraussetzungen begegnen wir nun der Welt.

1999   7. Jahr:
Haben und Sein

... und schliesst sich wieder
Sontga Margriate – Sontga Onna – Die innere Drachin lieben lernen

Seminarbrief. Noch immer scheinen für das Juliseminar die gleichen Fragen gültig zu sein, obwohl sich sowohl in der äusseren als auch in meiner inneren Welt viel verändert hat seither. Viele Fragen und keine Antworten.

schweigen
in nicht existierender Leere
im nicht existenten endlosen Raum.

An diesem Wochenende befassen wir uns auch mit Fragen zu zukünftigen Seminaren und über eine allfällige Veränderung der Strukturen. Wir treffen jetzt aber keine Entscheidungen, sondern wollen dem Geschehen dieses Jahres Raum lassen, um dem Reifeprozess des Neuen Zeit zu lassen. Anschliessend betrachten wir das Horoskop der kommenden Sonnenfinsternis, vergleichen es mit unseren persönlichen und meditieren – jede für sich – über Zusammenhänge. Nach einer gemeinsamen Meditation fasst jede ihr Bild in einen Satz:

Ellen: das Leben wagen
Hanna: gelbes, rotes, blaues Gefäss
Lea: Herzsonne
Romy: Ewigkeitsschlaufe
AM: roter Lebensfaden Labyrinth

Erdfeuerdrachin SoVekonjunktion vom 20.8.1999
Neun Tage nach der totalen Sonnenfinsternis vom 11. August

Statt eines Seminarbriefes versende ich das Bild «Kraft» aus dem Tarotgarten von Nicki de Saint Phalle, den ich kurz vor der Sonnenfinsternis besuchte. Wir arbeiten mit der Drachengestalt und den Zusammenhängen zwischen dem Pentagramm und dem Okta- und Dekaeder des Pythagoras. Der Name Pythagoras erinnert an Python, den riesigen Drachen, der vor dem Einzug Apollons Delphi bewohnte und dem Ort seinen ersten Namen Pytho gab. Er soll weiblichen Geschlechts gewesen sein und das ursprüngliche Orakel bewacht haben. Dieses gehörte zuerst Gaia, dann der Themis und später der Phoibe. Python wird gelegentlich auch als Schlange identifiziert, die vom eben geborenen Apollon erschlagen wurde. Er soll sie erschlagen haben, weil sie die Schlucht von Delphi bewachte, in der er sein eigenes Orakel errichten wollte. Immerhin sollte die Prophetin immer eine Frau sein und zu Ehren der Gaia, den Namen Pythia tragen. Das erinnert mich an Tiamat, deren Name mit Themis verwandt ist.

Wir malen unsere Drachenbilder. Hanna malt statt eines Drachen in rascher Folge acht Bilder die sie selber wie folgt kommentiert:

1. Bild. Zögernde Annäherung: Schlafende Frau mit Schlangentraum. Ein heikles Thema. Liebe und Sexualität.

2. Bild. Grünkraft überwiegt rot: Rechts bedroht links. Grünkraft ist da, manchmal übermächtig, weiss noch nicht mit Rotkraft (Rotkäppchen) umzugehen.

3. Bild. Blaugrünes Spiegelbild: Wer spiegelt wen? Das Wasser mich? Ich das Wasser? Wo ist das Wasser in mir? Mensblut, Tränen, Speichel; alles Körperöffnungen, die tabu sind.

4. Bild. Kampf und Liebe: Liebeskampf, hassen und lieben, Mutter und Schwestern. Kampf um Liebe – meine Liebe überhaupt zeigen zu können. In meinem Lieben angenommen zu werden.

5. Bild. Solo mit schwarzen Rahmen: Rosafarbene Naivität, will Kindlichkeit vortäuschen. Rahmen um echte Kindheit war schwarz, gefüllt mit Ängsten, Unwohlsein, Ekel, Schmerzen, zurückgehaltener Wut. Wenn ich jetzt also zu meinem inneren Kind finden will, hat es in meinem Inneren gleichzeitig auch diesen schwarzen Rahmen, fühle ich mich nicht spontan, sonder schwer und tragisch.

6. Bild. Luftiges Spektakel: Wenn sich die Feine hervorwagt, ist Zusammensein möglich, das sich aber oft in Luft auflöst und ich im Nachhinein oft nicht mehr weiss, was wirklich war.

7. Bild. Wo sind die Grenzen? Schlangen im schlafenden Körper in Träumen.

Wünsche, Sehnsüchte. Im Hals bleiben sie stecken als Kloss. Halsschmerzen und nicht darüber reden können. Doch das Bild gefällt mir.
8. Bild. Rippen, Lungen, Mitte, Boden. Im Moment die Essenz, die eine Struktur gibt und aus deren Sicherheit ich Vieles wagen kann.

1999   7. Jahr:
Haben und Sein

Vertrauen in die Kräfte der Tiefe Auflösung – Umwandlung – Spiritualität
Die Wohnung im Bergtal, in der ich eineinhalb Jahre wohnte, nannte ich auch das Schloss. In diesem Bild ist der Gedanke enthalten: Ich will meine angestammten Rechte als Wiib zurückgewinnen. Das Augustwochenende, wie überhaupt der Weg der letzten acht Jahre, hat uns deutlich gemacht, dass es neue, noch nicht gedachte Wege braucht, um dahin zu kommen. In erster Linie werden es innere Wege sein, mit denen wir unsere innere Stärke wieder erlangen können. Dann wird die Kraft anfangen nach aussen zu wirken. In dieser Kraft sollen auch Schwächen integriert sein. Auf diesem Weg wird die Arbeit mit unseren Schattenseiten uns auch erkennen lassen, wo wir neue Verantwortung für unser Dasein in der Welt zu übernehmen haben. Menschen, die uns fremd sind oder mit denen wir uns nicht gut verstehen, die wir vielleicht sogar hassen, Situationen und Konflikte, die daraus entstehen, werden unsere besten Spiegel sein. Diese Art Stärke wird sich auf unsere Stellung in der Gesellschaft auswirken und im sozialen, spirituellen und philosophischen Leben tiefgreifende Veränderungen zur Folge haben.

In Zeiten grosser Ungewissheit und Verunsicherung habe ich mich schon seit jeher mitnehmen lassen von dem, was ist. Es gibt in meinem Leben einen roten Faden, der mich wieder zum Zentrum führt, wenn ich zu weit davon abweiche. Darauf vertraue ich letztlich, auch wenn es mir manchmal sehr schwer fällt. Gebe ich diesem Vertrauen Raum und schränke mich nicht mit alten, zwanghaften Wünschen selber ein, entsteht immer wieder das Gefühl von Sinn und Aufgehobensein. Das lässt mich die von Zweifel, Angst, Krankheit und Unwissenheit geprägten Zeiten und die daraus resultierenden Konflikte aushalten, ja – sie als sinnvoll und wichtig anzunehmen. Und das nicht zuletzt auch mit Blick auf mein Altwerden. Die Schwelle zu meinem 60. Geburtstag hat mir stark zugesetzt, bis ich erkannte, dass es auch und gerade um diese Schwelle geht. Nach der Lehre der Sumerer steht 60 für eine auf neuer Ebene entstehende Ganzheit. Die Erkenntnisprozesse, durch die wir gemeinsam gegangen sind, haben viel dazu beigetragen, darüber mehr Klarheit zu gewinnen.

Wir verabschieden uns mit einem langen Spaziergang in winterlicher Landschaft vom Tal, in dem wir viele unvergessliche Stunden verbrachten. Und vom Haus, in dem wir zum letzten Mal unsere Räbeliechtli schnitzen und sie in der Dunkelheit leuchten lassen, zusammen mit dem orangefarbenen Kürbis.

Abschied vom Bergtal

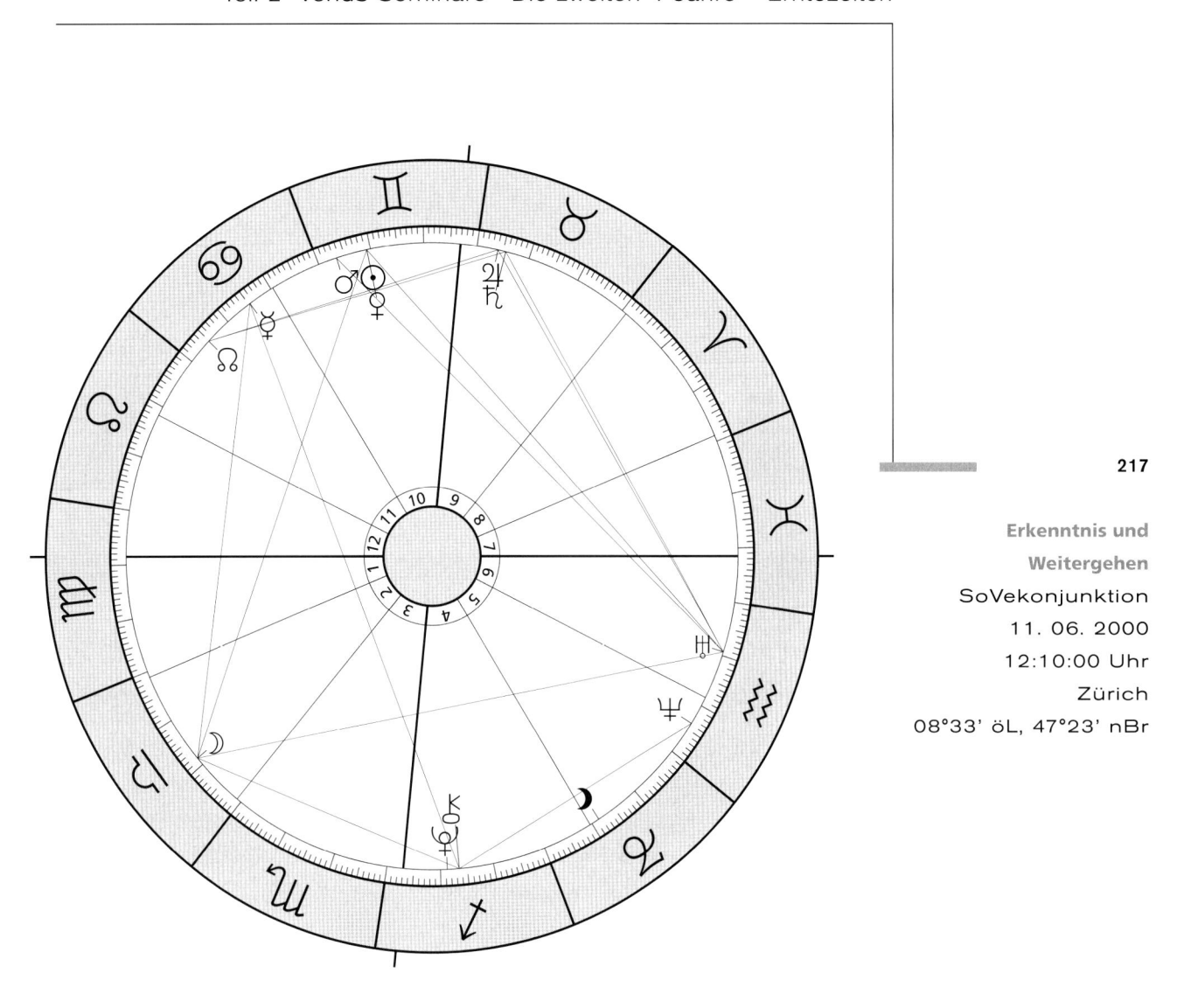

Teil 2 Venus-Seminare   Die zweiten 4 Jahre – Erntezeiten

Erkenntnis und Weitergehen
SoVekonjunktion
11. 06. 2000
12:10:00 Uhr
Zürich
08°33' öL, 47°23' nBr

Planeten:	☉20♊47	♄24♉25	☊25♋10ʀ	⚴ 24♌09
	☽18♎30	♅20♒42ʀ	Asc08♍38	⚵26♒16
	☿14♋43	♆06♒17ʀ	MC03♊09	⚶06♑21
	♀20♊47	♇11♐17	⚷12♒09	⚳24♌13
	♂26♊34	⚸13♐38ʀ	⚴00♒40ʀ	⊕02♒39
	♃25♉53	☾11♑27	⚳28♍58	☋25♑10ʀ

2000 8. Jahr:
Erkenntnis und
Weitergehen

4. Februar	Wiedergeburt ins Licht
1. Mai	Wanderung auf den Spuren der Annaselbdritt
8. Juni	Erkenntnis und Begrenzung
	SonneVenuskonjunktion/A
21. Juli	… und schliesst sich wieder
31. Oktober	Vertrauen in die Kräfte der Tiefe

Wiedergeburt ins Licht Inspiration

Seminarbrief. Aufgewühlt vom wütenden Gefühlssturm, dem ich mich im Novemberseminar ausgesetzt sah, konnte ich nachts kaum schlafen. Mein Bauch/Solarplexus fühlte sich an, als würden zwei Riesenschlangen darin kämpfen. Das folgende Bild macht diesen Gefühlssturm für mich fassbarer. Eine Freundin weist mich auf **die zwei Seeschlangen des Poseidon** hin. Dieser hatte sie ausgeschickt, um Laokoon umzubringen. Die Geschichte des Laokoon erschien mir dann beim Nachlesen eher wie ein Nebenschauplatz. Viel mehr angesprochen wurde ich von der Geschichte des Poseidon, die ich nachstehend kurz zusammenfasse:

Poseidon ist irgendwann entmachtet worden – so wie er wohl auch seine Vorgänger oder vielleicht eher seine Vorgängerin (vielleicht Tiamat) entmachtet hat. Durch Poseidon soll in den Mythen erstmals Gewalt erschienen sein. Mit seinem Sturmwüten bedroht und verfolgt er alle, die ihm nach seiner Auffassung Unrecht zugefügt haben. Er verfolgt jedoch auch Frauen und immer wieder taucht das Thema der Vergewaltigung auf. Doch ist es nicht dieser Teil der Geschichte, der mich interessiert. Vielmehr die Tatsache, dass er beim Fall von Troja mitgewirkt hat. Daraus entnehme ich, dass er – zwar durchaus aus subjektiver Kränkung und persönlicher Betroffenheit – aber trotzdem und unaufhaltbar, am Fall der Festung Troja mitgewirkt hat. Zur Erinnerung: Poseidon/Neptun wird auflösende Wirkung zugeschrieben. Die Entwicklung muss weitergehen – nichts kann bewahrt werden auf Dauer. Und so scheint mir – dass die Schlangen in meiner Mitte Laokoon in mir umgebracht haben, der sich dem Gesetz Apollons angepasst hatte. Ich war zu rasch bereit, mich darauf einzulassen, die alten Seminarstrukturen, die ich selber (mit)prägte, anzupassen bzw. umzuformen. Mir scheint es zur Zeit nicht möglich, in dieser Weise Veränderungen einzuleiten. Als würde die Zukunft, die vor uns liegt wirklich Neues verlangen, das nicht mehr nur durch Neugestaltung oder Anpassung an das Alte zu erreichen ist. Was auf noch mehr und für mich jetzt nicht vorstellbare oder denkbare Veränderungen hinweisen kann. Doch da es um Neptun geht, sind Ahnungen mit Vorsicht aufzunehmen. Trotzdem erkenne ich deutlich, dass ich an der Grundstruktur, die sich an den Venuszyklen orientiert nichts ändern will. Veränderungen – auch unerwartete – wachsen aus ihr hervor. Die Bilder haben mir viel geholfen und einiges Verständnis für mich selber hervorgerufen. Ich erinnerte mich auch an mein Bild, das ich im Maiseminar malte. Es ist sehr neptunisch: mit den Wellen und Farben und der Abbruchstelle, wo ich ins Loch falle. Ich schrieb auch Anfang Jahr, dass ich den Wunsch hätte, mich ausschliesslich meinen Bildern zu überlassen. Rückblickend gesehen, scheint sich ein Thema wieder einmal selbständig umzusetzen.

Der Sturm Lothar, der alles zu Fall brachte, was nicht wirklich stark und tief verwurzelt war, wirkte auf mich wie eine Verstärkung auf der Ebene der Elemente. Wasser-, Luft- und Erddrache – und noch wirken sie nach: Erdbeben in Deutschland real und symbolisch. Ich meine damit die Skandale um die CDU. Ein weiteres Erdbeben am 29.1.00 zwischen Japan und den Skurilen, Flugzeugabstürze usw. Was hat die Welt und was haben wir dem entgegenzusetzen? Oder geht es eher darum, herauszufinden wie wir mit diesen Stürmen und Erdbeben mitgehen um uns zu schützen und zu überleben? Denn für mich gilt: je mehr ich mich wehre gegen Veränderungen, umso stärker bekomme ich die Gegenkräfte zu spüren.

Nachdem ich den Brief schon beendet hatte, erinnerte ich mich an die zerstückelte Schlange aus dem Juliseminar 1996, sowie an den Satz: Ich will die Schlangenkraft in ihrer Ganzheit zurück haben. **Tiamat,** die Vorgängerin des Poseidon, wurde von Marduk zerstückelt. Vielleicht ist es die Versöhnung dieser beiden Seiten auf der psychischen Ebene, die zur Zeit im Gange ist. Denn **Tiamat** weist eine Verbindung zum Wassermannzeichen auf!

Hanna erzählt von ihrem Urlaub an der Ostsee. Sie ist dort in ganz neuer Weise in Kontakt gekommen mit ihren Gefühlen. Sie zeigt ein von ihr gemaltes Bild mit Blick aufs Meer. Der Verlust dieses Anblickes machte sie beim Abschied so traurig, dass sie darüber weinte. Eine neue Erfahrung, denn mehr als ein paar Tränchen kennt sie seit Jahren nicht mehr. Sie ist dort dem Thema Mutter und Sohn begegnet, das sie auf verschiedene Weise noch immer begleitet.

2000 8. Jahr:
Erkenntnis und
Weitergehen

Romy hat eine Kopfgrippe schwer zugesetzt. Auch die Leere ist immer noch. Zudem fällt es ihr schwer, die Verbindung der Prozesse im Seminar zum Alltag und zu ihren Erkrankungen herzustellen. Wir sprechen länger darüber: Erkrankungen nach dem Seminar können – wenn neue tief liegende Grundstrukturen angesprochen sind – der Faden sein, der Seminar und Alltag verbindet. Psychosomatische Reaktionen können Ausdruck von nicht gelebten Seelenanteilen sein, die integriert werden möchten. Als Ellen ankommt, konfrontiere ich sie mit unsere Enttäuschung und mit meinem Eindruck, dass sie wortlos auf Rückzug ist. Sie reagiert mit Abwehr, sagt, sie fühle sich abgewiesen, nicht willkommen und würde am liebsten wieder gehen. Das geht eine Weile hin und her, bis ich sage, dass auch ich mich verletzt fühle, wenn jemand sich so zurückzieht und trotz Nachfrage meinerseits nicht mehr vorhanden ist auf der Beziehungsebene. Ellen ist wichtig in unserer Gruppenarbeit und ich möchte gern wissen, wie es ihr geht. Schliesslich kommt Ellen darauf zurück, dass sie sich selbst einmal als pubertär bezeichnet hatte. Pubertierende, füge ich bei, brauchen jemanden, der Konfrontation ermöglicht, sodass Grenzen erkennbar werden. Daraufhin nimmt das Gespräch eine erfreuliche Wendung und eine neue Offenheit entsteht. Ellen beginnt darüber zu sprechen, wie es ihr erging in der Zwischenzeit, mit der neuen Arbeit und weshalb sie im November vor Seminarende wegging und diesmal später kommt. Später liest sie ein Gedicht vor. Es ist ein Dankesbrief an mich, der mich zutiefst berührt. Er steht für viele im Seminar sichtbar gewordene Kindertragödien und rührt auch an meine eigene. Heftigste Körperschmerzen brechen sich Bahn. Der Schmerz lässt sich nicht zurückdrängen.

Wir werden die Seminare weiterhin durchführen und unserem gemeinsamen Weg der Erkenntnis folgen. Romy sträubt sich, schöne Bilder und Empfindungen zu haben. Das kenne sie, sie wolle endlich begreifen. Ausgelöst durch meinem Schmerzdurchbruch, empfindet sie Ärger. Ärger auf das Universum und darauf, dass überhaupt soviel Schmerz da ist. Angesprochen sind auch die kaum aushaltbaren Schmerzen ihrer Kopfgrippe. Warum ist soviel Schmerz auf der Welt, fragt sie sich? Wie ist es möglich, dass eine Person durch ihre Handlungen solchen Schmerz auslösen kann in ihr? Damit spricht sie ihre Erfahrung an mit einer Frau, die ihr ein Mandala malte. Auf einer Einladung wurde sie von der Malerin, nach anfänglich gutem Kontakt, einfach übersehen. Dadurch fühlte Ellen sich zutiefst in Frage gestellt und entwertet. Die folgende Körperarbeit führt sie an eine tiefe Verzweiflung.

1. Mai 2000 Walpurgis – Wanderung auf den Spuren der Heiligen Anna
Wir treffen wir uns diesmal am 1.Mai für eine Wanderung. Sie führt uns auch zur Annaburg, einem Aussichtspunkt am Üetliberg, wo, wie ich vermute, der Beginn der Mondknotenextremlinie für die Stadt Zürich liegt. Ich hatte auf dieser Linie mehrere Kirchen und alte, nicht mehr existierende Klöster ausgemacht. Die Linie endet (für Zürich) im Zürichbergwald, nahe beim Denkmal für die Schlacht um Zürich im Juni 1798/99. Mondknotenlinien werden auch Drachenachse genannt; mit Drachenkopf und Drachenschwanz. Auf ihr finden beispielsweise Sonnen- und Mondfinsternisse statt. Finsternisse haben auch mit Opfer zu tun, oder anders formuliert, mit dem Beginn von Neuem. Es gibt sinnvollere Opfer oder Neuanfänge als Schlachten, trotzdem finde ich ist es aufschlussreich, dass gerade dort ein Krieg seine Opfer forderte.

Eine grosse Planetenballung im Stier am 3. Mai aktiviert die Planetenstellung bei der Sonnenfinsternis im letzten August. So wird auch unsere eigene Auseinandersetzung mit der Erdfeuerdrachin anlässlich der August SoVekonjunktion 1999 wieder angesprochen. Es ist also sinnvoll, nochmals dem nachzugehen, was seit damals geschah, wie sich die Themen in unserem Leben entwickelten und wo sie möglicherweise hinführen. Die Annaburg liegt am Drachenschwanz. Man sagt, das dies der Ort sei, wo wir herkommen, der Drachenkopf der Ort wo wir hinstreben. Mit einer Haltung der Offenheit und Neugierde werden wir darum sicher einen vollen und reichen Tag erleben.

Es ist heiss am Tag unserer Wanderung und wir freuen uns, in den lichten Schatten des Waldes eintauchen zu können. Wir erzählen uns, was seit Februar geschah, sind nachdenklich, fröhlich und erleben gemeinsam die Botschaften des Waldes, einer Quelle und der hell zwitschernden Vögel. Wir erfahren, wie verschieden jede ihre Wahrnehmungen aus der Sicht ihrer momentanen Gestimmtheit heraus strukturiert, obwohl wir uns gemeinsam am selben Ort befinden und dieselben Geräusche und Gerüche zu uns dringen. Ein erholsamer Tag, der uns allen gut tut nach den vielen gefühlsintensiven Seminarthemen der vergangenen Monate. Der Weg ist das Ziel. Das Jahr 2000 ist unser letztes Jahr im achtjährigen Zyklus. Das Februarseminar im Jahr 2001 wird den Übergang zum neuen Zyklus einleiten. Mit der SoVekonjunktion im Widder im März 2001 beginnt der neue Zyklus mit der Überschrift das

2000 8. Jahr:
Erkenntnis und
Weitergehen

Jahr der Vorbereitung. Während ich dieses Buch schreibe, ist der Zyklus noch nicht abgeschlossen. Ich werde deshalb ausschliesslich anhand meiner Seminarbriefe davon erzählen – nicht zuletzt, weil das Geschehen in den Seminaren noch sehr frisch ist und Schutz benötigt.

Erkenntnis und Begrenzung Aus dem Vollen leben innerhalb der Begrenzung Seminarbrief. Die letzte Juni SoVekonjunktion liegt vier Jahre zurück. Die Überschrift lautete **Integration der Heilerin** mit dem Untertitel «Kanal werden für heilende geistige Kräfte». Damals erwähnte ich Aeskulap, den Heiler mit dem **Schlangenstab**, wie ihn auch Merkur trägt. Die Schlange tauchte damals erstmals in unserer Arbeit auf. Wie langfristig solche Bilder sich auswirken, erlebte ich vor wenigen Wochen. Wirklich ‹zufällig› landete ich Mitte Mai für eine Woche auf Kos, einer kleinen griechischen Insel, nahe der türkischen Küste, mir ganz unbekannt. Und dort begegnete ich Aeskulap, seinem Lehrer Chiron (dessen Mythos mich gerade auf astrologischer Ebene beschäftigt) und Hippokrates, im Museum, unter dem Baum im Städtchen Kos, wo Hippokrates gelehrt haben soll. Natürlich ist der Baum nicht ganz so alt, wie erzählt wird, doch ehrwürdig genug. Noch mehr beeindruckte hat mich das in der Nähe der Stadt liegende **Asklepeion**. Das ist der Name des wunderbar angelegten antiken Heiltempels, wie es etwa 300 davon in Griechenland gab. Dreistufig angelegt, inspirierte er meine Bilder und Vorstellungen, wie körperliche, spirituelle und geistige Heilung möglicherweise eingeleitet wurde. Das helle Licht, der weite Blick übers Meer, zum gegenüberliegenden Ufer regte meine Vorstellungswelt an. Genau gegenüber im Nordosten über der türkischen Küste, liegt in der Mitte ausgerichtet ein dunkler Kegel, vielleicht ein alter Vulkan, Und dort über dem schwarzen Vulkankegel zauberte meine Phantasie die aufsteigende Morgenvenus an den Himmel. Sie, die von mir als eine Schwarze und Wiedergeborene bezeichnet wird.

Noch immer vorhanden, schliesst der heilige Hain ans Asklepeion an, ein lichter Zedernwald. Allein schon die Lage des Heiligtums muss Heilung eingeleitet haben. Ich fühlte mich selber gestärkt durch den Aufenthalt dort, wie überhaupt durch die energetisierende Atmosphäre auf Kos. Obwohl ich mich erinnerte, dass Griechenland die Sklaverei kannte und zu dieser Art von Heilung nur eine elitäre Schicht Zugang hatte. Ich wusste auch, dass die Asklepiaden, das heisst Ärzte, die der Tradition des Aeskulap folgen, später dem Hippokrates, ausschliesslich Männer waren. Dem ungeachtet, fühle ich mich noch jetzt in der Erinnerung innerlich von der heilenden Atmosphäre ergriffen, die ich dort verspürte. **In Hygia** (Gesundheit), der Tochter des Asklepios scheint die Heilerin doch noch in weiblicher Form auf. Eine Statue aus dem 2. Jahrhundert zeigt sie mit einer Schlange, der sie ein Ei anbietet.

Hygia

Es liegt denn auch an uns, ob wir unserer Wahrnehmung erlauben, sich zu öffnen. Ob wir trotz unerfreulicher äusserer Bedingungen zulassen können, die darunterliegenden tieferen Schichten auf uns einwirken zu lassen oder ob wir uns den Zugang mit alten erworbenen (Gehirn)Strukturen verbauen. Eine ähnliche Erfahrung im positiven Sinn gelang uns vor vier Jahren im Zoo.

Eine Nacht und ein Morgen ist vergangen seit ich den obigen Text sozusagen als Rückschau schrieb. Und beinahe kann ich den Träumen, Gedanken und Bildern nicht folgen, die sich mir in dieser Zeit aufdrängten. Mit einer Ergänzung und neuem Untertitel versehen, wird uns die bisherige Überschrift weiterhin begleiten: **Integration der verletzten Heilerin**. Und **aus dem Vollen leben innerhalb der Begrenzung** wird die neue Überschrift heissen, die ich dem Zyklus der Juni SoVekonjunktion geben möchte. Denn überaus deutlich wird mir in dieser Auseinandersetzung, wie sehr wir an Grenzen stossen, in unserem Bestreben heiler und vollständiger zu werden. Chiron, als archetypisches Bild dafür, zeigt mir Wege auf, mich mit diesen Einsichten konstruktiv zu befassen. Bei **Chiron** handelt es sich um einen Zentauer, halb Mensch halb Pferd. Er ist milder und weiser als die übrigen, die als wild, lüstern und gewalttätig beschrieben werden. Doch auch ihm ist zu eigen, dass die archaischen Seiten noch nahe sind. Er wurde zum

2000 8. Jahr:
Erkenntnis und
Weitergehen

Lehrer, Ratgeber und Weisen für viele. Chiron wird von Herakles unbeabsichtigt mit einem Giftpfeil verwundet und zieht sich zurück in seine Höhle. Er kann nicht sterben, weil er zu den Unsterblichen gehört und leidet sehr. Herakles kann später mit Prometheus aushandeln, seine Sterblichkeit mit der Unsterblichkeit Chirons zu tauschen. Auf diese Weise kann Chiron sterben und wird von seinem Leiden erlöst. Chironthemen konfrontieren uns mit Begrenzungen, die nur der Tod auflösen kann. Sie verlangen, dass wir unsere Schwächen oder Verletzungen akzeptieren und mit unserer Unvollkommenheit leben lernen – und vielleicht menschlicher werden. Im Grunde genommen eine längst bekannte Tatsache. Doch wieder einmal – wie schon so oft in unserer Arbeit erlebt – kommt sie mir unvermittelt auf neue Weise nahe. Chirons animalischer Aspekt (im doppelten Sinn von animalisch und anima = Seele) können wir auch vergleichen mit der unbewussten Körpergeistseele, die zur Bewusstwerdung drängt. Schmerz kann die Körpergeistseele bewusst werden lassen und grosse Potentiale an heilender Energie freilegen, die uns selber und anderen zugute kommt. Vorausgesetzt, es gelingt uns, Begrenzungen verschiedenster Art ohne Verbitterung und Hader zu integrieren. Chiron und der Schlangenstab und ihre Verbindung zum Animalischen, lassen auch Tiamat, die Urschlange, auch Herrin der Tiere genannt, in die Nähe rücken. Unsere Arbeit mit der Schlangenkraft steht in engem Zusammenhang dazu. Von ihr sagte ich, dass ich sie in ihrer ursprünglichen Form zurück haben möchte – so kraftvoll und körperhaft wie ich sie bei den Schlangen im Zoo erfahren habe – damit weibliche Schlangenkraft ihre magische, heilende und schützende Kraft wieder ausüben kann. Heute überlege ich, dass solche Schlangenkraft durch Chiron zum Ausdruck gelangt. Seine Weisheit verbindet sich mit dem Körper und den Sinnen und bleibt warmherzig und lebendig. So wünsche ich mir Weisheit weiblicher Schlangenkraft in Verbindung mit dem Körper und den Sinnen. Warmherzig, lebendig und mitfühlend, wenn sie ihre magische, heilende und schützende Kraft ausübt. Verbunden mit dem Lebensfaden der Venus.

Gleichzeitig beschäftigt mich immer noch Tiamat, die Urschlange und ihr Bezwinger Marduk. Die Insel Kos ist gar nicht so weit von ihrem Ursprungsland Sumer (heute etwa Syrien) entfernt. Und wie eine Insel aus dem Meer, taucht eine Frage wieder auf, die mich seit November beschäftigt: Was hat Tiamat bewogen, Marduk zu gebären? Häufig ist, was wir gebären – in welcher Form auch immer – etwas was sichtbar werden möchte, um erweiternd auf unser Bewusstsein einwirken zu können. In einem Text zu Tiamat bin ich auf die Wendung gestossen Tiamat musste sich offenbaren. Die Bezwingung Tiamats wird auch ausgelegt, als die Teilung der Urwelt in Himmel, Erde und Meer oder in die Elemente Wasser, Luft und Erde. Bedeutet offenbaren vielleicht die Differenzierung dessen, was im Urgrund angelegt ist – ähnlich der Körpergeistseele? Also Bewusstwerdung und Differenzierung – auch der Geschlechter? Kurz gefragt: Handelt es sich beim Mythos von Tiamat um Evolution überhaupt? Und was würde das für uns bedeuten? Um den Themen konkret näher zu kommen schlage ich vor, dass wir diesmal nachschauen, wo sich in eurem Horoskop die SoVekonjunktion abspielt und wo sich Chiron befindet. Ich möchte ausserdem den Zoobesuch wiederholen mit anschliessendem Spaziergang durch den Zürichbergwald. Damit nehmen wir den Faden vom 1. Mai wieder auf bezüglich der Mondknotenlinie. Und wir sind diesmal am Drachenhaupt unterwegs.

..... und schliesst sich wieder
Abschied von Sontga Margriate – Die innere Drachin umarmen

Seminarbrief. Nach sieben Sommern weniger 15 Tage – oder im achten Jahr aus der Sicht venusischer Zyklen – verlässt **Sontga Margriate** die Alp und geht über den Kunkels weg. Eindringlich drängt sich mir in dieser Vorbereitungszeit der Gedanke auf, dass es Zeit sei, mich von der **Sontga Margriate** zu verabschieden. Etwas verwirrt spüre ich, dass es mehr ist als der übliche Abschied des Juliseminars «... und schliesst sich wieder». Meine Verwirrung klärt sich, beim Nachrechnen: wir befassten uns genau sieben Sommer mit ihr. Ihr Abschied von der Alp fällt mit unserem letzten Jahr im Achtjahres-Zyklus der Seminare zusammen. Unbeabsichtigt haben wir uns also ebenso lange mit ihr befasst, als sie nach der Legende auf der Alp geblieben ist. Der sich nun abschliessende Seminarzyklus war damit von ihrer Energie geprägt. Nach der SoVekonjunktion im Juni hingegen wird die Venus in einigen Wochen als Abendstern sichtbar sein. So könnte der nun folgende achtjährige Zyklus, der mit der SoVekonjunktion 2001 im Widder beginnt, von der saturnhaften Energie der **Sontga Onna** oder auch – in ihrer Dreifaltigkeit – der **Heiligen Annaselbdritt** stabilisiert und konzentriert werden. Vielleicht auch könnten die nächsten acht Jahre überschrieben sein mit Ernte – Verarbeitung – Vorbereitung der neuen Saat (Vision).

Doch welche konkreten Inhalte könnten dem beigemessen werden? Ich lasse mich von meinen Körperempfindungen leiten. Meine Vokal- und Klangmeditation führt mich auf eine Spur. Ich stosse auf Spannung in Händen und Handgelenken. Nachdem beide sich entspannen, tauchen aus der Tiefe meines Bauchraums Sehnsuchtsgefühle auf. Meine Seele dürstet nach Hingabe – meint vielleicht Nähe, Geborgenheit, Liebe, Verwurzelung in Beziehungen, der Gesellschaft, in Gott und dem Leben überhaupt. Als wüsste meine Seele immer noch nicht um den grossen Konflikt, der mich – von Widersprüchen geprägt – bisher hinderte diese Sehnsucht leibhaftig zu leben! Die Erfahrung und das Wissen, dabei oft psychischer und physischer Gewalt begegnet zu sein, haben sich meinem Körpergedächtnis tief eingeprägt. Denn genau dieser Wunsch, mich vollumfänglich dem Leben in seiner Vielfalt hinzugeben, verleitete mich – um der Erfüllung dieser Wünsche willen – meine Grenzen zu wenig zu beachten. Noch kaum jemals

2000 8. Jahr:
Erkenntnis und
Weitergehen

zuvor war mir jedoch diese Erkenntnis so nahe, ohne dass schmerzliche Gefühle des Verlusts um verhindertes Leben im Übermass aufsteigen. Daran erkenne ich, dass sich in den letzten acht Jahren Grundsätzliches verändert hat.

Der intuitiv gesetzte Titel Erkenntnis und Begrenzung für die kommenden vier Jahre scheint sich als passend abzuzeichnen, trotz nachträglicher Zweifel. Denn Geborgenheit, Verwurzelung, Zugehörigkeit, auch spirituelle, bauen grundsätzlich auf körperlicher Integrität auf, die auch das Erkennen innerer und äusserer Begrenztheit beinhaltet. Dadurch dass wir sie immer deutlicher erkennen, nimmt Wertschätzung, Selbst-Sicherheit und Selbst-Bewusstheit deutlich zu und die Fähigkeit Selbst-verantwortlich zu leben, was der eigenen Lebendigkeit und der Begrenztheit entspricht. Inhalte und Bilder aus dem Juni-Seminar tauchen auf. Mondsymbole beschäftigen mich und Tiamat als Herrin der Tiere. Tierherden? Ganz plötzlich sehe ich vor mir das Bild der Elefanten im Zoo, wie sie den neugeborenen Kleinen in ihrer Mitte halten. Ihn beschützend und ihm gleichzeitig Gelegenheit gebend, neugierig zwischen den wie Säulen wirkenden Beinen der Mutter und der Tante hindurch zu schauen und sich gelegentlich sogar einige Schritte von ihnen zu entfernen, um dann rasch zurückgeholt zu werden von den beiden. Ebenso unvergesslich ist mir der Anblick des jüngeren Elefanten, der dem Kleinen den spielerischen Umgang mit den Zweigen vorzeigte oder sich für ihn auf die Knie niederliess, um ihm beizubringen, wie ein Elefant mit Kopf, Rüssel und Stosszähnen einen Stein zu bewegen versucht. Aufmerksam beobachtet von der Mutter und der Tante. Kraft, Anmut und Beweglichkeit der Tiere beeindrucken mich, während ich mich gleichzeitig erinnere, dass Elefanten matrizentrisch organisiert sind. Formen und geformt werden – dieser Satz taucht auf, so oft ich mich an diese Szene erinnere. Kennen wir noch solche Formen der Gemeinsamkeit, des Lernens und des sich Einordnens? Formen, die Sicherheit und Geborgenheit vermitteln und einen Boden des Vertrauens zu schaffen in der Lage sind? Die kosmische Zeitqualität weist auf genau diese Themen hin.

Eine starke Betonung des Tierkreiszeichens Krebs, erinnert mich an den Satz Im Krebs liegt der Schüssel, der dem Buch den Titel gibt. Krebs ist das Haus des Mondes. Diesem Haus wird auch Herkunft, Familie, Verwurzelung, Land und Volk zugeschrieben. Dort fand am 2. Juli der erste Neumond nach der Junikonjunktion mit einer Häufung von Planeten und dem aufsteigenden Mondknoten statt. Der am 16. Juli stattfindende Vollmond liegt im Übergang zur Zeit der Sontga Onna (Löwe), aber immer noch im Zeichen Krebs. Der Mond steht in Steinbock – und dort exakt auf dem Januar-SoVekonjunktionspunkt 2002 bei Beginn des Grossen Tores.

Zu Tiamat: Weil mir ‹Herrin› nicht gefällt, überlegte ich, was als Variante in Frage käme. Herr soll abgeleitet sein von heriro, was der Bedeutung von älter, ehrwürdiger, erhabener entspricht.

Vielleicht wäre dann Hera nicht schlecht? Für Tiamat mag auch Beschützerin passen, die als Omarka Urmutter der Tiefe genannt wird. Schützen (schuz) soll anfänglich verwendet worden sein für Schutz vor dem Wasser. Müssen wir uns vor der Urmutter der Tiefe, des Urmeers schützen? Ich erinnere mich dabei an die negativen Projektionen, die in der Tiefenpsychologie teilweise auf die Grosse Mutter gerichtet werden. Warum sie nicht einfach umarmen, wie die Innere Drachin? Was ist es, was Angst und Furcht auslöst? Beides kenne ich natürlich. Und noch in frischer Erinnerung: Ich tauche nur vorsichtig und nach längerem angewöhnen zum Baden ins Meer ein! Ich begegne ihm ehr-fürchtig. Tatsächlich sind die Elemente in ihrer Elementarform mächtig und überwältigend. Es ist nicht ratsam, sich ihnen unbedacht auszusetzen. Eine hoch aufschäumende Woge kann mich Ungeübte unbemerkt überrollen und in die Tiefe ziehen. Oder gar einem Orkan ist nicht standzuhalten. Doch die Frage drängt sich auf, ob Tiamat, die Beschützerin der Meere, auch uns beschützen würde. Was wäre, wenn ihr und dem was sie beschützt, ehrfürchtig und respektvoll genug begegnet würde? Wenn wir sie und das Meer wertschätzen als kostbares Gut und nicht als etwas, was benutzt und verschmutzt wird? Was, wenn wir sie gar liebten?

Bei allen Überlegungen, beginne ich innere und äussere Begrenzungen, auch im Sinn von Schutz und Vorsicht, zu schätzen. Meine Begrenzungen zu akzeptieren, die mir in letzter Zeit so deutlich erkennbar werden, ist sinnvoll und erleichtert mich eigentlich unendlich. Und doch! Massvoll – ein volles Mass würde reichen – warum will ich und wollen Menschen überhaupt, immer wieder mehr als das? Was veranlasst uns, trotz aller Einsicht, immer wieder Grenzen überschreiten zu wollen? Meine Seele dürstet nach Hingabe, schrieb ich weiter vorn – und den Faden weiter spinnend – spüre ich, dass Hingabe mehr meint, als beispielsweise Nähe und Geborgenheit in einer Gemeinschaft, mögen sie sich noch so liebevoll äussern. Vielleicht weil Hingabe weitaus mehr bedeutet? Vielleicht weil sie sich verströmen möchte und eins fühlen mit einem Grossen Ganzen. Und gerade an diesem Punkt scheinen oft sich Angst und Furcht auf irrationale Weise ins Unermessliche zu steigern, und wirkungsvoll die ersehnte Hingabe zu verhindern. Und auch das könnte Leitthema der kommenden acht Jahre sein: lernen, sich nicht mehr selber zu verhindern. Lernen, die Sehnsucht sich an ein Höchstes hinzugeben, zu verbinden mit der ganz alltäglichen irdischen Existenz.

Literatur

Literatur

Allgemeine Literatur

- Acogny, Germaine. Afrikanischer Tanz. Frankfurt 1984.
- Ammann, G. et al. Wie Menschen schreiben. Zeichen und fremde Schriften. Zürich 1981.
- Arnold, Paul. Das Totenbuch der Maya. Freiburg im Breisgau 1993.
- Ausstellungskatalog, Wikinger, Waräger, Normannen, Berlin 1992.
- Ausstellungskatalog. Gold der Helvetier. Zürich 1991.
- Eine Ahnung von den Ahnen. Archäologie im Zürcher Oberland. Wetzikon 1993.
- Aveni, A.F. Skywatchers of ancient Mexico. Austin/Texas 1989.
- Bachofen, J.J. Das Mutterrecht. Frankfurt/Main 1978.
- Baigent, Michael, Leigh, Richard. Verschluss-Sache Jesus. München 1993.
- Begg, Ean. Die Unheilige Jungfrau. Bad Münsteifel 1989.
- Bischof, Marco. Biophotonen. Das Licht in unseren Zellen. Frankfurt a/M. 1995.
- Brain, Iain. Celtic key patterns. London 1988.
- Bredon, J, Mitrophanow, I. Das Mondjahr. Chin. Sitten, Bräuche und Feste. Wien 1937.
- Brunner, Linus, Toth, Alfred. Die rätische Sprache – enträtselt. St. Gallen 1987.
- Büchi, Ulrich und Greti, Cathomen Ignaz. Die Menhire auf Planezzas/Falera. Eigenverlag Forch 1990.
- Büchi, Ulrich und Greti. Die Megalithe der Surselva Graubünden. Disentis 1983.
- Caminada, Christian. Die verzauberten Täler. Disentis 1986.
- Connelli, Dianne M. Das Gesetz der fünf Elemente, Heidelberg 1987.
- Craig, Jo Ann. Zeremonien und Rituale Malaysia und Singapur. Nördlingen 1988.

- Duden. Das Herkunftswörterbuch. Mannheim 1993.
- Eberhard, Wolfram. Lexikon chinesischer Symbole. München 1990.
- Eberz, Otfried. Sophia und Logos. München 1967.
- Eichhorn, W. Die alte chinesische Religion und das Staatskultwesen. Handbuch der Orientalistik, Band 4, Leiden/Köln 1976.
- Egli, Hans. Das Schlangensymbol. Olten 1982.
- Faulmann, Carl. Das Buch der Schrift, enthaltend die Schriftzeichen und Alphabete aller Zeiten und aller Völker des Erdkreises. Nördlingen 1985.
- Frutiger, Adrian. Der Mensch und seine Zeichen. Wiesbaden 1991.
- Fröbe-Kapteyen, Olga (hrg). Das hermetische Prinzip in Mythologie, Gnosis und Alchemie. Zürich 1943.
- Frobenius, Leo. Im Schatten des Kongostaates. Berlin 1907.
- Frobenius, Leo. Die atlantische Götterlehre. Jena 1926.
- Frobenius, Leo. Eryträa. Zürich/Berlin 1931.
- Gantner, Theo. Freimaurer Begleitpublikation des Museums für Völkerkunde und Schweiz. Museums für Volkskunde Basel. Basel 1983/4.
- Gerhardt, Kurt. Paläoanthropologie der Glockenbecherleute. In: Die Anfänge des Neolithikums vom Orient bis Nordeuropa. Wien 1978.
- Graichen, Gisela. Das Kultplatzbuch. Hamburg 1988.
- Günter, Ernst. Das Horoskop der Menschheit. Paris 1981.
- Günther, Michael. Der Sohar. Das heilige Buch der Kabbala. München 1982.
- Habiger-Tuczay, Christa. Magie und Magier im Mittelalter. München 1992.
- Hildegard von Bingen. Scivias – Wisse die Wege. Freiburg i/B. 1992.
- Hildegard von Bingen. Der Mensch in der Verantwortung. Freiburg i/B. 1994.
- Hrozny, Bedrich. Histoire de l´Asie antérienne de l´Inde et de la Crète. Paris 1947.
- Hrouda, Barthel. Mesopotamien. München 1997.
- Ifrah, Georges. Universalgeschichte der Zahlen. Frankfurt a/Main 1991.
- Jakobsen, Jakob. The Place– Names of Shetland. Orkney 1993.
- Jettmar, Karl. Die Religionen des Hindukusch. In: Die Religionen der Menschheit. Stuttgart 1975.
- Jong, Josselin de. Minangkabau. Volk in Zentral- Sumatra matrilinear organisiert bis in die Gegenwart. Leiden 1951.
- Kimmig, Wolfgang. Die Glockenbecherkultur. In: Vorzeit am Rhein und Donau. Tübingen 1958.

Literatur

- Kerényi, Karl. et al. Alte Sonnenkulte und die Lichtsymbolik in der Gnosis und im frühen Christentum. Zürich 1943.
- Knappert, Jan. Malay Myths an Legends. 1980.
- Knerr, Richard. Knaurs Buch der Mathematik.
- Keller, Hans-Ulrich (hrg). Das Himmelsjahr. Sonne, Mond und Sterne im Jahreslauf. Stuttgart 1988, 1990, 1993.
- Kunst der Welt. Alt-Iran. Baden-Baden 1960.
- Kunst der Welt. China. Baden-Baden 1960.
- Kunst der Welt. Mesopotamien/Vorderasien. Baden-Baden 1960.
- Kunst der Welt. Ozeanien/Australien. Baden-Baden 1960.
- Kunst der Welt. Die Steinzeit. Baden-Baden 1960.
- Ludwig, Alfred. Die Nachrichten des Rig und Atharvaveda über Geografie, Geschichte, Verfassung des Alten Indien. Prag 1875.
- Landspurg, Adolphe. Orte der Kraft. Strassburg 1994.
- Lancelot, Lengyel. Das geheime Wissen der Kelten. Freiburg im Breisgau 1976.
- Lexikon der Vornamen. Köln 1987.
- Leyden, Rudolf von. Die Welt der indischen Spielkarten. Veröffentlichung des Archivs für Völkerkunde. Wien 1981.
- Lindner, Dolf. Geheimbünde Europas. Wien 1988.
- Machay, Ernest. Die Induskultur. Leipzig 1938.
- Maehly, J. Die Schlange im Mythos und Kultus der classischen Völker. Basel 1867.
- Marais, Johan. Die faszinierende Welt der Schlangen. Erlangen 1995.
- Markale, Jean. Die keltische Frau. München 1984.
- Markale, Jean. Die Druiden. Bertelsman München.
- Mayo, Katherine. Mutter Indien. Frankfurt a.M. 1928.
- Meehan, Aidan. Spiral Patterns, Celtic Design. London 1993.
- Merz, Blanche. Orte der Kraft in der Schweiz. Aarau 1998.
- Meyer, J.J. Altindische Mächte und Feste der Vegetation. Trilogie. Zürich und Leipzig 1937.
- Mode, H. und Chandra S. Indische Vokskunst. Leipzig 1984.
- Museum Heraklion. Athen 1987.
- Museum Rietberg. Tempeltücher für die Muttergöttinnen in Indien. Zürich 1982.

- Museum Rietberg. 2000 Jahre Kunst am Oxus-Fluss in Mittelasien. Zürich 1989.
- N.d. Franz. F.M.K. de S... Die Freimaurer in ihrem Zusammenhang mit den Religionen der alten Aegypter, der Juden und der Christen. Leipzig 1835.
- Neumann Erich, Die Grosse Mutter. Eine Phänomenologie der weiblichen Gestaltungen des Unbewussten, Olten, 1974
- Newham, C.A. The Astronomical Significance of Stonehenge. Gwent/Wales 1972.
- Paz, Octavio. Sor Juana oder die Fallstricke des Glaubens. Frankfurt a.M. 1994.
- Postins, M.W. Stonehenge, Sun, Moon, Wandering Stars. 1987.
- Pörtner. Alte Kulturen ans Licht gebracht. Herrsching. 1989.
- Prigogine, Ilya, Die Gesetze des Chaos, Frankfurt a/Main 1995
- Ramm-Bonwitt, Ingrid. Mudras – Geheimsprache der Yogis. Freiburg i.Br. 1998.
- Ranke-Graves, Robert. Die weisse Göttin. Berlin 1981.
- Raphael, Max. Wiedergeburtsmagie in der Altsteinzeit. Frankfurt a.M.1979.
- Rathgeb, H. Rosen in der Schweiz. Rosen in Gemeindewappen. Rapperswil 1985.
- Riesterer, Peter P. Sihltal/Anno dazumal. Zürich 1988.
- Rohak, Jens. Maya-Kalender 1997. Riesa/Elbe 1996.
- Sagan, Carl. Unser Kosmos. München 1980.
- Sarraz, H. A la recherche de la Déesse des Helvètes. Avenches 1968.
- Schipflinger, Thomas. Sophia – Maria. Zürich 1988.
- Schletzer, Dieter und Reinhart. Alter Silberschmuck der Turkmenen. Berlin 1983.
- Schuh, Dieter. Der chinesische Steinkreis. In: Zentralasiatische Studien des Seminars für Sprach- und Kulturwissenschaft Zentralasiens der Universität Bonn. Wiesbaden 1973.
- Schubart-Stumpfee, Ortrud. Der Kampf mit dem Drachen. Stuttgart 1999.
- Schwabe, Julius. Archetyp und Tierkreis. Hannover und München 1987.
- Spektrum der Wissenschaft 1/2000. Die Evolution der Sprachen. Heidelberg.
- Sprajc, Ivan. La estrella de Qutzalcòatl. Venus en Mesoamerica. Mexico 1996.
- Steiner, Rudolf. Aus der Akasha-Chronik. Dornach 1983.
- Steiner, Rudolf. Wie erlangt man Erkenntniss der höheren Welten?. Dornach 1990.

Literatur

- Sternschnuppen. 2/90 Beiträge von Dr. W. Brunner-Bosshard, Kloten, Neue astronomische Deutung und Datierung von Fels-Piktogrammen auf Carschenna. 1990.
- Stiftung pro Klingentalmuseum. Frauenkloster Klingental im Kleinen Basel 1233/1274-1557. Basel 2000.
- Störig, H.J. Weltgeschichte der Philosophie. Zürich 1982.
- Sundwall, Joh. Die einheimischen Namen der Lykier nebst einem Namensverzeichnis kleinasiatischer Namensstämme. Leipzig 1913.
- Taddei, Maurizio. Indien. Genf 1970.
- Tanner und Stachelin. Rätoromanische Sagen aus der Surselva. Die Kirche im Gletscher. Zürich 1982.
- Vescoli, Michael. Keltischer Baumkreis. Zürich 1990.
- Vester, Frederic. Neuland des Denkens. München 1984.
- Walter, Sepp. Der steirische Mandlkalender. Graz 1988.
- Westwood, Jennifer. Sagen, Mythen, Menschheitsrätsel. München 1990.
- Wilhelm, Richard. I Ging. Düsseldorf. Köln 1981.
- Wunsch, R. Das Frühlingsfest der Insel Malta. Leipzig 1902.
- Zehren, Erich. Das Testament der Sterne. Berlin 1957.
- Zettel, Christa. Geheimnis der Zahl. Wien 1988.
- Züst, Ernst. Die Gemeinde Kunzenberg, Sagen und Volkserzählungen. 1991.
- Zeitschrift der Naturforschenden Gesellschaft. Zürich 1987. Der Schalenstein von Wetzwil.

Feministische Literatur

- Bennholdt-Thomsen, Juchitan. Stadt der Frauen. Hamburg 1994.
- Beauvoir, Simone de. Das andere Geschlecht. Hamburg 1982.
- Daly, Mary. Gynökologie. München 1980.
- Getty, Adele. Göttin. Mutter des Lebens. München 1993.
- Gimbutas, Marija. The language of the Goddess. London 1989.
- Göttner-Abendroth, Heide. Die Göttin und ihr Heros. 1980.
- Göttner-Abendroth, Heide. Die tanzende Göttin. 1982.
- König, Marie E.P. Am Anfang der Kultur. Berlin 1972.
- König, Marie E.P. et al. Weib und Macht. Frankfurt a.M. 1979.
- Kossek/Langer/Seiser, (Hg). Verkehren der Geschlechter. Wien 1989.

- Libreria delle donne di Milano. Wie weibliche Freiheit entsteht. Berlin 1989.
- Mulack, Christa. Die Weiblichkeit Gottes. Matriarchale Voraussetzungen des Gottesbildes. Stuttgart 1983.
- Schurter, Katja, Kienast, Monika, Leimgruber, Yvonne. Funktionen von Mythen: von Frauen/von Matriarchat/von der Wissenschaft. Proseminar «Ethnologie der Geschlechterbeziehungen», Willemijn de Jong, AG Matriarchat. Zürich 1990.
- Schreier, Josephine. Göttinnen. München 1982.
- Stopczyk, Annegret. Nein danke, ich denke selber. Berlin 2000.
- Stopczyk, Annegret. Sophias Leib, Entfesselung der Weisheit. Heidelberg 1998.
- Walker, Barbara G. Das geheime Wissen der Frauen. München 1996.
- Weiler, Gerda. Der enteignete Mythos. Eine notwendige Revision der Archetypenlehre C.G. Jungs und Erich Neumanns. München 1985.
- Weiler, Gerda. Ich verwerfe im Lande die Kriege. Das verborgene Matriarchat im Alten Testament. München 1984.
- Weiler, Gerda. Das Matriarchat im Alten Israel. Stuttgart 1989.
- Wex, Marianne. Parthenogenese heute. Wiesbaden 1982.

Astrologie

- Arroyo, Stephen. Astrologie, Karma und Transformation. München 1981.
- Astrologie Heute, Jahrgänge 1990 bis 2001.
- Demetra, George. Das Buch der Asteroiden. Mössingen 1991.
- Ebertin, Reinhold. Kombination der Gestirneinflüsse. Freiburg i/Br. 1983.
- Ebertin, Reinhold. Anatomische Entsprechungen der Tierkreisgrade. Freiburg i/Br. 1984.
- Euringer, Florian. Indische Astrologie, die 27 Frauen des Mondes. Genf 1989.
- Graveline, Joelle de. Lilith – Der Schwarze Mond. Wettswil 1990.
- Green, Jeff. Pluto. München 1988.
- Green, Liz. Saturn. München 1981.
- Greene, Liz. Schicksal und Astrologie. München 1985.
  (für den Einstieg geeignet)
- Hürlimann, Gertrud I. Astrologie. Schaffhausen 1984.
  (für den Einstieg geeignet)

- Ring, Thomas. Astrologische Menschenkunde, Kombinationslehre. Zürich 1969.
- Rudhyar, Dane. Das astrologische Häusersystem. München 1981.
- Rudhyar, Dane. Die astrologischen Zeichen. München 1983.
- Rudhyar, Dane. Astrologie der Persönlichkeit. München 1984.
- Walters, Derek. Chinesische Astrologie. Zürich 1990.

Dank

Mein Dank geht an

– meine Verlegerin Veronika Merz für die kompetente redaktionelle Bearbeitung sowie für die liebevoll-kritische Begleitung bei der Entstehung dieses Buches.

– die Grafikerin Lisa Etter und ihr Team für den geleisteten Einsatz sowie ihr finanzielles Entgegenkommen. Das Buch hat durch die Gestaltung, die das venusische Schönheitsempfinden anspricht, wesentlich an Aussagekraft gewonnen.

– meine Freundinnen, die mich begleitet und getröstet haben, wenn die Arbeit wieder einmal stockte.

Anne Margreth Schoch, im Juni 2001

Notizen

Notizen

Zur Autorin

Anne Margreth Schoch-Hofmann, geboren 1939, zwei Töchter, ein Sohn, geschieden, 1983 Diplomabschluss in Beratung und Diagnostik am Institut für Angewandte Psychologie (HAP) in Zürich. Spezialausbildung in Körperpsychotherapie nach Gerda Boyesen. Seit 1984 Einzel- und Gruppenarbeit in eigener Praxis.